"十三五"江苏省高等学校重点教材

新编21世纪高等职业教育精品教材·电子商务类

网络营销

（第二版）

主　编／庄小将　吴波虹
副主编／郁　珏　吴建中　沈　琴
毛　利　刘仲吉

立德树人　案例生动　内容丰富　资源立体

中国人民大学出版社
·北京·

前言

PREFACE

教育是国之大计、党之大计。党的二十大报告将“实施科教兴国战略，强化现代化建设人才支撑”作为一个单独部分，充分体现了教育的基础性、战略性地位和作用，并对“加快建设教育强国、科技强国、人才强国”做出全面而系统的部署，非常明确地把大国工匠和高技能人才作为人才强国战略的重要组成部分。

随着“互联网 +”时代的到来，中国的经济模式经历了巨大的变化，企业的营销模式也发生了“关注生产”→“关注产品”→“关注销售”→“关注营销”→“关注客户”的变化。特别是随着电子商务与网络营销的快速发展及应用平台的变化，各种新观念、新技术、新模式不断出现，从最初的电子邮件、信息检索、搜索引擎优化、微营销等到今天的社会化营销推广，各类平台应用模式及推广方法不断创新与发展。

“网络营销”是电子商务专业的核心课程，也是为培养和促进学生适应管理工作岗位不可或缺的岗位职业技能课程。本教材遵循电子商务领域高技能人才的成长规律，以服务为宗旨，以就业为导向，注重政行校企联合开发，对接现代产业体系和职业岗位要求。本教材主张在真实、开放的环境下学习网络营销的技能，在干中学、在学中干、边干边学，体现了政治性、科学性、先进性、前瞻性、实用性、适用性、可读性、通用性、原创性、多维性，使学生受到良好的专业锻炼，提高学生在就业过程中的竞争力。与其他同类的教材相比，本教材主要有以下特点：

1. 以培养学生的综合职业素质为目标，从专业能力、社会能力和方法能力三个维度，将知识与技能、过程与方法、情感态度与价值观三方面融为一体，并以适当的形式呈现出来，按照“三个合一”，即职业教育与职业考证合一、课堂教学与职业训练合一、在籍教育与终身教育合一来组织编写。

2. 秉承高职高专教育“以服务为宗旨，以就业为导向，走产教结合发展道路”的办学理念，重视对学生专业综合能力的培养和训练，充分体现高职高专教育的特点。

3. 在每个项目之后都安排了实训内容，把理论知识与实践操作相结合，能够让学生快速地掌握网络营销的相关知识，不仅锻炼了学生的实践动手能力，而且积累了项目经验。

4. 全面落实立德树人的的根本任务，以党的二十大精神为指导，讲好中国故事、传播好中国声音。以文化自信为主线，将价值引领元素融入课堂教学，达到润物无声、潜移默化的效果。

5. 配套丰富的教学资源，教材配套的课程已在“学银在线”网站上线，配备了全课程微视频和单元测验等，方便线上线下混合教学。

由于编者学识所限，书中不足之处在所难免，敬请各位专家、读者批评斧正，同时本书参考了大量的书籍、文献和网络资源，书中未一一列出，在此一并表示感谢。

编　者

目录

CONTENTS

项目一 网络营销认知

学习目标

知识目标：

1. 了解网络营销的发展前景。
2. 掌握网络营销的基本概念。
3. 掌握电子商务企业组织结构及岗位设置。

技能目标：

1. 能够针对网络营销岗位进行职业规划。
2. 能够熟练对电子商务企业进行分类。

素养目标：

1. 引导学生关心国际国内宏观及微观经济环境发展新动向，树立数字中国、电商强国的大国自信，激发学生的爱国主义情怀。
2. 引导学生合法合规参与网络营销活动，树立正确的网络营销价值观。
3. 培养学生爱岗敬业、精益求精的工匠精神，形成正确的职业伦理观。

案例导入

商家经常碰到这样的问题：千辛万苦把用户引进手机端店铺，可是用户一下子就跳出了。手机屏幕就那么大，怎样排列产品才能让用户的印象更加深刻？和老用户进行怎样的营销互动，才能让他们加深认知又愿意传播，甚至下单？

淘宝女装品牌 ×× 曾经在手机端举行主题活动——谁是你的 ××“女神”。该活动由用户来进行票选，系统将随机抽出 30 名参与投票的用户，对其自动发放 50 元无门槛券，参与评论的用户中奖概率更高。

在短短两周内，共有 5 811 名用户参与投票互动，2 278 名用户参与评论。用户投票时，点击即可进入该活动对应的产品页面，从而进一步宣传了 ×× 当季新品，提高访问深度。用户进入店铺不再是简单地浏览商品或投票互动，而是两者的结合。以 50 元无门槛券作为奖品，一则加深互动；二则鼓励消费，提高转化率。

任务一 电子商务企业人才需求及网络营销岗位认知

扫一扫

配套微课

一、电子商务企业分类及人才需求

（一）电子商务企业分类

提起电子商务的分类，给人的第一印象是 B2B、B2C、C2C 等，这是按交易对象进行分类的电子商务运营模式。若按照电子商务运营模式进行企业分类，会比较宽泛。本书采用商务部在《商务部关于开展电子商务示范工作的通知》中的分类，将电子商务企业分为网上售类、网上批发类、网络化服务类、电子商务服务类、综合型电子商务类、其他电子商务类共六大类。

（二）电子商务专业人才从业及人才需求情况

《中国电子商务报告（2022）》指出，电子商务专业人才的就业领域已不再局限于互联网与电子商务企业，而是覆盖了传统的第一、第二、第三产业，包括农业、工业、国际贸易、金融业、交通运输业、咨询服务业、政府及各类企、事业单位等，从业范围十分广泛。从就业岗位类型看，电子商务专业人才主要分布在三类岗位：一是技术类岗位，主要从事软件 / 平台的设计与开发、数据分析、算法设计、数据库建设、软件测试与运维等相关的技术工作；二是运营类岗位，主要从事企业网络营销推广、内容运营、平台运营、客户服务、产品运营、新媒体运营、供应链服务、法律服务等平台与店铺运营类工作；三是综合管理类，主要从事企业内部的规划、咨询、组织、协调、监督等工作，包括综合管理、项目经理、产品经理等岗位。

网经社电子商务研究中心于 2023 年 5 月 30 日发布的《2022 年度中国电子商务人才状况调查报告》显示，被调查企业中，39.6% 的企业急需淘宝、天猫等平台传统运营人才；36.63% 的企业急需新媒体、内容创作、社群方向人才；43.56% 的企业急需主播（助理）、达人、“网红”方向人才；24.75% 的企业需要专业数据分析与应用人才；18.81% 的企业需要客服、地推、网销等方向人才。

1. 淘宝、天猫等平台传统运营人才

活动策划人员：提升流量转化率是运营人员的核心工作，促销活动的策划是运营强大的推手。

商品编辑：产品的同质化是价格战的诱因，产品的个性和品质有赖于商品编辑的画龙点睛。

采购人员（买手）：对客户需求敏感，洞悉市场潮流变化，与供应商保持广泛而稳定的关系。

物流管理人才：电子商务企业的效率取决于仓储物流的管理效率，物流环节既是成本中心，也是利润中心。电子商务企业最大的投资也是物流基地的建设，物流人才同样也是电子商务企业不可缺少的成员。

2. 新媒体、内容创作、社群方向人才

主要指掌握系统新媒体专业基础知识，具备良好的新媒体营销与管理技能，能在新闻与出版机构、文化传媒公司、互联网公司从事新媒体采编、新媒体营销策划、新媒体渠道推广、互联网产品销售等工作的高素质技能人才。

3. 主播（助理）、达人、“网红”方向人才

主播：主播需要做策划、编辑、采访、制作、导播、主持等一系列工作，网络主播是一个对综合能力要求很高的职业。一个优秀的网络主播常常要面对线上数万人、几十万人甚至上百万人的观众，并且实时与线上观众交流互动。

主播助理：负责直播过程中反馈问题的记录和跟进，及时帮助回答主播未顾及的粉丝问题；配合主播直播工作，直播后台简单操控，串词、调节直播气氛，帮助主播顺利完成直播和互动。

“网红”：网络红人和传统演艺人员没有什么不同，只是平台不同。网络红人分成三代：文字时代的网络红人；图文时代的网络红人；宽频时代的网络红人。

4. 专业数据分析与应用人才

电子商务非常依赖数据，通过数据分析可以判断网站的健康状况，评估运营计划执行的效果，并为企业下一步行动提供决策依据。

5. 客服、地推、网销等方向人才

流量获取能力是电子商务企业的核心能力之一，随着流量购买成本的不断提高，优秀的市场推广人员将成为公司的核心。

二、网络营销岗位认知

随着互联网的普及和推广，网络营销应用已逐渐深入各行各业，企业纷纷设立电子商务或者网络营销部开展公司业务。由于各地区经济发展不均衡，各行业互联网应用参差不齐等原因，企业网络营销应用也具有较大差别，因此企业的网络营销岗位名称差别也较大。我们将主流的网络营销岗位归纳为：网络推广 / 网站推广 / 网店推广专员、新媒体营销专员、搜索引擎优化专员 / 搜索引擎营销专员、网络营销运营专员 / 内容运营专员、网络营销总监 / 运营总监等几种岗位。

（一）网络推广 / 网站推广 / 网店推广专员

1. 职位的概要描述

该职位负责企业线上免费推广和付费推广，利用网络的推广方式，提升企业的网络曝光度、知名度和美誉度，并对推广效果进行分析和总结，对网站、网店的有效流量负责。

2. 岗位职责

（1）整合线上各种渠道（如搜索引擎、微博、微信、自媒体平台、直播平台、短视频平台、论坛等）推广企业的产品和服务。

（2）负责企业网络宣传平台的管理和维护，包括官方网站、官方微信公众号、官方微博、官方自媒体平台、官方短视频平台、官方直播平台、官方微店及官方 App 等。

（3）熟悉网站、网店排名、流量原理，了解搜索引擎优化、网站检测等相关技术。

（4）跟踪网络营销推广效果，分析数据并反馈，总结经验。

3. 岗位要求

（1）熟练掌握各种网络营销工具，包括搜索引擎、微博、微信、视频及短视频平台、网络视频剪辑软件、网络监控及统计软件等。

（2）了解各种网络营销方法、手段、流程，并有一定实操经验。

（3）具有优秀的写作能力，能撰写各种不同的方案、文案。

（4）对网络文化、网络特性、网民心理具有深刻洞察力和敏锐感知力。

（二）新媒体营销专员

1. 职位的概要描述

该职位负责企业新媒体平台（微博、微信、自媒体平台、直播平台及短视频平台等）的日常内容维护，策划并执行新媒体营销活动，撰写优质原创文案并传播。

2. 岗位职责

（1）负责公司各新媒体平台的运营推广、策划并执行日常活动及追踪、维护。

（2）挖掘和分析用户的使用习惯、情感及体验感受，及时掌握新闻热点，与用户进行互动。

（3）提高粉丝活跃度，并与粉丝进行互动，对新媒体营销运营现状进行分析和总结。

3. 岗位要求

（1）深入了解互联网，尤其是微信、微博、社群、短视频等新媒体营销工具的特点，有效运用相关资源。

（2）热爱并擅长新媒体推广，具备创新精神、学习精神、严谨态度和良好沟通能力。

（3）具有创造性思维，文笔好，书面和口头沟通能力强，熟悉网络语言的写作特点。

（4）学习能力强，兴趣广泛，关注时事。

（三）搜索引擎优化专员/搜索引擎营销专员

1. 职位的概要描述

该职位负责网站关键词在各大搜索引擎中的排名，提升网站流量，增加网站用户数。

2. 岗位职责

（1）运营搜索引擎到网站的自然流量及付费流量，提升网站在各大搜索引擎的排名，对搜索流量负责。

（2）分析网站关键词，监控竞争对手的关键词，对关键词管理提出合理的优化建议。

（3）对流量、数据、外链等负责，增加网站的流量和知名度。

（4）结合网站数据分析，对优化策略进行调整。

3. 岗位要求

（1）掌握百度、360、搜狗等搜索引擎的基本排名规律，并精通各类搜索引擎优化，包括站内优化、站外优化及内外部链接优化等。

（2）具有较强的网站关键字监控、竞争对手监控能力，有较强的数据分析能力，能定期对相关数据进行有效分析。

（3）具备丰富的互联网资源。

（四）网络营销运营专员 / 内容运营专员

1. 职位的概要描述

该职位负责网络运营部产品文案、品牌文案、深度专题的策划，以及创意文案、推广文案的撰写工作，协助业务部进行产品方案的推广，帮助业务团队有效提升销售额。

2. 岗位职责

（1）负责产品文案、品牌文案、深度专题的策划，创意文案、推广文案的撰写执行工作，对网站销售力和传播力负责。

（2）从事网络营销研究、分析与服务工作，评估关键词。

（3）负责推广方案和推广渠道的开发。

（4）制订网站总体及阶段性推广计划，完成阶段性推广任务。

（5）负责公司网站的规划落地执行。

（6）协助部门经理筹划建立部门管理体系，进行员工招聘、考核、管理，协助部门规划、总结。

3. 岗位要求

（1）具有 5 年以上电子商务 / 网络营销工作经验，3 年以上的项目策划、运营经验。

（2）具备项目管理，营销策划、品牌策划、网络营销等系统的理论知识和丰富的实践经验。

（3）具备优秀的电子商务 / 网络营销项目策划运营能力，熟悉网络文化及其特性，对各种网络营销推广手段都有实操经验。

（4）具备卓越的策略思维和创意发散能力，具备扎实的策划功底。

（5）具备优秀的文案能力，能撰写各种不同的方案、文案。

（6）对网络营销全流程具备策划、运营、控制、执行能力。

（7）具备丰富的管理经验、优秀的团队管理能力。

（五）网络营销总监 / 运营总监

1. 职位的概要描述

该职位负责公司官网、天猫、淘宝、京东、拼多多、微店等第三方网络平台的整体规划和运营管理，包括产品市场定位和推广方案、产品功能及卖点策划，并组织落实；根据公司平台运营模式，组建并管理运营团队。

2. 岗位职责

（1）制定官网和第三方网络平台年度经营目标，并制订年度、季度、月度计划（销售额、成交转化率、广告投入、利润率等）。

（2）制定官网和第三方网络平台的整体规划和运营管理策略，并组织落实。

（3）组建并管理运营团队。

（4）掌握官网和第三方网络平台各项销售指标、运营指标的达成情况，对网站排名、流量点击进行详细、系统的分析，策划、组织网站推广活动，并进行分析和效果评估。

（5）通过网络和媒介资源进行宣传推广工作。

（6）负责内部团队整体建设及专业能力的提升工作，优化业务流程，合理配置人力资源，开发和培养员工能力。

（7）加强团队绩效管理，提高部门工作效率。

3. 岗位要求

（1）具有 5 年以上的电商平台运营经验、2 年以上的管理经验。

（2）熟悉官方网站和第三方网络平台的开店流程、建店模式、产品销售模式、实际操作等。

（3）具备优秀的沟通能力，勇于创新，不拘一格，注重团队凝聚力和执行力的打造。

任务二 网络营销内涵认知

扫一扫

配套微课

一、网络营销的基本概念

与许多新兴学科一样，“网络营销”目前不仅没有一个公认的、完善的定义，而且在不同时期、从不同的角度对网络营销的认识也有一定的差异。这种状况主要是因为网络营销环境在不断发展变化，各种网络营销模式不断出现，并且网络营销涉及多个学科的知识，不同研究人员具有不同的知识背景，因此对网络营销的研究方法和研究内容的认知有一定差异。

从网络营销的内容和表现形式来看，有些人将网络营销等同于网上销售产品，有些人则把域名注册、网站建设这些基础网络服务内容认为是网络营销，也有一些人认为只有网络推广才是网络营销。应该说，这些观点都从某些方面反映出网络营销的部分内容，但并没有完整地表达出网络营销的全部内涵，也无法体现出网络营销的实质。为了对网络营销有一个全面的认识，有必要为网络营销下一个比较合理的定义。笼统地说，凡是以互联网为主要手段开展的营销活动，都可称为网络营销（有时也称为网上营销、互联网营销等，我国港台地区则多称为网路行销），但实际上并不是每一种手段都合乎网络营销的基本准则，也不是任何一种方法都能发挥网络营销的作用。本书以企业实际经营为背景，以网络营销实践应用经验为基础，系统地研究网络营销的理论和方法，其目的在于网络营销的实用化，让互联网在企业经营中真正发挥其应有的作用。因此，真正意义上的网络营销，应该具有其内在的规律性，可以为营销实践提供指导、产生实实在在的效果，并且具有可操作性。

基于以上的分析，本书将网络营销定义为：网络营销是企业整体营销战略的一个组成部分，是为实现企业总体经营目标所进行的、以互联网为基本手段营造网上经营环境的各种活动。网络营销的内涵和手段都在不断发展演变中，关于网络营销的定义和理解也只能适用于一定的时期，随着时间的推移，这种定义可能显得不够全面，或者不能够反映新时期的实际状况。因此，不要把网络营销理解为僵化的概念，也不必将本书中所介绍的网络营销方法作为固定的模式去照搬，需要根据网络营销环境的发展，在具体实践中根据企业当时的状况灵活运用。

二、网络营销的特点

根据网络营销的定义，可以得出以下网络营销的特点。

（一）网络营销不是网上销售

网上销售是网络营销发展到一定阶段产生的结果，网络营销是为实现网上销售目的而进行的一项基本活动，但网络营销本身并不等于网上销售。这可以从两个方面来说明：

（1）因为网络营销的效果可能表现在多个方面，例如企业品牌价值的提升、加强与客户之间的沟通。作为一种对外发布信息的工具，网络营销活动并不一定能实现网上直接销售的目的，但是，很可能有利于增加总的销售额。

（2）网上销售的推广手段也不仅仅靠网络营销，往往还要采取许多传统的方式，如传统媒体广告、发布新闻、印发宣传册等。

（二）网络营销是手段而不是目的

网络营销具有明确的目的和手段，但网络营销本身不是目的。网络营销是营造网上经营环境的过程，也就是综合利用各种网络营销方法、工具、条件并协调其间的相互关系，从而更加有效地实现企业营销目的的手段。

（三）网络营销不仅限于网上

互联网本身还是一个新生事物，即使对于经常上网的人来说，由于种种因素的限制，有意寻找相关信息，在互联网上通过一些常规的检索办法也不一定能顺利找到所需信息；对于许多初级用户来说，可能根本不知道如何去查询信息。因此，一个完整的网络营销方案，除了在网上做推广之外，还很有必要利用传统营销方法进行网下推广。这可以理解为关于网络营销本身的营销，正如关于广告的广告。

（四）网络营销建立在传统营销理论基础之上

网络营销是企业整体营销战略的一个组成部分，网络营销活动不可能脱离一般营销环境而独立存在，在很多情况下，网络营销理论是传统营销理论在互联网环境中的应用和发展。由此也确立了网络营销在企业营销战略中的地位，网络营销无论是处于主导地位还是辅助地位，都是互联网时代市场营销中必不可少的内容。

（五）每个人都可以成为一个信息发布者

在线媒介和脱机市场不同，它允许每个人成为信息发布者。任何人都可以建立站点，而且费用较低，可以利用 Internet（互联网）和 Web（万维网）技术，相对经济地在网上快速为大量用户提供大量信息的在线服务。这种特性彻底改变了竞争的本质特点。

一切从网上来，又回到网中去。通过网上在线调查识别顾客需求，企业可根据网上的需求来安排并投入生产，生产出的产品信息又通过网络发布出去。因此，网络成了经营过程的起点和终点。同时，网上销售正向一对一的个性化发展，这种发展趋势将改变所有公司从事商务活动的方式，因为每个人都是市场。

（六）网络营销不等于电子商务

网络营销和电子商务是一对紧密相关又具有明显区别的概念，许多人的认识还存在一定的误区。网络营销是企业整体营销战略的一个组成部分，无论是传统企业还是互联网企业都需要网络营销，但网络营销本身并不是一个完整的商业交易过程，而只是促进商业交易的一种手段。电子商务主要是指交易方式的电子化，可以将电子商务简单地理解为电子交易，电子商务强调的是交易行为和方式。所以，可以说网络营销是电子商务的基础，开展电子商务离不开网络营销，但网络营销并不等于电子商务。

（七）网络营销不是“虚拟营销”

网络营销不是独立于现实世界的“虚拟营销”，它只不过是传统营销的一种扩展，即向互联网上的延伸，所有的网络营销活动都是实实在在的。网络营销的手段也不仅限于网上，而是注重网上网下相结合。网上营销与网下营销并不是相互独立的，而是一个相辅相成、互相促进的营销体系。

知识链接

即时零售快速发展

2022 年 7 月 25 日，商务部官网发布了《2022 年上半年中国网络零售市场发展报告》，报告总结了 2022 年上半年中国网络零售市场的发展情况、特点和趋势。该报告首次明确提及了“即时零售”的概念，点出了即时零售在“线上线下深度融合”发挥的作用。

报告指出了即时零售对于线上线下融合的价值，“新零售业态不断发展，线上便捷性和个性化推荐优势逐步放大，线下渠道智能化水平持续提升，线上线下渠道趋向深度融合。即时零售、无接触消费和直播带货等新消费场景加快布局并保持发展势头”。

随着社会环境的变化以及购物需求的旺盛刺激，“物资采购＋配送”这种“近场电商”热度不断在升温，线下就近配送、快速送达的即时零售也迎来了众多企业的加速布局，这种通过前置仓或本地商超配送的方式，也让人们的生活更为便捷。

据媒体梳理，阿里、美团、京东等相继透露出将在即时零售市场加大投入的信号。京东 2022 年第 1 季度财报显示，京东全平台新增年活跃买家约 1 000 万，其中 560 万来自京东到家，成为主要拉新动力。

阿里在即时零售的布局包括饿了么、淘鲜达、天猫超市、盒马等不同业务线条，均强调即时配送能力。除此之外，美团闪购在不同指标上也取得了强劲增长，第一季度的订单量和平台交易总额分别同比增长了近 70% 和 80% 以上，第一季度的日均订单量超过 390 万。数据显示，2022 年 1—10 月，良品铺子在平台的外卖销量增速为 403%，同时，上线外卖的良品铺子线下门店数同比增长达七成。

2022 年 10 月，门店超过千家的苏宁易购宣布牵手美团，开展包括 3C 数码用品等即时零售业务。据悉，首批 175 个城市 600 余家苏宁易购门店已入驻美团。后续，双方还将继续深化合作。

中国连锁经营协会发布的《2022 年中国即时零售发展报告》显示，即时零售增长非常迅速，据估算，2020—2021 年，年同比增长率基本保持在 80%～100%。在可以预见的未来几年，即时零售市场将会依然保持高速增长。预计到 2026 年年底，即时零售行业相关市场规模将超过 1 万亿元。针对即时零售未来发展趋势，报告指出，作为零售业未来发展的重要组成部分，即时零售有着广阔发展前景。未来，开放平台基于消费大数据，将为品牌商和零售商提供服务供应链，指引其产品研发及相关服务模式创新，更好地为消费者提供需要的产品与服务。面对即时零售背后巨大的市场商机，不仅是互联网巨头们纷纷加码，也有不少传统零售企业在该领域有所布局以及关注。例如，在中国拥有 2.8 万多家门店的美宜佳正式发布美宜佳优选 App，旨在打造线上线下一体化的新一代购物平台。

三、网络营销的实现方式

网络营销是适应网络技术发展和网络时代社会变革的新生事物，是随着互联网进入商业应用时代而产生的新的营销方式。

伴随着互联网的快速发展，企业与互联网融合得更加紧密，越来越多的企业对网络营销的认知有了明显提高，并不断加大在网络营销中的投入，进而推动网络营销实现方式的更新。根据采用的营销工具、平台的不同，常见的网络营销实现方式有以下几种。

（一）网络广告

网络广告是指通过网站、互联网应用程序等互联网媒介，以文字、图片、音频、视频等形式发布的广告。网络广告的表现形式多样、计费方式灵活，且具有实时与互动性强、易统计和可评估等优点，是推广企业的有利方式。

（二）微博营销

微博营销是基于粉丝基础进行的营销。对于企业而言，微博上的每一个活跃粉丝都可能是潜在营销对象。要想使微博营销取得良好的效果，一方面要拥有大量的粉丝，另一方面要拥有有效的粉丝流量。如果粉丝只关注微博，而不参与信息传播、交流互动，那么营销效果将大打折扣。

（三）微信营销

微信作为主流的社交平台之一，拥有大量的用户，是企业进行营销的理想选择。微信营销的常用方法是个人号营销和微信公众号营销等。无论采用哪种微信营销方法，企业都应注重输出有价值的营销内容和维护用户关系。

（四）短视频营销

在移动互联网碎片化阅读的环境下，视频成为消费主流，而快速、简洁的视频成为热门的内容体裁，并形成了短视频这种内容形式。企业可以借助短视频营销，向目标用户传播有价值的内容，吸引用户了解企业品牌和产品，促进销售。

（五）直播营销

直播营销是以直播平台为载体而开展的营销，其应用场景包括直播电商、企业发布会、企业日常记录、企业访谈、企业广告植入等。一般来说，直播营销活动可以分为直播开场、直播过程、直播结尾。

除了上述几种方式之外，网络营销的实现方式还包括搜索引擎营销（Search Engine Marketing，SEM）、基于位置服务营销（Location Based Service，LBS）、应用程序营销（Application，App）、大数据营销、社群营销、软文营销等。另外，根据采用的营销思维，还可通过话题营销、事件营销、粉丝营销等实施网络营销活动。

任务三 网络营销的发展前景

扫一扫

配套微课

一、网络营销的产生

20 世纪 90 年代初，飞速发展的互联网促使网络技术应用的指数增长，全球范围内掀起应用互联网热，各大企业纷纷上网提供信息服务、拓展业务范围，积极改组企业内部结构和发展新的管理营销方法。可以说，网络营销就是互联网信息技术发展的产物。

（一）信息技术的发展是网络营销产生的技术基础

互联网的发展、庞大的网民群体和不断增加的上网企业为网络营销的产生奠定了坚实的基础。

知识链接

中国互联网络信息中心第53次《中国互联网络发展状况统计报告》显示，截至2023年12月，我国网民规模达10.92亿人，较2022年12月增长2 480万人，已占全球网民的五分之一；互联网普及率达77.5%，高于全球平均水平；我国手机网民规模达10.91亿人，较2022年12月增长2 562万人，网民使用手机上网的比例为99.9%。我国农村网民规模达3.26亿人，占网民整体的29.8%；城镇网民规模达7.66亿人，占网民整体的70.2%。我国网民使用手机上网的比例达99.9%；使用台式电脑、笔记本电脑、电视和平板电脑上网的比例分别为33.9%、30.3%、22.5%和26.6%。即时通信、网络视频、短视频用户规模分别达10.60亿人、10.67亿人和10.53亿人。

（二）顾客价值观的变革是网络营销产生的观念基础

现今企业正从卖方市场转向买方市场，顾客价值观的变革是网络营销产生的观念基础。从理论上看，没有一个顾客的心理是完全相同的，每个顾客都是一个细分市场，个性化消费必将促使企业制定新的营销策略。

（三）激烈的市场竞争是网络营销产生的现实基础

网络营销产生的现实基础是市场竞争的日益激烈化。如今，市场竞争已不再依靠表层的营销手段的竞争，更深层次上的经营组织形式上的竞争已经开始。企业开展网络营销，可以节约大量昂贵的店面租金，减少库存商品的资金占用，使经营规模不受场地限制，方便地采集客户信息，这都是网络营销给企业经营者带来的福音。

总之，网络营销的产生有其技术基础、观念基础和现实基础，是多种因素综合作用的结果，网络市场上蕴藏着无限的商机。

二、网络营销的发展

1994年至今，我国的网络营销大致经历了六个发展阶段，且仍处于快速发展中。

（一）网络营销的传奇阶段（1997年之前）

在1997年之前，我国国内的网络营销相对比较初级，尚未形成有影响力的网站及网络营销应用。这一阶段，大多数企业对于网络几乎一无所知，而尝试利用网络的企业对网络营销的概念和方法也不明确，对其能否产生效果也是盲目的。

案例

中国第一个利用互联网赚钱的人

时间：1996年5月

人物：山东陵县西李村书记李敬风

方式：注册一个域名，把大葱、菠菜、胡萝卜等农产品一股脑儿地搬上互联网，发布到世界各地。

收益：1998年7月，青岛外贸局主动联系他，两次出口大葱870吨，销售额达270万元。

点评：从李敬风网上卖大葱的事情来看，这一阶段人们对网络营销的概念、方法都不清晰；产生的效果也取决于偶然因素；对企业上网能做什么也是一无所知。

（二）网络营销的萌芽阶段（1997—2000年）

这一阶段，电子商务蓬勃发展，网络服务意识增强，越来越多的企业开始注重网络广告、E-mail（电子邮箱）等多种网络营销方式的应用。1997年，专业IT资讯网站ChinaByte（比特网）正式开通免费新闻邮件服务，并发布了第一个商业性网络广告，标志着网络广告和E-mail营销的诞生。1999年之后，阿里巴巴、8848等电子商务网站推动了网络营销的发展。1997年前后，中文雅虎、搜狗、网易，以及2000年前后的Google（谷歌）、百度应用等对网络营销发展做出巨大的贡献。2000年4月，互联网泡沫破裂，互联网企业结束烧钱模式，开始赚钱，说明互联网泡沫破裂刺激了网络营销应用。

（三）网络营销的发展与应用阶段（2001—2004年）

这一阶段，网络营销服务市场初步形成，企业网站建设发展迅速，专业化程度越来越高，网络广告形式不断创新，应用不断发展，搜索引擎营销向更深层次发展，形成了基于自然检索的搜索引擎推广方式和付费搜索引擎广告等模式；网络论坛（BBS）、博客、聊天工具、网络游戏等网络介质也不断涌现和发展。

（四）网络营销的市场形成和发展阶段（2005—2009年）

这一阶段，第三方电子商务服务市场形成，网络营销认识与需求逐步提高，网络营销服务专业化，网络营销资源广泛，网络营销新概念、新方法不断涌现。

（五）网络营销的社会化转变阶段（2010—2015年）

这一阶段，社交平台及营销应用占市场主导方向，移动网络营销、微信公众号营销占据主导地位，以博客、网络论坛等营销为辅的营销时代来临，“互联网+”、O2O电商体系带动网络营销纵向发展。

（六）网络营销的多元化与分散化阶段（2016年至今）

2016年至今的网络营销环境呈现多元化形势，即网络营销渠道多元化、网络营销方法多元化（如众筹）、网络营销资源多元化、社群关系网络多元化等。与多元化相对应的是分散化，表现在：（1）传统的主流网络营销方法的重要程度下降，多种新型网络营销方法，尤其是基于手机网络的营销方法不断涌现。（2）网络营销的分散化程度将继续提高，PC网络营销与移动网络营销的融合速度将越来越快，融合程度也越来越高。（3）内容营销将进入高级阶段，传统的内容营销形式如E-mail营销、博客营销、微博营销等，在移动互联网环境下不断发展演变，从内容形式及营销模式方面继续创新，以用户价值为核心的理念进一步得到体现。（4）网络营销思想及策略不断升级，如基于网络营销生态思维的用户价值营销策略在实践中不断完善，网络营销思想的层次也在实践中进一步提升。

综上所述，我国的网络营销发展历程及特征比较如表 1-1 所示。

表 1-1　我国的网络营销发展历程及特征比较

时间	1997 年之前	1997—2000 年	2001—2004 年	2005—2009 年	2010—2015 年	2016 年至今
阶段	传奇阶段	萌芽阶段	发展与应用阶段	市场形成和发展阶段	社会化转变阶段	多元化与分散化阶段
特征	1. 网络营销思想产生 2. 概念与方法不清晰 3. 效果取决于偶然因素	1. 网站快速发展 2. 电商平台出现 3. 网上零售开始 4. 企业上网服务出现 5. 搜索引擎影响	1. 网络营销服务市场初步形成 2. 企业网站建设迅速 3. 网络广告不断发展 4. E-mail 营销 5. 搜索引擎营销 6. 网上销售环境完善	1. 第三方服务市场形成 2. 认识与需求提高 3. 服务专业化 4. 网络营销资源广泛 5. 网络营销新概念、新方法涌现	1. 全员网络营销 2.Web2.0 营销 3. 社会化媒体 4. 网络销售成熟 5. 传统方法衰落 6. 移动营销崛起	1. 渠道多元化 2. 方法多元化 3. 资源多元化 4. 社群关系网络多元化 5. 生态营销 6. 分享营销

三、网络营销的发展趋势

随着互联网环境发生的变化，网络营销的发展呈现多种趋势。

（一）移动营销常态化

一说起移动营销，人们就会想到移动互联网平台的应用，思考如何把它做得更精准、更具价值。也就是说，中小企业要适应移动界面和与用户沟通的触点，以制定出精准的移动营销策略。例如，拥有大流量入口的豌豆荚、有道词典、一点资讯、妈妈网等，其移动营销价值都亟待广告主来掘金。

（二）网络营销社交化

社交网络是连接人们生活的工具，也是人们获取外界信息的重要渠道，正成为一种社会化媒体。例如，在企鹅智酷 2015 年年末推出的《众媒时代》报告中，研究者指出，社交网络已成为互联网用户获取新闻仅次于新闻客户端的第二大渠道，并超过了 PC 端新闻网站。2016 年，社交网络的媒体属性更加突出。因此，社交化网络营销已成为现实。

（三）内容营销主流化

内容营销在“人人都是自媒体”的时代显得更加重要。内容营销就是“让普通人影响普通人”，从而产生情感共鸣，来实现其网络营销的价值。例如，某品牌以马拉松为主题拍摄的跑步广告片“Last”——向最后一名马拉松运动员致敬。这个广告片的画面很简单：一场马拉松比赛即将结束，工作人员开始清理现场，有一个参赛的女孩虽落在了最后，但仍在坚持跑步。

（四）网络营销可视化

近年来，越来越多的网站和第三方平台提供了流媒体直播的功能。语音搜索、图片搜索及流媒体直播功能可以帮助顾客发现产品，特别是视频直播在 2017 年为各大品牌和个体利用，推动了从线下到线上（或从线上到线下）顾客路径的形成。可以说，一张好图胜过千言万语，网络营销越是通过图片和语音将企业的产品展现在顾客面前，越能唤起顾客的关注与购买。

（五）网络营销趋于实时化

2015 年以来，移动购物已经占到流量使用的 60% 左右，基于场景触发的实时购买模式已经成为顾客新的需求，实时化的移动购买有着极大的市场，并且这个市场已有应用。类似优酷和爱奇艺等视频网站都已突出实时营销的项目；有道词典、全景等平台具备大量流量入口后，能够基于入口场景与人们的消费行为打通；品友互动这样的平台，则可应用地理位置和程序化购买实现更为精准的营销推广。

（六）网络营销趋于理性化

网络顾客越来越趋于理性化，购买与消费行为增强，头脑冷静，擅长理性分析，善于综合分析如价格、性能、质量、维护、可靠性等许多因素之后再做决策，因此必然使忽视顾客理智与情感的传统型营销策略受到强烈冲击。

（七）网络营销趋于数据可视化

企业通过数据化工具可以分析谁在什么时候买了什么、为什么会买，以及企业怎样宣传才能达到最佳的购买效果。例如，品友互动 DSP（广告需求方平台）不仅提供 PC、视频和移动三类产品，更可实现三种产品跨屏优化投放，帮助广告主通过基于数据的人群定向技术，实时竞价获得广告曝光机会，将广告投放到目标受众，大幅提升广告效率。

（八）网络营销趋于小众市场化

网络顾客数目大致保持稳定，但是成千上万个新企业都企图涌入这个行业来分一杯羹，这在内容分享和社交媒体市场中表现得更为明显。因此，企业一定会将目标着眼于更明确的小众市场，用特定的标题来吸引小众用户，尝试投放更加精准乃至针对个人的内容和广告。

素养课堂

网络营销职业素养认知

职业是指个人在社会从事的作为主要经济来源的工作。职业素养是指职业内在的规范和要求，是在职业过程中表现出来的综合品质，一般包含职业道德、职业技能、职业行为、职业作风和职业意识等方面。

网络营销职业素养的培养，是在网络营销这个特定的职业教育环境、网络营销工作岗位及工作管理制度下，逐步形成的一种职业道德素养，依附于娴熟的网络营销职业技能和规范的网络营销职业行为。

1. 培养诚信的网络商务意识

诚信务实是每个网络营销人员的一项最基本的职业素养，包括忠诚于企业，时刻维护企业形象和声誉；不泄露客户信息、不追求任何虚假成绩；奉行“言必行，行必果”的处事原则。

2. 培养爱岗敬业的精神

培养爱岗敬业的精神，首先，要从乐业、勤业和精业做起。乐业，即树立职业理想；勤业，即强化职业责任；精业，即提高职业技能。其次，网络营销人员要随时以客户为尊，树立客户优质印象，想客户之所想，急客户之所急。

3. 树立团结合作的意识

树立团结合作的意识，即要求网络营销工作团队中每个人追求目标一致、气氛和谐；能够发扬团队主人翁精神，齐心协力争创一流业绩。

企业管理者希望通过减少成本（包括人员工资）来获得更多利润，而员工则希望得到更多报酬。公司需要有诚信、有能力、有责任感的员工，业务才能发展；而员工必须借助公司的发展平台才能获得物质报酬和精神满足。员工努力，公司才能发展；公司发展，员工才能得到提升。所以，企业管理者在用人时，不仅看中员工个人的能力，还看中员工的个人品质和工作态度，而其中最重要的就是对企业的诚信与责任。因为能力可以后天培养，而诚信与责任却需要发自内心，只有那些既有能力又具备诚信与责任的人才是企业最需要和重视的人才。

任务实训

网络营销岗位认知

一、实训场景

阿霞从网上看到在广州某皮具有限公司发布的招聘信息中有网络运营、网络文案、网络推广等岗位，于是阿霞及其他同学一起参加了面试。公司要求面试人员介绍对所应聘岗位的认知和对应岗位的工作计划，以及需要具备怎样的技能及素养才能胜任该岗位。公司通过面试者的现场表现进行评分筛选，最终确定入围者。

二、实训内容

（1）招聘广告牌的制作。

（2）模拟招聘现场，开展招聘工作。

（3）表述网络营销的概念及其应用情况。

（4）描述网络营销工作岗位的类别和相应的工作任务、任职标准。

（5）表述从事网络营销岗位应具备的职业素养和职业操守。

三、实训目的

（1）掌握网络营销各岗位的具体工作职责及任职标准。

（2）了解网络营销工作人员应具备的职业素养和职业操守。

四、成果形式

招聘广告牌、面试发言稿。

五、实训方法

任务驱动。

六、实训准备

联网计算机、色卡纸、彩色笔等。

七、实训步骤

步骤 1：打开浏览器，在地址栏输入 https:// zhaopin.taobao.com，打开淘工作网，在“快捷职位搜索”栏中选择职位分类、工作模式及工作地点，或者在“按关键字搜索职位”栏中直接输入“网络营销”来查找网络营销方面的职位。

步骤 2：根据对网络营销职位的认知，筛选出网络运营、网络文案和网络推广等方面的岗位，制作招聘广告牌，并张贴于实训室（制作形式不限，如使用色卡纸、POP 广告等）。

步骤 3：模拟现场招聘的场景，学生根据兴趣选择岗位并到指定岗位前等待面试，确保每个方向的候试人员相对均等。

步骤 4：担任人事经理角色的学生要求扮演面试的学生分别介绍对应聘岗位的认知，以及应具备何种技能与素质才能胜任该岗位、如果上任将怎样开展工作。

步骤 5：面试者根据经理提出的要求回答问题，人事经理对面试者进行综合评价记录。

步骤 6：经理宣布面试结果。

步骤 7：教师对整个实训项目开展情况进行点评、总结、反思，并提出改进措施。

八、实训评价

对整个实训执行过程进行评价，特别是对实训过程中所取得的成果进行评价。评价主体包括实训本人、实训小组、指导教师及第三方，然后填写网络营销岗位认知实训评价表（见表 1-2）。

表 1-2　网络营销岗位认知实训评价表

评价项目	招聘广告牌的制作（25%）	现场面试的表述（50%）	职业素养（25%）
评价标准	A. 非常合理 B. 合理 C. 不合理	A. 流畅、详细、精准 B. 简明、扼要、基本到位 C. 表述不流畅、脱离主题	A. 大有提升 B. 略有提升 C. 没有提升
分项得分			
总分			

说明：

1. 各评价项目按百分制打分。
2. 可以邀请合作企业专业人员、电商协会等机构专业人士担当第三方参与评分。
3. 各标准对应的分数范围：A.80～100 分；B.60～79 分；C.60 分以下。

任务测评

一、判断题

1. 网络营销和传统营销属于整个市场营销活动中的一部分。(　　)
2. 网络营销岗位只包括网络编辑、网站推广、网络运营。(　　)
3. 网络营销是促进电子商务活动的重要环节。(　　)
4. 网络营销活动是虚拟网络环境下的营销活动。(　　)
5. 开展网络营销需要一定的网络环境。(　　)

二、简答题

通过百度、谷歌等搜索引擎，使用“网络营销”关键词查询，了解网络营销的含义，并阐述自己对网络营销行业的理解。

项目二 网络消费者行为分析

学习目标

知识目标：

1. 了解网络市场基本概念及特征。
2. 理解网络消费者的需求特征、购买动机以及购买过程。
3. 掌握在消费者网络购买过程中各个阶段所采取的营销策略。

技能目标：

通过对网络消费者影响因素的分析，学会合理制定消费者购买决策。

素养目标：

1. 融入正确的消费观念和人情观，养成崇尚节俭、拒绝奢华的品德。
2. 培养学生的专业素养、精益求精的工匠精神、进取意识和忘我的敬业精神。
3. 培养学生的团队合作精神和探究思维。

案例导入

北京环球影城的“威震天”可真碎嘴

北京环球影城变形金刚基地主题园区的“威震天”凭着惊人的神吐槽和话痨特质走红网络，为北京环球影城在社交媒体上的传播起到了很大的推动作用。

威震天是《变形金刚》系列电影及其衍生动画片中的反派人物。在许多人的童年回忆中，威震天绝对占有一席之地。而北京环球影城的威震天除了吐槽，简直就是话痨！它和谁都可以聊得很嗨，简直太外向了。自此，威震天一战成名，火遍社交媒体。

威震天火的原因主要是它具备了满足用户自传播所需的各种因素。

- 在内容上，幽默且利于游客创作，和游客共创让内容更具深度和广度。
- 在环境上，充分利用从众心理，让游客不自觉掏出手机拍照。
- 在共情上，沉浸式体验，激荡儿时的记忆，圆梦童年，产生 IP（人格化形象）共情。
- 在放大上，利用新媒体平台，巧用 KOL（关键意见领袖）助力，让内容不断放大。

一、内容

1. 高话题、低创作门槛更容易引爆传播

过去，品牌通过投放主流媒体广告就可以占领用户心智。但在网络社交媒体时代，传播渠道被分散了，营销者无法再通过投放来占据全部的传播渠道和媒介。通过多个结点的自传播来引爆话题、占领用户心智成为迫不得已的选择。

要想用户传播，需要满足两个最基本的定律：内容有料、创作简单。

内容生产有三种模式：OGC（职业生产内容）、PGC（专业生产内容）、UGC（用户生产内容）。这三者的生产难度是逐级递增的，即 OGC<PGC<UGC。

用户自传播的好处是可以快速且多渠道，但难点是 UGC 内容很难生产。因此帮助用户降低创作门槛，但又能制作出高质量的内容，就显得尤为关键。

回到威震天的例子上，威震天的话痨形象和语出惊人的神评论就是非常有料的内容，本身就有很高的热度。游客只需要拿起手机，记录下这样的时刻就可以生产出高质量内容，故创作门槛足够低。

有料的内容由游乐园生产，游客只需要记录并传播即可。生产和传播的分离，让创作成本和难度直线下降。同时，游客拍摄是参与的过程，视频是游客拍的。如果直接把现成的片子交由游客传播，效果则完全不一样。

2. 和用户共创，内容更有料

威震天固然有趣，但如果每天都是它自己在唱独角戏，又会怎样呢？红极一时，但不能长久。每位游客上台，和威震天互动，每个人都会问不同的问题，都会发生不同的有趣的事。一群人的创作必定是百花齐放，异彩纷呈。可见，群体共创可以有效扩充内容的深度和广度。

3. 反差形象和金句是传播关键

翻翻你的朋友圈，看看哪些内容最容易传播？极度煽动情绪、娱乐八卦等内容永远占绝大多数。在反差上，威震天在原版动画中是一个反派，但在现实中，它竟然很萌，语言幽默，这和人们的既有认知形成巨大反差。威震天是高大威猛的，人们站在它面前要矮许多，要仰头看它，加上威震天的犀利语言，令人总是感觉威震天好像在教训小朋友一样，充满戏剧性。当日常生活中遇到一件不太寻常的事情时，人们往往会第一时间想要分享出去。

另外，冗长的发言稿很难让人抓住重点并引发情绪共鸣，但简明有趣的金句能做到这点。一点都不叛逆的内容，不会有人喜欢，而口吐莲花、情商在线的威震天自然会受到人们的喜爱。

4. 环球影城和威震天的 IP 影响力让破圈更容易

如果 IP 已经具有一定影响力，可以加速破圈的速度。没有 IP 怎么办？寻找文化母体，和原有的其他 IP 靠近，引发价值的认同。例如，华杉老师为固安工业园区所做的城市营销口号“我爱北京天安门正南 50 公里”，借用的就是《我爱北京天安门》这首经典老歌的 IP。

二、环境

1. 被动传播

从众心理：心理学中有“羊群效应”，用来比喻人都有一种从众心理，从众心理很容易导致盲从。

试想一下，当你身边的人都在拍威震天时，你会不会也想拿出手机记录一下？大概率会。人是会被周围的环境所影响的。另外，威震天在网络上已经有很高的热度，你很可能是看到威震天这么幽默的视频后才决定来看的，你其实已经被影响了。

当你第一次听说威震天时可能没有特别注意，但当大家都在讨论威震天时（或者你频繁刷到威震天的视频时），你就会不自觉地去了解威震天。

2. 主动传播

用户主动传播的关键因素是替用户表达。而威震天的神吐槽就是一个很好的话题，本质上是社交货币。

三、共情

任何大规模的传播，一定有一个强大的共情点在支撑着。威震天火遍全网的背后，是唤起了人们对威震天 IP 的共情。很多人的童年中就有《变形金刚》这部动画片的影子，当有一天，影视和动画作品中的威震天来到了现实世界，并站在你面前和你互动，这种沉浸式的互动体验会不会唤醒 IP 共情？

四、放大

1. 微博超话、抖音话题的放大

威震天的爆火，在很大程度上得益于新媒体平台的放大效果。微博超话、抖音话题的开通和建立，使内容得到更快传播。

2. KOL 助力

威震天的爆火会吸引更多的 KOL 帮助扩散，在这次传播中有两个特别明显的特征。演员和威震天互动，将话题引爆，同时利用演员的粉丝圈层让内容继续破圈。抖音上甚至出现了一批账号，专门用来发布威震天和游客互动的视频内容，且作品观看数据非常可观，已经出现多条爆款作品。

3. 评论区网友发言让内容更具有可看性

许多人在刷短视频的同时，会习惯性地打开评论区看一下网友的评论，很多时候可能评论比视频还要精彩。

4. 依靠 IP 持续获取搜索

自北京环球影城宣布试运营以来，微信指数中“环球影城”和“威震天”两个词的搜索指数不断攀升。

资料来源：李云琪 . 北京环球影城开园在即，网友：话痨“威震天”，你可真碎嘴！网易网，2021-09-19.

任务一 认识网络市场

扫一扫

配套微课

网络市场是以现代信息技术为支撑，以互联网为媒介，以离散的、无中心的、多元网状的立体结构和运作模式为特征，信息瞬间形成、即时传播，实时互动、高度共享的人机界面构成的交易组织形式。

一、网络市场的特征

随着互联网的盛行，利用无国界、无区域界限的网络来销售商品或提供服务，成为买卖通路的新选择，网络市场成为21世纪最有发展潜力的新兴市场。从市场运作的机制看，网络市场具有如下基本特征。

（一）无店铺的经营方式

运作于网络市场上的是虚拟商店，它不需要店面、装潢、摆放的货品和服务人员等，它使用的媒体为互联网。如1995年10月“安全第一网络银行”（Security First Network Bank）在美国诞生，这家银行没有建筑物、没有地址，只有网址，营业厅就是网站首页页面，所有的交易都通过互联网络进行，员工只有10人，1996年存款金额只有1 400万美元，1999年存款金额就达到4亿美元。

（二）无存货的经营形式

一些电子商务网上的商店可以在接到顾客订单后，再向制造的厂家订货，而无须将商品陈列出来以供顾客选择，只需在网页上打出货物菜单以供选择。这样一来，商家不会因为存货而增加成本，其售价比一般的实体商店要低，这有利于增加网络商家和“电子空间市场”的魅力和竞争力。

（三）成本低廉的竞争策略

网络市场上的虚拟商店，其成本主要涉及自设Web站成本、软硬件费用、网络使用费，以及相关的维持费用。它通常比普通商店经常性的成本要低得多，这是因为普通商店需要昂贵的店面租金、装潢费用、水电费、营业税及人事管理费用等。思科（Cisco）在其网站建立了一套专用的电子商务订货系统，销售商与客户能够通过此系统直接向Cisco公司订货。此套订货系统不仅能够提高订货的准确率，避免多次往返修改订单的麻烦，最重要的是缩短了出货时间，降低了销售成本。据统计，电子商务的成功应用使Cisco每年在内部管理上能够节省数亿美元的费用。EDI（电子数据交换）的广泛使用及其标准化使企业与企业之间的交易走向无纸贸易。在无纸贸易的情况下，企业可将购物订单过程的成本缩减80%以上。在美国，一个中等规模的企业一年要发出或接受的订单在10万张以上，大企业则在40万张左右。因此，对企业，尤其是大企业，采用无纸交易就意味着节省少则数百万美元，多则上千万美元的成本。

（四）无时间限制的全天候经营

虚拟商店可实现一天 24 小时、一年 365 天的持续营业，这对于平时工作繁忙、无暇购物的人来说有很大的吸引力。

（五）无国界、无区域界限的经营范围

联机网络创造了一个即时全球社区，它消除了同其他国家客户做生意的时间和地域障碍。面对提供无限商机的互联网，国内企业纷纷加入网络行业，开展全球性营销活动。如浙江省海宁市皮革服装城加入了计算机互联网络，很快就尝到了甜头。服装城通过网上交易仅半年时间，就吸引了美国、意大利、日本、丹麦等 30 多个国家和地区的 5 600 多个客户，仅仅雪豹集团一家企业就实现外贸供货额 1 亿多元。

（六）精简化的营销环节

现今顾客的需求不断增加，对欲购商品资料的了解、对产品本身要求有更多的发言权，通过互联网，企业和顾客可快速交换信息。精明的营销人员能够借助联机通信所固有的互动功能，鼓励顾客参与产品的更新换代，让他们选择颜色、装运方式，自行下订单。在定制、销售产品的过程中，为满足顾客的特殊要求，让顾客参与越多，售出产品的机会就越大。总之，网络市场具有传统的实体化市场所不具有的特点，这些特点正是网络市场的优势。

二、网络市场细分的作用与原则

（一）网络市场细分的作用

市场是一个综合体，是多层次、多元化的消费需求的集合体，任何企业都不可能满足所有消费者的需求。企业网络营销要取得理想的效果，就得定义自己的目标市场，为自己定义的目标市场中的客户服务。网络营销市场细分是企业进行网络营销的一个非常重要的战略步骤，是企业认识网络营销市场、研究网络营销市场，进而选择网络目标市场的基础和前提。具体来说，网络营销市场细分有以下几个方面的作用：

1. 有利于企业发掘和开拓新的市场

网络消费者尚未被满足的需求，对企业而言往往是潜在的，一般不易发现。在调查基础上的市场细分，企业可以深入了解网络市场顾客的不同需求，并根据各子市场的潜在购买数量、竞争状况及本企业的实力的综合分析，发掘新的市场机会，开拓新市场。

2. 有利于制定和调整市场营销组合策略

网络市场细分是网络营销策略运用的前提。企业在对网络营销市场细分后，细分市场的规模、特点显而易见，消费者的需求清晰明了，企业可以针对各细分市场制定和实施网络营销组合策略，做到有的放矢。

3. 有利于集中使用企业资源，取得最佳营销效果

企业不管在网络营销中试图开展什么工作或者最后的目的是什么，都将面对网络营销中的主要和次要的目标市场。在网络营销中，企业不仅要确定自己的目标市场在哪里，还要确定哪些是主要的、哪些是次要的，从而选择对自己最有利的目标市场，

合理使用企业有限的资源，以取得最理想的经济效益。

（二）网络市场细分的原则

实现网络市场细分化，并不是简单地把消费者视为需求相同或不同，因为它在企业市场营销活动中处于战略地位，直接影响到企业各种营销策略的组合。所以网络市场细分必然遵循一定的原则，这些原则主要有：

1. 可衡量性

可衡量性指表明消费者特征的有关资料的存在或获取这些资料的难易程度。亦即细分出来的市场不仅范围比较明晰，而且能够大致判定该市场的大小。比如，以地理因素、消费者的年龄和经济状况等因素进行市场细分时，这些消费者的特征就很容易衡量，资料也比较容易获得，而以消费者心理因素和行为因素进行市场细分时，其特征就很难衡量。

2. 实效性

实效性是指网络营销市场细分后各子市场的需求规模及获利性值得企业进行开发的程度。也就是说，细分出来的各子市场必须大到足以使企业实现它的利润目标。一个细分市场是否大到足以实现具有经济效益的营销目标，取决于这个市场的人数和购买力。在进行市场细分时，企业必须考虑细分市场上消费者的数量、消费者的购买能力和购买数量。一个细分市场应是适合设计一套独立营销计划的最小单位，因此，市场细分并不是分得越细越好，而应该科学归类，保持足够容量，使企业有利可图。

3. 可接近性

可接近性指企业能有效地集中力量接近网络目标市场并有效地为之服务的程度。企业对所选中的网络目标市场，能有效地集中营销能力，开展营销活动。可接近性一方面指企业能够通过一定的媒体把产品信息传递到细分市场的消费者；另一方面指产品经过一定的渠道能够到达细分市场。对于企业难以接近的网络市场，进行细分就毫无意义。

4. 反应的差异性

反应的差异性指不同的细分市场对企业采用相同营销策略组合的不同反应程度。如果网络市场细分后，各细分市场对相同的营销组合策略做出类似的反应，就不需要为每个子市场制定一个单独的营销组合策略了，细分市场也就失去了意义。例如，所有的细分市场按同一方式对价格变动做出反应，也就无须为每一个市场规定不同的价格策略。

5. 稳定性

细分市场必须在一定时期内保持相对稳定，以使企业制定较长期的营销策略，有效地开拓并占领该目标市场，获取预期收益。若细分市场变化过快，将会增加企业的经营风险。

值得注意的是，细分市场并不是越细越好。因为如果划分过细会导致以下后果：增加细分变数，给细分带来困难；影响规模效益；增大费用和成本。这时就应该实施“反细分化”策略。它并不是反对市场细分，而是要减少细分市场数目，即略去某些细分市场或把几个太小的细分市场集合在一起。

任务二 网络消费者分析

扫一扫

配套微课

一、网络消费者的内涵

（一）网络消费者的需求仍然具有层次性

网络消费是一种新型的消费形式，它和传统的消费形式相比，有类似的地方，也有其独有的特点。网络消费本身是一种高级的消费形式，但就其消费内容来说，仍然可以分为由低级到高级的不同层次。需要注意的是，在传统的商业模式下，人们的需求一般是由低层次向高层次逐步延伸发展的。只有当低层次的需求满足之后，才会产生高一层次的需求。而在网络消费中，人们的需求是由高层次向低层次扩展的。在网络消费的开始阶段，消费者侧重于精神产品的消费，如通过网络书店购书、通过网络光盘商店购买光盘。到了网络消费的成熟阶段，消费者在完全掌握了网络消费的规律和操作方法，并且对网络购物有了一定的信任感后，消费者才会从侧重于从精神消费品的购买转向日用消费品的购买。

（二）网络消费者的需求具有明显的差异性

不同的网络消费者因所处的时代、环境不同而会产生不同的需求。不同的网络消费者在同一需求层次上的需求也会有所不同。这是因为网络消费者来自世界各地，国别不同、民族不同、信仰不同，生活习惯也不同，产生了明显的需求差异性，这种差异性远远大于实体商务活动的差异。所以，从事网络营销的厂商如果想取得成功，必须在整个生产过程中，从产品的构思、设计、制造，到产品的包装、运输、销售，认真思考这种差异性，并针对不同消费者的特点采取有针对性的方法和措施。

（三）网络消费者的需求具有交叉性

在网络消费中，各个层次的消费不是相互排斥的而是紧密联系的，需求之间广泛存在交叉的现象。例如，在同一张购货单上，消费者可以同时购买最普通的生活用品和昂贵的饰品，以满足生理的需求和尊重的需求。网络虚拟商店可以囊括几乎所有品种的商品，消费者可以在较短的时间里浏览，因此产生交叉性的购买需求。

二、网络消费者行为的分类

按照消费者需求的个性化程度，网络消费者的购买行为可以划分为简单型、复杂型和定制型购买。

（一）简单型购买

简单型购买的产品大多是书籍、音像制品等类的标准化产品。消费者对它们的个性化需求不大，基本上属于同质市场。消费者购买这类产品通常以传统购买习惯为依据，不需要复杂的购买过程，购买前一般不会进行慎重的分析、筛选，主要以方便购买作为首要条件。

（二）复杂型购买

这类购买行为主要发生在购买电视机、电冰箱等技术含量相对较高的耐用消费品的场合。消费者对这些产品的许多技术细节不了解，因而对品牌的依赖性较大。随着这些产品逐渐走向成熟，消费者对它们变得越来越熟悉，这种复杂型购买将逐步趋于简单化。对这些产品，消费者的个性化需求主要表现在产品的颜色、外观造型上，对厂商的要求不是很高，厂商介入的程度不大。

（三）定制型购买

定制型购买是指消费者按照自己的需求和标准，通过网络要求厂商对产品进行定制化生产。定制型购买的产品大致有三类：第一类产品是技术含量高、价值高的大型产品，定制虽然增加了制造成本，但可以削减非必要功能，从而获得更个性化同时也是更经济的产品；第二类产品是技术含量不高，但价值高的个性化产品，这类产品与消费者的兴趣、偏好有直接的关系；第三类产品是计算机软件及信息产品。

三、网络消费者的行为特征

由于互联网商务的出现，消费者的地位及消费观念、消费方式正在发生着重要的变化，互联网商用的发展促进了消费者主导地位的提高；网络营销系统巨大的信息处理能力，将各种商品展示在消费者面前，为消费者挑选商品提供了前所未有的种类空间，使消费者的购买行为更加理性化。

（一）消费者消费个性回归

近代，由于工业化和标准化生产方式的发展，使消费者的个性被淹没于大量低成本、单一化的产品洪流之中。随着21世纪的到来，这个世界变成了一个计算机网络交织的世界，消费品在网络里变得越来越丰富，消费者进行产品选择的范围越来越广，产品的设计开始多样化、独特化，消费者开始重新制定自己的消费准则，整个市场营销回到了个性化的基础之上。没有一个消费者的消费心理是一样的，每个消费者都是一个细分的消费市场，个性化消费成为网络消费的主流。

（二）消费者需求的差异

不同的网络消费者，即便处在同一需求层次上，他们的需求也会有所不同。因为网络消费者来自各地，不同的信仰、价值观和生活习惯会产生明显的需求差异，这些差异性的特征会带来差异化的网络消费需求。

（三）消费的主动性增强

在社会化分工日益细化和专业化的趋势下，消费者在面对日益增多的商品选择的同时，消费的风险也随之上升。在许多大额或高档的消费中，消费者往往会主动通过各种可能的渠道获取与商品有关的信息并进行比较和分析。

（四）消费者直接参与生产和流通的全过程

传统的商业流通渠道由生产者、商业机构和消费者组成，其中商业机构起着重要的作用，生产者不能直接了解市场，消费者也不能直接向生产者表达自己的消费需求。而在网络环境下，由于网络的互动性很强，消费者能直接参与到生产和流通中来，与生产者直接进行沟通，减少了不必要的中间环节，从而减少了市场的不确定性。

（五）追求消费过程的方便和享受

在网上购物，除了能够满足实际的购物需求以外，消费者在购买商品的同时，还能得到在传统商店得不到的乐趣。今天，人们在现实消费过程出现了两种追求趋势：一部分工作压力较大、紧张性程度高的消费者以方便性购买为目标，他们追求的是时间和劳动成本的尽量节省；而另一部分消费者，由于劳动生产率的提高，自由支配时间增多，他们希望通过消费来寻找生活的乐趣，而网络消费以一种全新的方式为他们提供了这种乐趣的来源。这两种相反的消费心理将会在较长的时间内并存。

（六）消费者选择商品的理性化

网络营销系统巨大的信息处理能力，为消费者挑选商品提供了前所未有的空间，消费者可以利用从网上得到的信息对商品进行反复比较，以决定是否购买。对企事业单位的采购人员来说，可利用预先设计好的计算程序，迅速比较进货价格、运输费用、优惠、折扣、时间效率等综合指标，最终选择有利的进货渠道和途径，从而大大加强购物的心理因素。

（七）注重商品价格

从消费的角度来说，价格不是决定消费者购买的唯一因素，但却是消费者购买时肯定要考虑的因素。网上购物之所以具有生命力，重要的原因之一是因为网上销售的商品价格普遍低廉。经营者尽管都倾向于以各种差别化来减弱消费者对价格的敏感度，避免恶性竞争，但价格始终对消费者的心理产生重要的影响。目前网络消费的价格多由消费者竞价完成，或者由厂商定价，这两种定价方式对消费者的购买决策起着重要的影响作用。

（八）网络消费仍然具有层次性

在网络消费的开始阶段，消费者偏重于精神产品的消费，并且趋向于消费便宜的商品；到了网络消费的成熟阶段，等消费者完全掌握了网络消费的规律和操作方式，并且对网络购物有了一定的信任感后，消费者才会从侧重于精神消费品的购买转向日用消费品的购买，并且消费额度会逐渐增大。

（九）网络消费需求的超前性和可诱导性

电子商务构造了一个全球化的虚拟大市场，在这个市场中，先进的产品会以极快的速度与消费者见面。以具有超前意识的年轻人为主体的网上消费者必然很快接受这些新产品（包括国内和国外的），从而带动其周围消费层新一轮的消费热潮。从事网络营销的厂商应当充分发挥自身的优势，采用多种促销方法，启发、刺激网络消费者的新需求，唤起他们的购买兴趣，诱导网上消费者将潜在的需求转变为现实的需求。根据中国互联网络信息中心的统计，在网上购物的消费者以经济收入较高的中、青年为主，这部分消费者比较喜欢超前和新奇的商品，他们也比较注意和容易被新的消费动向和商品介绍所吸引。

（十）网络消费中女性占主导地位

喜欢消费是女性的天性，不论是在现实生活中还是在虚拟社会中都是这样。当女性网民所占的比例和数量逐渐增多时，网络消费中女性就占据主要的地位。根据中国互联网络信息中心发布的第 53 次《中国互联网络发展状况统计报告》的统计，截至 2023 年 12 月，我国网民规模达 10.92 亿，女性网民已经占网民总量的 48.8%。

知识链接

海尔为美国家庭定制个人洗衣间受欢迎

美国网站页面上出现的一些“奇怪”的照片和有趣的留言，吸引了网友们的关注。照片中既有满身泥泞的孩子，也有可爱的家庭宠物，但从留言来看，它们却承载着这些家庭的“甜蜜与负担”——这些家庭迫切需要一台能够清洗孩子的脏衣服，以及清洗宠物衣物的小型便携式洗衣机。据了解，网友们热烈讨论的“便携式洗衣机”的概念是由海尔美国团队提出的，目的是满足人们的个性化洗衣需求，创造更美好的家庭生活体验。海尔美国相关负责人告诉记者：“在美国，居住在城市公寓里的人通常选择自己洗衣服，但居住空间的狭小使他们希望买到既高效便捷又节省空间的紧凑型家电。了解到用户的这个需求后，我们提出了小型洗衣机的理念，并通过社区网站与粉丝充分互动。”目前，海尔已经将这种立足用户需求的创新研发模式应用于全球。通过整合在中、欧、亚、美、澳等地的全球五大研发中心的创新研发力量，海尔不断推出最安静的水晶系列滚筒洗衣机、节能高效的芯变频双动力洗衣机、开启精致洗衣时代的世界最小洗衣机等引领行业趋势的创新产品，受到全球不同地区消费者的信赖。

四、网络消费者价格认知的心理特点

（一）参照价格效应

消费者对价格信息的掌握往往并不完全，对购买物品价格的认知取决于类似替代物品价格（即参照价格）的高低。商场购物，消费者对参照价格的认知受到商场产品组合、购物者经验和购物环境特征等因素的影响。例如，购物商场所经营产品的价格水平较高，或者在产品线中加列高价产品，均可能提高购物者的参照价格。比如，初次到某个商场购物的消费者对于参照价格的认知，远远不如富有购物经验的消费者准确。

网上购物，价格信息流动更加自由，消费者更加容易在不同的商店或者不同的品牌之间进行比价，对参照价格的认知也更为全面。网上购物，突破了商场购物方式的产品种类和地理区域限制，扩大了消费者购物选择的余地，参照价格作为价格评判参照物的心理效应更加明显。

（二）转换购买成本效应

转换购买成本是指顾客转换购买品牌或者更换供应商可能发生的成本代价，包括配套投资、费用支出和心理代价等。转换购买的成本越高，消费者对产品价格的敏感程度越低。由于消费品购买的转换成本往往低于工业品，工业品用户的价格敏感性远远低于消费品购买者。

网络时代，信息技术的发展和互联网络的扩张，加速了价格信息的流动，推动了市场的全球化，工业标准趋于统一，生产技术更能兼容。无论是消费品还是工业品，转换购买的经济成本呈现下降趋势，对消费者价格认知的心理效应更加明显。

（三）产品信息不对称效应

消费者对产品信息的掌握程度直接影响到对购物价格的认知。消费者掌握的产品信息越多，对购物价格的敏感程度越高；反之，消费者了解的产品信息越少，价格敏感性也越低。

商场购物，许多消费者所掌握的产品信息不仅不完全，而且也不对称，难以在不同品牌或不同商场之间进行比质比价。网上购物，价格信息更易获取，消费者往往掌握更多的购物信息，但由于消费者个人特征、产品性质特点和网上购物环境等方面的差异，不同消费者所掌握的产品信息量和性质并不一样。网上购物，消费者产品信息不对称特征不仅表现在不同的产品类型之间，也反映在不同信息类别之间，产品的质量信息往往要比价格信息更难获取。

（四）价格－质量关系效应

消费者常常将价格看作质量的象征，高的价格在某种程度上代表高的质量，而价格低廉则意味着质量低劣。价格与质量之间这种互动关系的心理效应在产品质量信息不完全条件下表现得尤为明显。

网上购物，价格－质量关系的心理效应对于消费者价格的认知仍起着重要的作用，其原因是：

（1）网上购物体现的是虚拟的购物过程，消费者在做出购买决策之前，既不能通过触摸方式，也无法利用检测手段对产品的质量加以检视，价格－质量关系效应有利于降低购物风险。

（2）产品信息不对称现象仍存在于网上购物过程，由于购物地理区域界限的突破，产品质量信息搜寻难度加大，价格－质量关系效应有利于缓解产品信息不对称程度。

（3）随着网上竞争的加剧和价格信息的流动，价格标准化的趋势更加明显，价格－

质量关系得到增强。

（五）价格公平性效应

消费者往往对交易商品价格的公平性有个相应的心理预期。如果成交价格超出消费者理解的“合理”或“公平”范围，消费者就可能认为价格过高或过低，从而不愿购买。公平交易准则认为交易对于双方应当公平合理，如果卖方索要价格被理解为远远高出卖方所提供的产品或服务价值，该项交易则对买方是不公平的。除此之外，消费者对于交易价格公平性的理解还受到参照价格水平的影响，如消费者先前购买价格、他人支付价格、不同市场价格和替代品价格等。

网上购物，价格信息流动更加充分，消费者对价格信息搜寻的成本降低，定价透明度加大，价格公平性对消费者价格认知的心理效应增强。

知识链接

危机事件对消费者行为的影响分析

危机事件中消费者的转换和替代行为可能会让零售商和品牌损失巨大。同时，也可以为行动迅速的品牌创造独特的增长机会。疫情期间，许多品牌的缺货率上升，在线零售商的许多产品缺货达到了100%，这引发了疯狂的转换行为。

（1）有更低价格的选择。品牌必须努力留住购物者，因为当他们最喜欢的商品脱销时，消费者会毫不犹豫地更换产品。2020 年 1—4 月间，消费者品牌转换的比例增长了 75%，高达 127%。

（2）隐形就会变得无关紧要。缺货使大品牌在数字货架上消失，而小品牌正在崛起。2020 年 1 月对“卫生纸”的搜索显示，长尾占据了第一页的 8%；到了 2020 年 3 月，这一比例跃升至 51%。

（3）竞争可能比你想象得更大。品牌必须重新评估竞争，不再只是与所属类别的产品竞争，而是与任何类别的产品竞争，只要这些产品可以为消费者解决问题或履行职责。例如，2020 年 4 月搜索“消毒湿巾”，但购买了完全不同类产品的消费者比例是 2020 年 1 月的 2.5 倍。

（4）产品是新的服务。餐馆、理发店、健身房等的关闭促使消费者寻找“产品”来替代“服务”，为品牌创造新的增长机会。例如，与 2020 年 1 月相比，2020 年 4 月下旬亚马逊上搜索的“理发刀”的消费者增长了 90 倍。

（5）走向数字化。从线下到线上和数字化购物的转变正在迅速发生，让没有做好准备的品牌面临市场份额迅速流失的挑战。疫情期间，发生在网上的食品杂货销售比例同比增长了 150%。

任务三　网络消费者的购买决策

扫一扫

配套微课

消费者购买决策过程是消费者购买动力转化为购买活动的过程。不同消费者的购买决策过程既有特殊性，也有一般性。研究这一过程可以更有针对性地制定营销组合策略，以满足需求、扩大销售。

一、网络消费者购买决策的参与者

消费者的某项购买活动主要涉及五种角色的参与，消费者可能扮演以下角色中的一种或几种：

（1）发起者：提出购买某种商品或服务的人。

（2）影响者：有形或无形地影响最后购买决策的人。

（3）决定者：决定整个购买意向的人，在是否买、买什么、买多少、什么时候去买、在哪买等方面能够做出完全或部分的最终决策。

（4）购买者：实际执行购买决策的人。直接与卖方谈交易条件，进行付款和商品的交收等。

（5）使用者：实际使用或消费所购商品或服务的人。

消费者的购买一般以个人或家庭为单位，多数情况下以上五种角色分别由几个人担任，如住宅、耐用消费品及贵重物品等的购买。在以上五种角色中，决定者是最重要的，也是网络营销人员最为关注的，他直接决定该购买过程各方面的内容，故营销者要懂得辨认某项购买决策的决定者。比如，男性一般是电子类、机电类等的购买决定者；女性一般是化妆品、家庭日用消费品、厨房用品、婴幼儿用品、服装等的购买决定者；高档耐用消费品，如汽车、住房等则由多人协商决定；教育、旅游、储蓄等服务类商品也由多人共同决定。

对消费者购买决策参与者的分析，使得企业能根据家庭各成员在购买决策过程担任的角色进行有针对性的营销活动。

二、网络消费者购买行为的类型

网络消费者为了自身的生存和发展，形成了各种各样的需求，既有生理方面的需求，也有心理方面的需求，既有物质上的需求，也有精神上的需求。这些不同的需求，影响了人们的购买动机，而不同的购买动机又导致了不同的消费行为。

（一）复杂的购买行为

复杂的购买行为是指消费者高度参与在众多具有明显差异的品牌中进行反复选择的购买行为。如果消费者高度参与，并了解现有各品牌、品种和规格间具有明显差异，就会产生复杂的购买行为。这种购买行为的购买决策过程完整，要经历大量的信息收集、全面的产品评估、慎重的购买决策和认真的购后评价等各个阶段。

对于复杂的购买行为，网络营销人员需要制定策略帮助消费者了解和掌握产品知识，了解产品属性的相对重要程度，宣传产品的优缺点，让消费者了解产品能为其带来的利益，从而简化购买决策过程，影响消费者最终的购买选择。

（二）减少失调感的购买行为

如果消费者属于高度参与，但是并不认为各品牌之间有显著差异，则会产生减少失调感的购买行为。减少失调感的购买行为比复杂的购买行为要简单。由于品牌差异不大，消费者不会广泛收集产品信息，也不精心挑选品牌，购买决策过程迅速而简单，但是在购买后会认为自己所买产品具有某些缺陷或觉得其他同类产品有更多优点，进而产生失调感，怀疑先前购买决策的正确性。为此，消费者会再度收集有关已购产品的有利信息，设法获得新的信念，争取他人支持，以证明自己购买行为的正确性，寻求新的心理平衡。地毯、室内装饰材料、服装、首饰、家电和家具等都属于减少失调感的购买行为。这些产品价值高、不常购买，但是消费者看不出或不认为某一价格范围内的不同品牌有什么差别，无须在不同品牌间进行精心比较和选择，相反可能受到与产品质量和功能无关的其他因素如价格便宜、销售地点近等的影响而决定购买。购买之后，会因使用过程中发现产品的缺陷或了解到其他同类产品的优点而产生失调感。

对于这类购买行为，网络营销者要通过调整价格、选择恰当的售货地点和干练的售货员来影响消费者的品牌选择；另外，还应通过各种渠道提供有利于本企业和产品的有利信息，减少消费者的失调感，使其相信自己的购买决策是正确的。

（三）寻求多样化的购买行为

如果消费者属于低参与并了解现有各品牌之间具有显著的差异，则会产生寻求多样化的购买行为。这是为了使消费多样化而常常变换品牌的一种购买行为，如对零食、小饰品的购买基本上属于这种购买行为。消费者购买产品具有很大的随意性，并不深入收集信息和评估比较就决定购买某一品牌，在消费时才加以评估，但是在下次购买时又转换其他品牌。转换的原因可能是厌倦原口味或想试试新口味，是寻求产品的多样性而不一定有不满意之处。

对于寻求多样化的购买行为，不同市场地位的企业应采取不同的营销战略。市场领导者力图通过占有有利的货架位置、开发新产品、避免脱销和运用提示性的广告等手段来鼓励消费者从寻求多样化品牌转变为某一品牌的习惯购买者。而市场挑战者则以较低的价格、折扣、赠券、免费赠送样品和强调试用新品牌的广告来鼓励顾客寻求多样化的购买行为，以降低领导者品牌的顾客忠诚度，吸引更多的顾客。

（四）习惯性的购买行为

如果消费者属于低参与并认为各品牌之间没有什么显著差异，就会产生这种购买行为。习惯性购买行为的消费者并不深入收集信息和评估品牌，只是习惯于购买自己熟悉的品牌，在购买后对产品可能进行评价也可能不进行评价。比如洗衣粉、油盐酱醋等，消费者在购买时几乎不思考，会随便购买某个品牌。他们一直购买某个品牌大多不是由于忠诚于该品牌，而仅仅是出于习惯。

对于习惯性的购买行为，网络营销者可以制定如下的营销策略：

（1）增加购买者的参与程度、加大品牌的差异。可以在不重要的产品中增加较为重要的功能和用途，并在价格和档次上与同类产品拉开差距。

（2）利用价格和促销吸引消费者。由于产品之间品牌差异不大，很难找到吸引消费者的独特之处，就只能依靠价格优惠、展销、示范、赠送和有奖销售等手段来吸引顾客初次购买。一旦顾客了解和熟悉了产品，就可能形成习惯购买。

（3）通过大量重复性的广告来提高品牌印象。在参与程度低和品牌差异小的情况下，消费者只是被动地接受各种途径的传播信息，并根据这些信息所造成的对不同品牌的熟悉程度来决定购买选择。因此，企业必须开展大量广告宣传使消费者通过被动地接受广告信息而产生对品牌的熟悉。此时的广告信息应简短有力、不断重复，突出视觉效果，使消费者很容易从众多产品中认出该品牌。

三、影响网络消费者购买行为的主要因素

（一）个人因素的影响

1. 稳定因素

这主要是指个人某些特征，诸如年龄、性别、民族、收入、家庭、职业等。稳定因素不仅能影响参与家庭决策者，而且影响人们决策过程的速度。在决策过程的某一特殊阶段，购买行为也部分地决定于稳定因素。例如，在收集信息阶段，一个人的年龄和收入会影响信息来源的数量和类型以及用来征集信息所花费的时间。稳定因素也能够影响消费者对某产品的使用范围。例如：假定一个大学教授每年的收入和一个行政人员一样多，然而这些收入的分配却有很大的差别，这是因为两种职业的不同引起的，他们在工作中需要和使用的生活用品都会有明显区别。

2. 随机因素

随机因素是指消费者进行购买决策时所处的特定场合和具备的一系列条件。有时，消费者购买决策是在未预料的情况下做出的，例如，某人也许要购买一张机票去与弥留之际的亲人一起度过其最后几天。或者某种情况的出现将延迟或缩短人们的决策过程，例如，一个正在考虑购买计算机的消费者可能会在评价与选择上耽搁，这种耽搁肯定会减慢决策过程或者会导致他放弃这种购买。但是，假如此人在另一种不同的环境下，譬如工资上涨 20%，购买决策过程可能会比工资不上涨完成得快得多。而且，随机因素对消费者行为的影响，往往还是多方面的。

（二）心理因素的影响

1. 感觉

不同的人用不同的方法同时看到同一事物的结论是不一样的。同样，同一个人在不同的时间用不同的方式看同一事物，结论自然也不同。感觉是为了获得结果对输入的信息进行识别、分析和选择的过程。人们通过看、听、闻、尝和摸等感官接收信息。输入信息就是人们通过各种感官获得的信息。我们听到一个广告、看到一个朋友、摸

到一种产品的时候，就获得了信息。我们虽然立即获得了大量的零碎的信息，但只有一部分成为知觉。我们选择一些信息同时放弃其他大量的信息，这是因为我们无法在同一时间里去注意所有的信息。这种现象称为选择保留。因为我们选择输入的信息是那些保留于我们思路之外的。假如你正将注意力集中于某一篇文章，你可能注意不到外面的人或汽车噪声。即使你接收了那些信息，也将等到提取这些信息时才能意识到。这就是为什么有的信息能上升为知觉，有的却不行。假如信息与期望的事联系在一起，则已被人所知觉。肯德基使用一系列的广告牌，已被人所知觉。即使一些司机可能不停下来，这儿也有一个机会至少让他们注意到这些商店。假如这些信息能满足眼前的需要，人们也可能让这些信息上升为意识。例如，你饿的时候，你便可能去注意食品。相反，假如刚吃过了，这种广告不被意识到的可能性更大。假如信息输入的强度急剧变化，则被意识到的可能性更大。例如，一个商店处理过季产品，降价幅度较小时，我们也许未加以注意。这是因为其变化太小，但是如果商店降价一半，我们注意到这种降价的可能性就大得多。

2. 动机

动机是激励一个人的行动朝一定目标迈进的一种内部运力。在任何时候一个购买者受多种动机影响而不是仅受一个动机影响，而某一时点一些动机比另一些动机强，但这种强烈的动机在不同的时点是不同的。动机能降低或增大压力，当动机驱使我们朝向一些目标迈进时，压力可能会降低；但是，当一些动机迫使我们向一个目标，另一些又把我们拖向另一目标时，压力可能会增大。

影响人们在习惯性地点购买商品的动机被称为惠顾动机。某个购买者可能因为此动机在某一特殊商店购买商品。譬如，商品的价格、服务态度、地点、信誉、产品的多样性或者甚至售货员的友善等方面的优惠。利用消费者的惠顾动机，市场营销应该设法了解为什么习惯性顾客惠顾一个商店并在销售组合中突出这些特点。动机研究能帮助市场营销者分析那些去买或不买他们产品的消费者的主要动机。动机常常处于潜意识状态，是很难加以衡量的，人们通常不知道怎样激发动机。所以市场营销者不能简单地去询问他们的动机是什么，许多动机研究依靠交谈和推测技术。

3. 经验

经验包括由于信息和经历所引起的个人行为的变化。一些生理条件，如饥饿、劳累、身体成长变化、衰老、退休而引起的行为变化，不列入经验考虑范围。个人行为的结果强烈地影响着经验积累过程。如果个人的活动带来了满意的结果，那么他在以后相同的情况下会重复以前的做法。如果行为没有带来满意的结果，那么将来他可能采取完全不同的做法。例如，一个消费者购买了某种牌子的洗衣液而且很喜欢，那么他以后还会一直购买同样牌子的洗衣液，直到这个牌子不再使他满意为止。

一个公司要成功地推销产品，它就要帮助消费者了解产品。通过推销人员和广告作用，营销者在消费者购买前就要向其提供信息以影响消费者经验，从而使消费者对产品的态度有利于销售产品。

4. 态度

态度由知识和对目标的积极和消极的情感构成。我们有时说一个人有“积极的态度”，但这种表述不完整。只有知道了与这种态度相联系的目标时，这种表述才有意义。人们所持态度针对的目标可能是有形的或无形的、有生命的或无生命的。例如，我们有针对性别、信仰等事物的态度，也有对花和服装的态度。然而，个人的态度基本上是保持稳定的，不会时刻变化。同样，个人的态度产生的影响都是不同的，有的强、有的弱。消费者对公司和产品的态度，对公司营销战略的成功或失败至关重要。当消费者对公司营销实践的一个或几个方面持否定的态度时，不仅他们自己会停止使用公司的产品，他们还会要求亲戚和朋友也这样。营销者应该估计消费者对价格、包装设计、品牌名称、广告、推销人员、维修服务、商店布局、现存和未来产品的特点等各方面所持的态度。营销者有多种办法来估量消费者的态度，最简单的一种方法就是直接向消费者提问题。

5. 个性

个性是和人们的经验与行为联系在一起的内在本质特征。源于不同的遗传和经历，每个人的内心世界、知识结构、成长过程都不同。个性比较典型地表现为以下一种或几种特征，如：冲动、野心、灵活、死板、独裁、内向、外向、积极进取和富有竞争心。营销者要试图发现这些特点和购买行为之间的关系，相信人的个性对所购商品的品牌和类型会有影响。例如，人们所购买的服装、首饰、汽车等类型也反映了一种或几种个性特征。通常，营销者把广告宣传瞄准在某些一般人都有的个性特点上，通过运用那些积极的有价值的个性特征来进行促销。能够通过这种方法促销的产品主要包括软饮料及一些服装。

案例

“见面吧”SNS 营销

年轻人虽然在 SNS（社交网络服务）网络上可以交到很多新朋友，但这种缺少真实见面的社交只是一种浅层次的社交。年轻人的社交需求更多的是现实中的好友，网络上的交流只是一种替代，或者仅是一个开始。他们迫切需要一种推动力，将这种交流现实化。准确了解消费者的心理需求以后，寄希望于进一步扩大市场份额的麦当劳，呼唤年轻人“线下真实见面，巩固友情”，将麦当劳作为他们最佳的“见面场所”，使他们更加喜爱麦当劳这个品牌，并进入麦当劳消费从而达到促进销售的目的。而人人网则凭借其在国内年轻人群体中的绝对垄断性以及其专业强大的 SNS 营销能力，成为麦当劳此次推广的最佳网络平台，一个覆盖全国年轻人的“见面吧”网络推广活动盛大启动。

让用户制造 101 个“见面吧”的理由：同在一个城市、一个校园，如果是真朋友就应该多见面；分处在两地的老同学再远也要见面；喜欢她就约她出来见面……一系列见面的理由，迎合了年轻人重视友情、喜欢与朋友分享的心理特点，备受用户欢迎。将近 60 万封见面邀请函被发送，400 万个网友登录了活动主页，产生了超过 700 万次的活动主页的浏览量，提交了 120 万个见面理由，有超过 7 万条甜言蜜语被发送，让更多的年轻人分享了友谊的甜蜜。用户参加线上活动，不仅向好友表达了见面的愿望，而且也有机会得到麦当劳提供的种种“见面礼物”。当人人网有10万个用户修改状态支持真实见面时，麦当劳宣布在全国范围内推出一周限时全场半价的针对年轻人的促销。另外，人人网也有优惠链接可供点击下载到手机，这样的方式更是抓住了“移动中的人人网用户”。“在路上的人”随时受到激励而直接进入门店消费。在这次活动中，共计超过12万张手机电子优惠券和普通优惠券被下载，提高了麦当劳的门店销量，众多的麦当劳产品在晚间更是售罄，其中在单品销售方面，麦当劳销量与往年同期相比增长了80%，原计划销售五周的Hello Kitty（凯蒂猫）礼物在三周内销售一空。

（三）社会影响

1. 角色和家庭

每个人都在一定的组织、机关和团体中占有一定位置，和每个位置相联系的就是角色。

由于人们占据多个位子，他们同时扮演多种角色。例如一个男子不仅扮演父亲和丈夫的角色，而且还可能是公司主管、学会理事、体育教练或者大学夜校的学生，这样对一个人的行为就有多种期望。个人角色不仅影响一般行为，而且还影响购买行为。个人的多种角色需求可能不一致，为了说明这一点，假定上面提到过的男子打算买一辆车，他的妻子希望他买一辆广州本田车，他的儿子要买上海别克，他的同事却建议买进口宝马，因为那个牌子知名度更高，因而个人的购买行为部分地受到其他人意见的影响。在家庭扮演的角色直接和购买决策联系在一起。家庭中的男主人可能主要是电子产品这些商品的购买者，而许多家庭用品的购买决策，包括像保健品、洗漱用品、纸类产品和食品主要由妻子决定。丈夫和妻子、子女共同参与的购买决策，主要是耐用商品。当两个或两个以上的家庭成员参与购买时，他们就要进行分工，每个人都要完成一定的任务。

2. 相关群体

相关群体是指个人对群体的认可，并采纳和接受群体成员的价值观念、态度和行为。有的群体对个人来说可能是消极的相关群体，有些人在一定的时候是某个群体的，但后来却拒绝这个群体的价值观念而不成为其中的一员。同样，一个人可以采取特殊的行动避开某一个特殊群体。然而，我们这里讨论的是那种对个人有积极影响的相关群体。相关群体对个人来说可以起到参照物和信息来源的作用，个人的行为会变得与群体成员的行为和信念一致。例如，一个人由于受相关群体成员的影响停止使用某一种牌子的食品而使用另一种。相关群体对购买决策的影响程度依赖于个人对相关群体影响的敏感性和个人与相关群体结合的强度。营销者有时要努力使用相关群体在广告中的影响，宣传每个群体中的人购买某种产品并获得高度的满足。通过这种呼吁的方式，广告商希望有大量的人会把推荐的那个群体作为相关群体，进而购买这种产品。这种广告宣传的有效性取决于广告在传递信息方面的效果、产品的类型和个人对相关群体影响的敏感性。

3. 社会阶层

社会阶层是具有相似社会地位的人的一个开放的群体。开放指的是个人可以自由地进入和离开。主要因素包括：职业、教育、收入、健康、地区、民族、伦理、信仰等。把某一个人归入某一阶层不需要考虑所有的社会标准。所选择的标准的数量及重要性取决于所划入阶层的特点以及个人在阶层内的价值大小。在一定程度上，某个阶层内的成员采取的行为模式差不多，他们具有相似的态度、价值观念、语言方式和财富。社会阶层对我们生活许多方面都有影响，如影响我们的职业、信仰、孩子培养和教育娱乐，同样可以影响购买决策。

4. 文化

文化是指人类所创造的物质财富与精神财富的总和，是人类劳动的结晶，包括有形的东西：如食物、家具、建筑、服装和工具；无形的概念：如教育、福利和法律。文化同样也包括整个社会所能接受的价值和各种行为。构成文化的观念、价值和行为，是一代接一代地学习和传授的。

文化对购买行为有广泛的影响，因为它渗透在我们的日常生活中。文化对我们如何购买和使用产品有影响，而且还影响我们从中得到的满足感。由于文化在某种程度上决定了购买和使用产品的方式，从而影响到产品的开发、促销、分销和定价。例如食品营销者，他们在营销过程中要做出多种变化。20 多年前，许多家庭几乎天天在一起吃饭，母亲一天要花 4～6 个小时来为此作准备，而现在 60% 以上的 25～40 岁年龄段就职于公司的人员基本上在外就餐。

当营销者在其他国家推销商品时，他们常看到文化对产品的购买和使用的强烈冲击。国际营销者发现世界其他地区的人具有不同的态度、价值观念和需求，从而要求运用不同的营销方法以及不同的营销组合。一些国际营销者之所以失败是因为他们没有或者不能根据文化的不同而对营销观念组合进行调整。

四、网络消费者购买决策过程

消费者的购买决策过程，是确认需要、收集信息、比较选择、购买决策和购后评价的综合与统一，如图 2-1 所示。

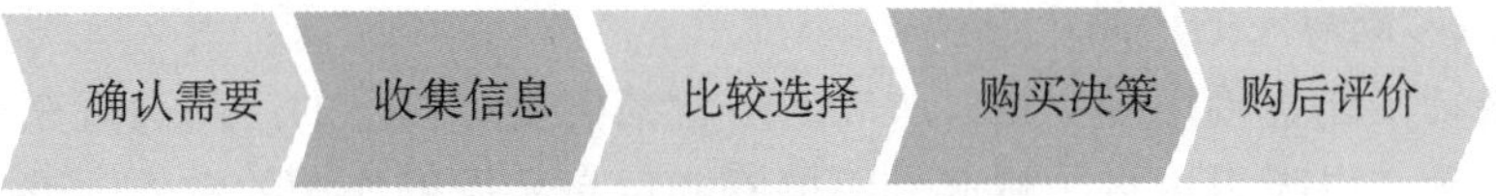

图 2-1　消费者购买决策过程

网络消费的购买决策过程可分为以下五个阶段：

（一）确认需要

网络购买过程的起点是诱发需求，当消费者认为已有的商品不能满足需求时，才会产生购买新产品的欲望。在传统的购物过程中，消费者的需求是在内外因素的刺激下产生的，而对于网络营销来说，诱发需求的动因只能局限于视觉和听觉。因而，网络营销对消费者的吸引是有一定难度的。企业或中介商一定要注意了解与自己产品有关的实际需要和潜在需要，掌握这些需求在不同时间内的迫切程度以及刺激诱发的因素，以便设计相应的促销手段去吸引更多的消费者浏览网页，诱导他们的需求欲望。

（二）收集信息

当需求被唤起后，每一个消费者都希望自己的需求能得到满足，所以，收集信息成为消费者购买的第二个环节。

收集信息的渠道主要有两个：内部渠道和外部渠道。消费者首先在自己的记忆中搜寻可能与所需商品相关的知识经验，如果没有足够的信息用于决策，便要到外部环境中去寻找与此相关的信息。当然，不是所有的购买决策活动都要求同样程度的信息和信息搜寻。根据消费者对信息需求的范围和对需求信息的努力程度不同，可分为以下三种模式：

1. 广泛问题的解决模式

这是指消费者尚未建立评判特定商品或特定品牌的标准，也不存在对特定商品或品牌的购买倾向，而是很广泛地收集某种商品的信息。处于这个层次的消费者，可能是因为好奇、消遣或其他原因而关注自己感兴趣的商品。这个过程收集的信息会为以后的购买决策提供经验。

2. 有限问题的解决模式

处于有限问题解决模式的消费者，已建立了对特定商品的评判标准，但尚未建立对特定品牌的倾向。这时，消费者有针对性地收集信息。这个层次的信息收集，才能真正而直接地影响消费者的购买决策。

3. 常规问题的解决模式

在这种模式中，消费者对将来购买的商品或品牌已有足够的经验和特定的购买倾向，购买决策需要的信息较少。

（三）比较选择

消费者需求的满足是有条件的，这个条件就是实际支付能力。消费者为了使消费需求与自己的购买能力相匹配，就要对各种渠道汇集而来的信息进行比较、分析、研究，根据产品的功能、可靠性、性能、模式、价格和售后服务，从中选择一种自认为“足够好”或“满意”的产品。

网络购物不能直接接触实物，所以网络营销商要对自己的产品进行充分的文字描述和图片展示，以吸引更多的顾客，但也不能对产品进行虚假的宣传，否则可能会永久地失去顾客。

（四）购买决策

网络消费者在完成对商品的比较选择之后，便进入购买决策阶段。与传统的购买方式相比，网络购买者在购买决策时主要有以下三个方面的特点：首先，网络购买者理智动机所占比重较大，而感情动机的比重较小。其次，网络购物受外界影响小。最后，网上购物的决策行为与传统购买决策相比速度要快。

网络消费者在决策购买某种商品时，一般要具备以下三个条件：第一，对厂商有信任感。第二，对支付有安全感。第三，对产品有好感。所以，网络营销的厂商要重点做好以上工作，促使消费者购买行为的实现。

（五）购后评价

消费者购买商品后，往往通过使用商品来对自己的购买选择进行检查和反省，以判断这种购买决策的准确性。购后评价往往能够决定消费者以后的购买动向，“满意的顾客就是我的最好的广告”。

为了提高企业的竞争能力，最大限度地占领市场，企业必须虚心听取顾客的反馈意见和建议。方便、快捷、便宜的电子邮件，为企业收集消费者购后评价提供了得天独厚的条件。企业在网络上收集到这些评价之后，通过计算机的分析、归纳，可以迅速找出工作中的缺陷和不足，及时了解消费者的意见和建议，制定相应对策，改进自己产品的性能和售后服务。

案例

唯品会的认知迷失

一、建立连接

我们看书或浏览网页时，看到一道简单的数学题，如 5×6，大脑会自动将答案 30 算出来，因为毫不费力；如果看到的是 17×28 这种不熟悉的题目，则会直接跳过，因为它需要我们停下来启动思维进行计算；通常情况下，大脑不会去浪费这个精力，除非这道题很重要，比如，在做数学作业或考试。

唯品会的产品定位是“品牌特卖”，“特卖”不是大脑熟悉的词，也很难通过字面进行直接理解。所以对于一名普通用户来说，看到“品牌特卖”这一广告语同看到 17×28 的感觉是一样的，就是没有感觉，大脑直接跳过，没有接收到广告在说什么。

在大部分用户的手机已经安装了淘宝、京东、拼多多其中一个或多个 App 的情况下，其他电商 App 只有传达类似 5×6 这样可直观理解、无须思考的信息，才有机会与用户大脑“建立连接”；而 17×28 这种需要思考的信息就阻碍了认知流畅性，只会被大脑的过滤机制拒之门外。

二、简化认知

我们每次接触新事物，首先都会根据已知信息，在大脑中形成一个预期，这个预期就是我们探索新事物的路标。比如，拿到一部未拆封的新手机，虽然暂时看不见手机，但是根据经验，我们预期手机边缘会有一个电源按钮，这个按钮就是我们开启手机的路标；假设拆开后找不到电源按钮，大脑失去路标，就会变得烦躁不安。

信息符合预期的正面案例如拼多多，在使用之前，你对拼多多的预期是东西便宜，因此打开后看到满屏 5 元钱的指甲钳、9 元钱的数据线、10 元钱的中性笔等各种价格极低且熟悉的小商品，马上就有一种大脑预期得到精准验证的确定感——你听说这里东西很便宜，进来一看果然很便宜。

相反，唯品会就让你有一种“迷路”的感觉。唯品会的卖点是“品牌特卖”，预期会看到“品牌货”与“价格低”。你第一次打开唯品会的感觉是，很多品牌不认识，价格也不确定是不是真便宜；看着满屏花花绿绿的页面，只有迷惑，这不就是一个很普通的卖衣服的 App 吗？跟淘宝、京东有什么区别？为什么要在这里买衣服？

我们的大脑，不是科学家思维——认真观察事实，再总结观点；而是律师思维——先有观点，再找验证的事实。我们不会从花花绿绿的信息中，认真观察其中的 60% 是品牌，再对比京东和淘宝，发现这里 70% 的商品价格更低，从而得出结论，唯品会果然是“品牌特卖”；相反，我们是先有“品牌特卖”的预期，再花几秒钟寻找可验证的事实，若没有找到，就直接放弃。

三、引导决策

1. 消除障碍：示范效应

“品牌”与“特卖”这两个词组合在一起似乎有点冲突；特别是对于年轻的小姑娘们，她们选购品牌衣服，除了追求款式和质量，多少都有一定的虚荣因素，希望通过一身名牌获得社交圈中更高的社会地位。但是“特卖、低价、优惠”这些概念会破坏这种虚荣，所以她们购买时可能会存在顾虑和不自信。大脑的任何停顿，都会制造一个新的选择分支，从而造成更多的订单流失。

当人们对一件事不确定时，我们会观察和模仿其他人，特别是与我们相似且社会地位稍高于我们的人。

如何消除年轻的小姑娘对于“特卖”的顾虑呢？就是找到能发挥示范效应的真实用户，比如，知名企业的中层管理者、高校老师、创业的小企业主等；并开辟专门的频道，引导这些真实用户分享自己购买的商品。

这些群体跟平台的用户类型比较接近，同时社会地位又稍高一点，是年轻小姑娘模仿和追随的对象；有效的示范能够重塑认知，将品牌与特卖组合成理性和聪明的消费观念，是一种普通、平常、无须纠结的生活方式，从而降低用户大脑中的不确定性，减少决策点。

2. 降低门槛：社会认同

电子商务平台有百万级的商品数量，用户一次顶多能看几十件商品，如何降低选择成本，让用户更快找到适合自己需要的商品？

通过社会认同，让用户与用户彼此作为参考与帮助对象。消费者可以直接参考那些跟自己相似的用户，听取他们的推荐与评价，从而大幅度降低自己发现新商品以及决策的成本。

3. 提升效用：收益具体化

虽然我们今天习惯用价格来标注一切商品，但大脑对于处理数字还是有些力不从心。比如，有个人在两个价格相差 400 元的音响之间犹豫不决，由于产品功能各有优势，所以一直无法决定；最后老板建议买低价的那个，再用省下的 400 元买 10 张 CD，此人瞬间豁然开朗——10 张 CD 的具体形象，让 400 元变得意义明确，并奇怪自己之前怎么没想到。

因为对于大脑来说，400 元作为数字，只是一种抽象的存在，将其转化为具体的

CD，抽象数字变成的真实物品在大脑中形象化，就成为决策天平上新增的一枚砝码。

唯品会以“特卖”为卖点，很多商品会比线下专柜以及其他平台更便宜，其中的差价如果以具体的商品表现出来，就能使消费者清晰地感知到增加一件具体物品所带来的效用提升，而不只是粗略感知到一个简单事实：哦，这里好像要便宜一点。

资料来源：人人都是产品经理．认知决策机制应用（2）：唯品会．腾讯网，2020-11-30.

素养课堂

“工匠精神”是一种文化传承

什么是“工匠精神”？就是对自己的工作和产品精雕细琢、精益求精的精神理念，是一种情怀、一种执着、一份坚守、一份责任。在日常生活中，工匠无处不在，他们是各行各业的从业者中“倔强”而“执着”的那一部分人，他们的存在让这个世界多了一份单纯的理想追求。

“工匠精神”既是时代的需要，也是一种文化的传承。工匠精神在中国自古有之。今天我们从各类史料记载之中可以窥见古代工匠们一道道坚韧的剪影。早在远古时期，便出现了有史可载的工匠精神的萌芽。《史记·五帝本纪》中记录了舜早年在河滨制陶时，追求精工细作，并以此带动周围人们制作陶器，杜绝粗制滥造的事迹。自舜时期开始，再到夏朝的“奚仲”、商朝的“傅说”、春秋战国的“庆”，工匠开始大量出现在史书之中，其演变历史也随着我国古代政治、文化、商业、科技等领域的发展而不断推进，由此形成了我国独特、悠久的工匠文化和工匠精神。

古代工匠最典型的气质就是对自己的技艺要求严苛，并为此不厌其烦、不惜代价地做到极致，精益求精，同时对自己的手艺和作品怀有一种自尊和自信。工匠文化和工匠精神不仅是我国古代社会走向繁荣的重要支撑，也是一份厚重的历史沉淀。

2020 年 12 月 10 日，习近平总书记致信祝贺首届全国职业技能大赛举办强调“大力弘扬劳模精神、劳动精神、工匠精神”，“培养更多高技能人才和大国工匠”。在长期实践中，我国在人才培养中着力培育执着专注、精益求精、一丝不苟、追求卓越的工匠精神。迈向新征程，扬帆再出发，目前我国急需一大批具有工匠精神的劳动者，亟待让工匠精神在全社会更加深入人心。

任务实训

了解动机的类型及其产生的影响因素

一、实训场景

某服装销售公司的服装主要针对大学生群体，公司打算开拓网络市场，但对大学生网络消费者的购买动机产生的原因以及购买动机的主要类型不太了解，计划对大学生群体做一个简单的调查，为公司制定营销方案提供适当的依据。

二、实训内容

（1）从电子商务网站找到最能激发自身购买动机的服饰。

（2）分析总结购买动机的类型。

（3）分析影响购买动机的因素。

（4）完成一份建议书。

三、实训目的

（1）了解动机的类型。

（2）了解影响购买动机的因素。

四、成果形式

给服装销售公司的建议书。

五、实训方法

任务驱动。

六、实训准备

联网计算机、记号笔和 A1 规格白纸。

七、实训步骤

步骤 1：将全班同学分组，要求每个组内只有男生或女生，每组建议人数为 6 人。每位同学打开浏览器，进入淘宝网，在服饰类商品中，通过综合对比款式、价格、卖家信用、买家评价等多个因素后，找到最能激发自己购买动机的服饰。

步骤 2：确定较为普遍的购买动机。记录每个组员购买动机产生的原因，并归类统计，找出本组出现次数最多的一类动机。

步骤 3：探讨影响购买动机的因素。各组员将自己找到的服饰，用多媒体设备在小组内交流，通过讨论确定一件最能激发购买动机的服饰和一件最不能激发购买动机的服饰。然后讨论两件产品各自最能激发购买动机的原因和最不能激发购买动机的原因，并以此分析影响购买动机的因素。

步骤 4：每组为该服装销售公司写一份建议书。在建议书中要说明大学生在网上购买服饰最普遍的购买动机，并且说明哪些因素能激发大学生的购买动机。

八、实训评价

动机类型及其产生的影响因素实训评价表见表 2-1。

表 2-1　动机类型及其产生的影响因素实训评价表

评价项目	小组准备情况（15%）	动机归类统计（20%）	建议书（50%）	职业素养（15%）
评价标准	A. 非常充分 B. 充分 C. 不充分	A. 非常熟练 B. 熟练 C. 不熟练	A. 实用性高 B. 较实用 C. 不实用	A. 大有提升 B. 略有提升 C. 没有提升
分项得分				
总分				

说明：

1. 表格内按百分制打分。
2. 可以邀请合作企业专业人员、电商协会等机构专业人士担当第三方参与评分。
3. 各标准对应的分数范围：A.80～100 分；B.60～79 分；C.60 分以下。

任务测评

一、判断题

1. 网络消费者都是网民，网民也都是网络消费者。(　　)

2. 社会因素对消费者网络购物也会产生重要的影响。(　　)

3. 在购买过程，收集信息的渠道主要有两个：内部渠道和外部渠道。(　　)

二、多选题

1. 按照消费者需求的个性化程度，网上消费者的购买行为可以划分为(　　)。

A. 简单型购买

B. 复杂型购买

C. 定制型购买

D. 目标型购买

2. 以下属于网民的是(　　)。

A. 手机网民

B. 农村网民

C. 城镇网民

D. 计算机网民

三、填空题

1. 网络消费者的购买过程基本可以分为 5 个阶段：确认需求、收集信息、比较选择、______ 和 ______。

2. 影响网络消费者购买行为的各种因素主要有三类：______；______；______。

四、简答题

1. 影响网络消费者购买行为的内在因素有哪些？

2. 网络消费者心理购买动机有哪些？

3. 有哪些做法可以引导消费行为？

项目三 网络市场调研

学习目标

知识目标：

1. 了解网络市场调研的内涵。
2. 掌握网络营销信息的收集与检索。
3. 掌握网络市场调研的步骤与方法。
4. 掌握调查问卷的设计。

技能目标：

1. 能够对网络营销信息进行整理及分析。
2. 能够设计调查问卷。

素养目标：

1. 通过学习网络市场调研技术，拉近学习角色和岗位角色的距离，促进学习生活与职业生活的融合。
2. 培养学生的创新意识，激发学生的探索精神。
3. 鼓励学生学以致用，建立为乡村振兴、制造强国、服务民生贡献力量的责任感。

案例导入

中国数码产品消费者行为分析报告

经过对大中、国美及苏宁在北京市的连锁店的调查，发现在这些家电连锁卖场中数码产品的销售情况具有很多的共同点：首先，数码产品的销售主要集中在周末和节假日，正常情况下周六和周日两天的销售额能达到一周销售额的70%～80%，在有节假日的月份，这些家电零售商一个分店的数码产品销售额可突破百万元；其次，知名品牌的数码相机、摄像机以及手机等在数码产品的销售中处于领头羊的位置。

通过对调查数据的分析，发现：

（1）数码产品的个人消费以20～40岁的人群为主流，他们在购买时非常具有目的性，在购买前都要进行详细的产品调查，从调查到购买的时间可长达半年之久。

这说明对耐用消费品或价值比较高的高档商品的购买，购买动机是在反复比较各个商场之后才做出的，对所要购买的商品的特点、性能和使用方法，早已心中有数。

首先注意的是商品的先进性、科学性和质量高低，其次才注意商品的经济性。购物行为具有更多的理性化因素，这种购买动机的形成，基本上受控于理智，而较少受到外界气氛的影响。理智购买动机具有客观性、周密性和控制性的特点。

（2）由于所处位置和销售环境，使得在价格、产品品种的竞争方面与大型电子产品卖场相比较为不利的家电零售业，依据自身情况，依靠其第一手取得行货正品的优势、良好的配套增值服务和购物环境同样赢得了市场。产品以知名品牌为主，主要原因是：许多知名品牌比如富士等是生产传统相机的老牌子，其产品历来的优秀品质早已深入人心；索尼等品牌的相机不管从外观造型还是内在配置、功能上来说，都更加引人注目；实际上，在影响消费者购买因素方面，有一个很重要的影响因素是“款式新颖”和“功能多”。手机消费便是如此。时尚性消费理念和消费行为在新增手机用户中已经明显地表现出来，多数消费者在认定品牌后，总会在款式的新颖程度和功能的多样性方面选择最佳的结合点。追求商品的时尚和新颖是许多消费者，特别是青年消费者重要的购买动机。

任务一 网络调研概述

扫一扫

配套微课

市场调研是营销链中的重要环节，没有市场调研就把握不了市场。Internet 作为 21 世纪新的信息传播媒体，它的高效、快速、开放是无与伦比的，它加快了世界经济结构的调整与重组，形成了数字化、网络化、智能化、集成化的经济走向；它强烈地影响着国际贸易环境，正在迅速改变传统的市场营销方式乃至整个经济的面貌，Internet 将成为 21 世纪信息传播媒体的主流。

一、网络市场调研的定义

市场调研是指以科学的方法，系统地、有目的地收集、整理、分析和研究所有与市场有关的信息，特别是有关消费者的需求、购买动机和购买行为等方面的信息，从而把握市场现状和发展态势，有针对性地制定营销策略，取得良好的营销效益。

我们把基于 Internet 而系统地进行营销信息的收集、整理、分析和研究称为网络市场调研，把时下广为流传的网站用户注册和免费服务申请表格填写等做法看作网站发起的用户市场调研的基本手段。

与传统的市场调研一样，进行网络市场调研，主要包括以下方面：市场可行性研究；分析不同地区的销售机会和潜力；探索影响销售的各种因素；竞争分析；产品研究；包装测试；价格研究；分析特定市场的特征；消费者研究；形象研究；市场性质变化的动态研究；广告监测；广告效果研究。

二、网络市场调研的特点

网络市场调研可以充分利用 Internet 的开放性、自由性、平等性、广泛性和直接性等特点，开展调查工作。网络市场调研具有如下六个特点：

（一）网络信息的及时性和共享性

网络的传输速度非常快，网络信息能迅速传递给连接上网的任何用户。网络调研是开放的，任何网民都可以参加投票和查看结果，这保证了网络信息的及时性和共享性。

（二）网络调研的便捷性与低费用

网络调研可节省传统调研中所耗费的大量人力、物力和财力。在网络上进行调研，只需要一台能上网的计算机即可。调查者在企业站点上发出电子调查问卷，网民自愿填写，然后通过统计分析软件对反馈回来的信息进行整理和分析。

（三）网络调研的交互性和充分性

网络的最大好处是交互性。在网上调研时，被调研对象可以及时就问卷相关的问题提出自己更多的看法和建议，可减少因问卷设计不合理而导致的结论偏差等问题。同时，被调研者还可以自由地在网上发表自己的看法，也没有时间限制的问题。

（四）调研结果的可靠性和客观性

由于公司站点的访问者一般都对公司产品有一定的兴趣，因此这种基于顾客和潜在顾客的市场调研结果是客观和真实的，它在很大程度上反映了消费者的消费心态和市场发展的趋向。首先，被调研者是在完全自愿的原则下参与调研，调研的针对性更强；其次，调查问卷的填写是自愿的，不是传统调研中的“强迫式”，填写者一般都对调研内容有一定兴趣，回答问题相对认真些，所以问卷填写可靠性高；最后，网上调研可以避免传统调研中人为错误（如访问员缺乏技巧、诱导回答问卷问题）所导致调研结论的偏差，被调研者是在完全独立思考的环境下接受调查，不会受到调研员及其他外在因素的误导和干预，能最大限度地保证调研结果的客观性。

（五）网络调研无时空、地域限制

网络调研可以 24 小时全天候进行，这与受区域制约和时间制约的传统调研方式有很大的不同。

（六）网络调研的可检验性和可控制性

利用 Internet 进行网上调研信息收集，可以有效地对采集信息的质量实施系统的检验和控制。这是因为，第一，网上调查问卷可以附加全面规范的指标解释，有利于消除因对指标理解不清或调研员解释口径不一而造成的偏差；第二，问卷的复核检验由计算机依据设定的检验条件和控制措施自动实施，可以有效地保证对调查问卷 100% 的复核检验，保证检验与控制的客观公正性；第三，通过对被调研者的身份验证技术可以有效地防止信息采集过程中的舞弊行为。

三、网络市场调研的策略

网络市场调研的目的是收集网上购物者和潜在顾客的信息，利用网络加强与顾客的沟通与理解，改善营销并更好地服务于顾客。为此，市场调研人员必须根据网络调研的特殊性认真研究调研策略，以充分发挥网络调研的优越性，提高网络调研的质量。网络市场调研的策略主要包括识别企业站点的访问者并激励其访问企业站点，以及有效地在企业站点上进行市场调研。

（一）识别企业站点的访问者并激励其访问企业站点

传统市场调研，无论是普查、重点调查、典型调查，还是随机抽样调查、非随机抽样调查以及固定样本持续调查，尽管调研的范围不同，但调研对象如区域、职业、民族、年龄等都有一定程度的针对性，也即对被调研对象的大体分类有一定的预期。网络市场调研则不同，它没有空间和地域的限制，一切都是随机的，调研人员无法预期谁将是企业站点的访问者，也无法确定调研对象样本。即使那些在网上购买企业产品的消费者，要确知其身份、职业、性别、年龄等也是一个很复杂的问题。因此，网络市场调研的关键之一是如何识别并吸引更多的访问者，使他们有兴趣在企业站点上进行双向的网上交流。解决这一问题，目前可采取以下策略：

（1）利用电子邮件或来客登记簿获得市场信息。

（2）给予访问者奖品或者免费商品。

（3）吸引访问者注册从而获得个人信息。

（4）向访问者承诺物质奖励。

（5）由软件自动检测访问者是否完成调查问卷。

（二）有效地在企业站点上进行市场调研

要想有效地在企业站点上进行网络市场调研，可以采取以下策略：

（1）科学地设计调查问卷。一个成功的调查问卷应具备两个功能：一是能将所调研的问题明确地传达给访问者；二是设法取得对方的合作，使访问者能真实、准确地回复。设计一份理想的在线问卷，一般应遵循以下几个原则：1）目的性原则，即询问的问题与调研主题密切相关，重点突出。2）可接受性原则，即被调研者回复哪一项、是否回复有自己的自由，故问卷设计要容易为被调研者所接受。3）简明性原则，即询问内容要简明扼要，使访问者易读、易懂，而且回复内容也简短省时。4）匹配性原则，即使得访问者回复的问题便于检查、数据处理、统计和分析，提高市场调研工作的效率。

（2）监控在线服务企业站点的访问者。营销调研人员可通过监控在线服务了解访问者主要浏览哪类企业、哪类产品的主页，挑选和购买何种产品等基本情况。通过对这些数据的研究分析，营销人员可对顾客的地域分布、产品偏好、购买时间以及行业内产品竞争态势做出初步的判断和估价。

（3）测试产品不同的性能、款式、价格、名称和广告页。在网上，修改调查问卷的内容是很方便的。因此，营销人员可方便地测试不同调研内容的组合。像产品的性能、款式、价格、名称和广告页等顾客比较敏感的因素，更是市场调研中重点涉及的内容。通过不同因素组合的测试，营销人员能分析出哪种因素对产品来说是最重要的、哪些因素的组合对顾客是最有吸引力的。

（4）有针对性地跟踪目标顾客市场。调研人员在互联网上或通过其他途径获得了顾客或潜在顾客的电子邮件网址，可以直接使用电子邮件向他们发出有关产品和服务的询问，并请求他们反馈回复；也可在电子调查表单中设置让顾客自由发表意见和建议的版块，请他们发表对企业、产品、服务等各方面的见解和期望。通过这些信息，调研人员可以把握产品的市场潮流以及顾客的消费心理、消费爱好、消费倾向的变化，根据这些变化来调整企业的产品结构和市场营销策略。

（5）以产品特色、网页内容的差别化赢得访问者。如果企业市场调研人员跟踪到访问者浏览过其他企业的站点，或阅读过有关杂志的产品广告主页，那么应及时发送适当的信息给目标访问者，使其充分注意到本企业站点的主页，并对产品作进一步的比较和选择。

（6）传统市场调研和电子邮件相结合。企业市场调研人员也可以在各种传播媒体上，如报纸、电视或有关杂志上刊登相关的调查问卷，并公告企业的电子邮箱和网址，让消费者通过电子邮件回答所要调研的问题，以此收集市场信息。采用这种方法，调研的范围比较广，同时可以减少企业市场调研中相应的人力和物力的消耗。

（7）通过产品的网上竞买掌握市场信息。企业推出的新产品，可以通过网上竞买，了解顾客的消费倾向和消费心理，把握市场态势，从而制定相应的市场营销策略。

任务二　网络营销信息收集与检索

扫一扫

配套微课

一、网络营销信息收集

商业企业如何在激烈的市场竞争大潮中，洞察市场风云变化，及时、准确地掌握全球范围市场需求的第一手信息，是一个企业生存和发展的前提。

网络商务信息的收集与整理主要指通过互联网收集企业自身产品、消费者和竞争同行的各种有价值信息，及时把握市场现状和发展态势，制定有效的营销策略，使企业在竞争中始终立于不败之地。

互联网为我们收集各种市场信息提供了十分便利快捷的手段。在互联网上，世界各个国家和地区发行的报纸、杂志、新闻公报、人口与环境分析报告、市场调查报告、工商企业的供求信息与产品广告都可以查到。市场营销调研人员只要掌握搜索引擎的技巧和了解相关的网站资源分布，就可以在互联网查找到大量有价值的环境和商业原始数据或市场信息。

（一）使用合适的搜索引擎查找商务信息

如前所述，互联网上有很多国内外搜索引擎。在互联网上查找商务信息，既可以用综合类搜索引擎，也可以用各种专题搜索引擎如商贸引擎。不同的信息，可以用中文搜索引擎查，也可以用英文搜索引擎查。

查找国内或亚洲地区的商务信息，使用中文搜索引擎比较方便，如可使用搜狐（http://www.sohu.com）。搜狐是国内著名的中文搜索引擎，收录有中英文网络资源，提供分类查询和关键词全文查询两种方式。分类目录中与市场调查相关的类目有工商经济、公司企业、旅游、国家与地区、政治与法律、计算机与互联网、科学与技术等。如果你是一家食品原料生产企业的营销人员，主要客户是各食品公司，那么你只要在搜索框中输入“食品公司”，立即可以获得很多食品公司的网址，通过链接则可看到更详细的信息。

（二）利用网上商业资源站点查找商务信息

互联网上有大量的商业资源站点，集中了大量的商务信息，而且大部分是供用户免费使用的。其中与网络市场调研有关的资源站点有很多，如商业门户网站、专业资源网站、专业调查网站、传统商业媒体转型的网站、电子商务网站、工商企业网站等，市场调研人员通过它们可获得许多有价值的商务信息。

1. 利用商业门户网站收集商务信息

商业门户网站指那些拥有门类齐全的公司 / 产品数据库信息的互联网内容服务商（Internet Content Provider，ICP）。它们自身都拥有功能完善的搜索引擎，供用户从各种途径查找产品、供求、服务等市场信息。

如中国制造网，是一个中国产品信息荟萃的网上世界，面向国内外采购商提供丰富产品的电子商务服务，旨在利用互联网将中国供应商的产品介绍给国内外采购商。中国制造网专门针对中国的产品推广，只接受中国的供应商发布相关的产品信息，是目前以推广中国产品为唯一使命的一家大型 B2B 平台，其经营理念为弘扬中国制造，服务中小企业，促进全球贸易。中国制造网的海外买家点击查看中国供应商的具体产品信息后，发送求购询盘给供应商，通过一对一的高质量询盘，成交率明显大于其他同类平台。中国制造网网站主页如图 3-1 所示。

2. 利用专业调查网站收集商务信息

如果已知专业调查网站和相关调查频道的资源分布，则可免费查阅各个行业、各种产品已完成的市场调查报告，了解专业调查机构的市场研究方法和服务项目，参与在线调查、学习和了解有关调查项目和问卷的设计思路，免费获得在线调查表设计的支持等。

二、网络营销信息来源

（一）网络营销竞争对手信息

在互联网上收集竞争者信息的途径主要有：

图 3-1　中国制造网网站主页

（1）访问竞争者网站。注意竞争者网站中有哪些工作值得借鉴、有什么疏漏或错误需要避免、类似的市场调研竞争者是否做过等。一般来说，领导型企业由于竞争需要都设立网站。我国一些大型企业也纷纷设立网站，如联想、海尔等，这正是市场挑战者及追随者获取竞争者信息的最好途径。

（2）收集竞争者网上发布的各种信息。如产品信息、促销信息、电子出版物等。

（3）收集其他网上媒体摘取的竞争者的信息。可通过网上电子版报纸，如《人民日报》《光明日报》等，各电视台的网上站点，如央视网等收集竞争者的各种信息。

（4）从有关新闻组和 BBS（网络论坛）中获取竞争者信息：如微软为提防 Linux 对其操作系统 Windows 的挑战，就经常访问有关 Linux 的 BBS 和新闻组站点，以获取最新资料。

（5）利用其他各种方式收集竞争者信息：如利用搜索引擎，设定与自己产品相同或相似的关键词来寻找竞争对手及其相关各种信息。

（二）网络市场行情信息

市场行情信息，主要指产品价格变动、供求变化等信息。目前，互联网上有许多站点提供这些信息，如前面介绍的各商业门户网站、商贸搜索引擎网站等，另外还有一些专业信息网站。

（1）实时行情信息网：股票和期货市场，如中公网证券信息港网。

（2）专业产品商情信息网：如慧聪 IT 网。

（3）综合类信息网：如中商情报网。

收集信息时，调研人员可通过搜索引擎首先找出有关的各商情网址，然后访问各站点，寻找所需的市场行情信息。

（三）消费者信息

通过互联网了解消费者的偏好，主要采用网上直接调查法。在互联网上，调查人员可向各私人网站或公众站点发出询问请求，不定时地查看企业的电子邮件信箱，及时收集来自各方面的反馈信息。

（四）网络市场环境信息

企业在开展市场调研时，除了收集产品、竞争者和消费者这些紧密关联的信息，还必须了解当地的政治、法律、人文、地理环境等信息，这有利于企业从全局高度综合考虑市场变化，寻求市场商机。政治信息可到一些政府网站（以 .gov 作为最高域名，如中国商务部网）和一些门户网站（如新浪网）查找；法律、人文和地理环境等信息属于知识性的信息，可直接去图书馆查阅或查阅图书馆站点上的电子资源，也可直接通过搜索引擎在网上查找。具体查找时，若要利用图书馆的信息，可通过搜索引擎先找出图书馆的地址，然后再利用图书馆站点上的搜索功能查找有关信息。

任务三 网络市场调研的步骤和方法

扫一扫

配套微课

一、网络市场调研的步骤

遵循网络市场调研的程序，有助于调研工作顺利进行，确保调研质量达到预期。不同的网络市场调研，由于调研的目的、范围、内容和要求不同，程序也不尽相同。但一般来说，企业都可通过以下 5 个步骤实施调研。

（一）明确问题与确定调研目标

明确调研的问题与目标是整个网络市场调研工作的起点和前提，即明确调研什么、为什么调研，然后再根据这个目标来确定调研的范围、内容和方法，制订详细的调研计划。一般来说，企业可以从以下 5 个角度来设定调研目标。

（1）谁最有可能在网上使用你的产品或服务？

（2）谁最有可能购买你提供的产品或服务？

（3）在同类型的行业中，谁已经开展了网络业务，具体在做什么？

（4）你的竞争者对你的目标消费者的影响如何？你的目标消费者对竞争者的印象如何？

（5）企业的日常运作可能要受哪些法律法规的约束？如何依法运营？

（二）制订调研计划

明确调研目标后，企业可根据目标来制订有效的调研计划。调研计划是对调研本身进行具体设计的结果。传统市场调研计划主要包括调研的目的与要求、调研对象的范围与数量、调研样本的选择及调研项目与内容等。一般来说，网络市场调研计划主要包括确定资料来源、调研方法、抽样方案和联系方法等。

（1）资料来源。市场调研的资料可能是一手资料（也称为原始资料）也可能是二手资料。一手资料是企业通过实地调研，直接向有关调研对象收集的资料；二手资料则是他人收集、记录和整理的各种数据资料。只要保证资料来源的准确性与真实性，不管是一手资料还是二手资料，企业都可以采用。

（2）调研方法。网络市场调研的方法很多，具体采用哪一种调研方法需要企业根据实际情况来确定。

（3）抽样方案。抽样方案包括抽样方法、抽样数量和样本判断准则等。

（4）联系方法。网络市场调研一般通过电子邮件、QQ 等网上交流方式进行。

（三）收集信息

互联网没有时间和空间限制，企业可以在全国甚至全球范围内进行信息收集。网络中的信息繁杂，企业需要采用合适的方法才能找到需要的信息，如使用不同搜索引擎搜索数据、设置在线问卷等。

（四）分析信息

完成信息的收集后就需要营销人员对信息进行分析，从庞大的数据中提炼出与调研目标相关的信息，并将其作为后续工作的依据。分析信息需要借助一些数据分析技术（如交叉列表分析技术、概括技术），以及数据分析方法（如综合指标分析和动态分析），或者使用 Excel、SPSS、SAS 等分析软件。分析时，须保证分析的速度、准确性与真实性。

（五）提交报告

网络市场调研的最后一个阶段是撰写调研报告。营销人员需要把营销情况与市场营销策略结合起来，以标准的调研报告的书写格式写出调研报告。网络调研报告主要包括标题、目录、引言、正文、结论、启示及建议和附录等。其中，正文就是对本次调研的主要说明，包括调研目的、调研方法、调研数据、统计分析等。

二、网络市场调研的方法

营销人员进行网络市场调研时，可以采用间接调研的方法，也可以采用直接调研的方法。

（一）网络市场间接调研

网络市场间接调研是指利用互联网收集与企业营销相关的二手资料。通常，间接调研是网络市场调研的首选方法，能提供直接调研无法或难以取得的宏观资料，便于进一步开展和组织直接调研。网络市场间接调研的方法主要有以下 3 种。

1. 利用搜索引擎查找资料

在搜索引擎中输入所需资料的关键词对互联网信息进行检索，筛选出与关键词相关的信息。例如，在百度搜索引擎中输入“网络消费者行为分析”，搜索并查找相关信息，如图 3–2 所示。

图 3-2　利用搜索引擎查找资料

2. 通过访问相关网站收集资料

各种专题性或综合性专业数据网站都提供了一些市场调研资料，开展网络市场调研时，企业可以直接访问相关网站。图 3-3 所示为在艾瑞网中查找行业报告资料，单击标题链接，在打开的页面中可在线浏览和下载报告资料，有的报告资料可以免费浏览和下载，有的报告资料则需要付费浏览和下载。

图 3-3　在艾瑞网中查找行业报告资料

3. 利用大数据平台查找资料

大数据技术和云计算的发展，使用户每天的网络活动都生成有效数据。大数据平台（如百度指数、360 趋势、微信指数）能够快速收集用户的社会属性、生活习惯和消费行为相关的信息，如年龄、性别、品牌和产品偏好及购买水平等信息。

（二）网络市场直接调研

在互联网上收集一手资料的过程即网络市场直接调研，当二手资料不足以解决调研问题时，营销人员可实施直接调研。根据调研的思路不同，直接调研的方法可细分为网上观察法、网上实验法和网络问卷调查法。

1. 网上观察法

网上观察法是指通过相关软件和人员记录用户浏览网页时的内容和行为的调研方法。

2. 网上实验法

网上实验法是指利用互联网环境，通过实验对比，收集市场信息的一种调研方法。例如，在网络上设计并发布几种不同内容与形式的广告，对比各个广告内容与形式带来的效果，以收集市场行情资料。

3. 网络问卷调查法

开展网络问卷调查时，营销人员将想获取的信息设计为问卷发布在网上，然后邀请用户填写网络调查问卷，从而获取调研资料。网络调查问卷主要由标题、问卷说明、问卷主体 3 个部分组成。其中，标题用于概括说明调查主题，以便用户了解主题，如“中国互联网发展状况及趋势调查”“× × 平台购物体验满意度调查”等。问卷说明一般用于说明调查的目的、意义及调查结果的用途。有些问卷还有问候语、填表须知、交表时间和地点、调查组织单位介绍及其他注意事项。问卷主体包括问题和选项，是问卷的核心部分，用于营销人员收集所需信息，以实现调研目标。

除了自己设计网络调查问卷外，营销人员还可借助专业的问卷调查平台设计和发布问卷，如问卷星、问卷网等。

下面以问卷星为例，介绍通过问卷调查平台设计问卷的方法。使用问卷星设计问卷，首先需要打开问卷星官方网站并注册账号，然后使用注册的账号登录，进入管理后台后，即可开始设计问卷。假设某护肤品品牌需要推广一款产品，为此准备制作一份关于护肤品使用情况的调研问卷，以调查用户的护肤品使用情况，调查内容以用户的基本信息和消费信息为主，如性别、年龄、学历、收入、消费额度、购物心理、品牌偏好等，具体操作如下。

步骤 1：打开问卷星官方网站，在右上角单击“登录”按钮，如图 3-4 所示。

图 3-4　单击“登录”按钮

步骤 2：在登录页面中输入用户名和密码，单击“登录”按钮，进入管理后台，如图 3-5 所示。

图 3-5　输入用户名和密码

步骤 3：进入管理后台，在左上角单击“创建问卷”按钮，如图 3-6 所示。

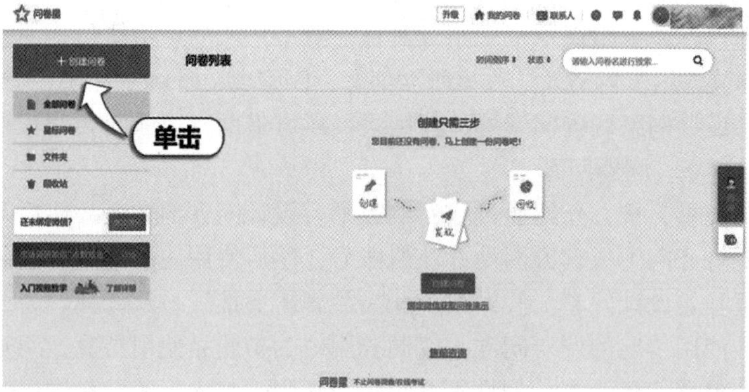

图 3-6　单击“创建问卷”按钮

步骤 4：将鼠标指针移动到打开页面的“调查”选项上，单击右侧“创建”按钮，如图 3-7 所示。

图 3-7　单击“创建”按钮

步骤 5：打开“创建调查问卷”页面，在“从空白创建”文本框中输入问卷标题，单击“立即创建”按钮，如图 3-8 所示。

图 3-8　输入问卷标题

小提示

“创建调查问卷”页面还提供了“文本导入”“人工录入服务”“复制模板问卷”3 种问卷创建方式。“复制模板问卷”和“文本导入”功能所有用户均可使用，而“人工录入服务”功能只有付费用户才可使用。

步骤 6：进入问卷设计页面，左侧为题型设置面板，右侧为问卷内容编辑面板。单击“添加问卷说明”，如图 3-9 所示。

图 3-9　单击“添加问卷说明”

步骤 7：在打开的文本框中输入问卷说明，如图 3-10 所示。

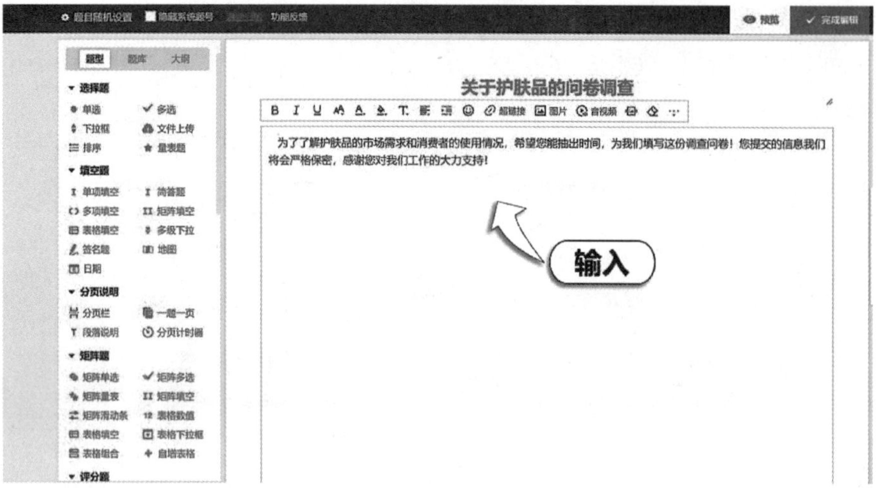

图 3-10　输入问卷说明内容

步骤 8：在左侧面板选择“单选”选项，然后添加第 1 题，在“标题”文本框中输入题目，在“选项文字”栏下方的文本框中依次输入答案选项，如图 3-11 所示。

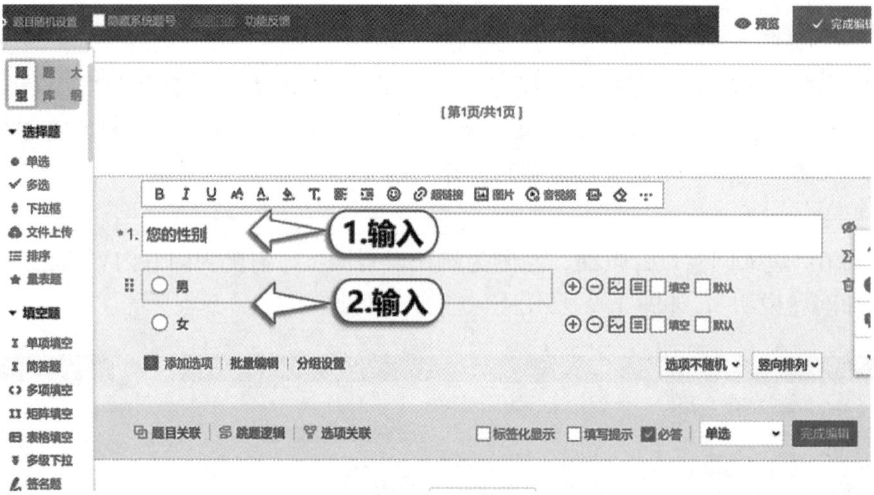

图 3-11　编辑第 1 题

小提示

如果要筛选用户，如本例中只对女性用户展开调研，编辑题目后，可在下方单击“跳题逻辑”超链接，在打开的对话框中勾选“按选项跳题”复选框，设置选择“男”选项后，跳到问卷末尾结束作答。

步骤 9：在左侧面板中选择“单选”选项，然后添加第 2 题，输入题目和前两个答案选项后，单击“添加选项”按钮，添加答案选项输入文本框，输入其他答案选项，如图 3-12 所示。

图 3-12　编辑第 2 题

步骤 10：使用相同的方法编辑第 3～4 题，效果如图 3-13 所示。

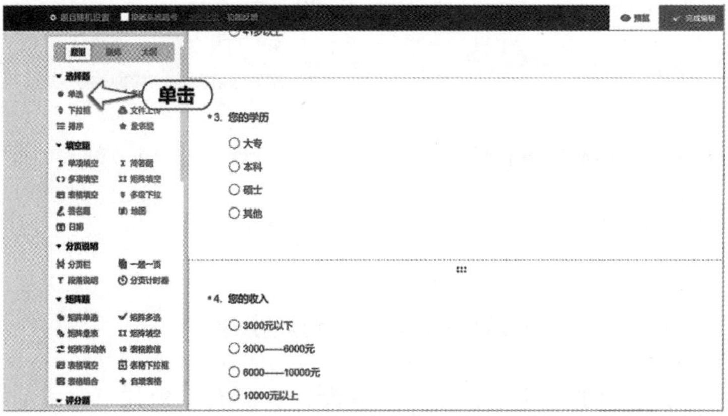

图 3-13　第 3～4 题的效果

步骤 11：在左侧面板中选择“多选”选项，然后添加多选题，在“标题”文本框中输入题目，在“选项文字”栏中输入答案，如图 3-14 所示。

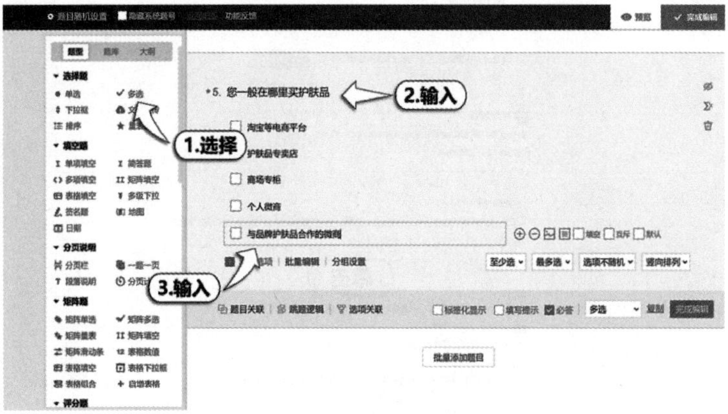

图 3-14　编辑第 5 题

步骤 12：编辑第 6～11 题，效果如图 3-15 所示。

图 3-15　第 6～11 题的效果

步骤 13：完成题目的编辑后，单击问卷设计页面右上角的“完成编辑”按钮，完成问卷设计。若单击“预览”按钮，可预览问卷显示效果。

步骤 14：单击“完成编辑”按钮后，将进入“设计向导”页面，在该页面中单击“导出问卷到 Word”超链接，如图 3-16 所示。

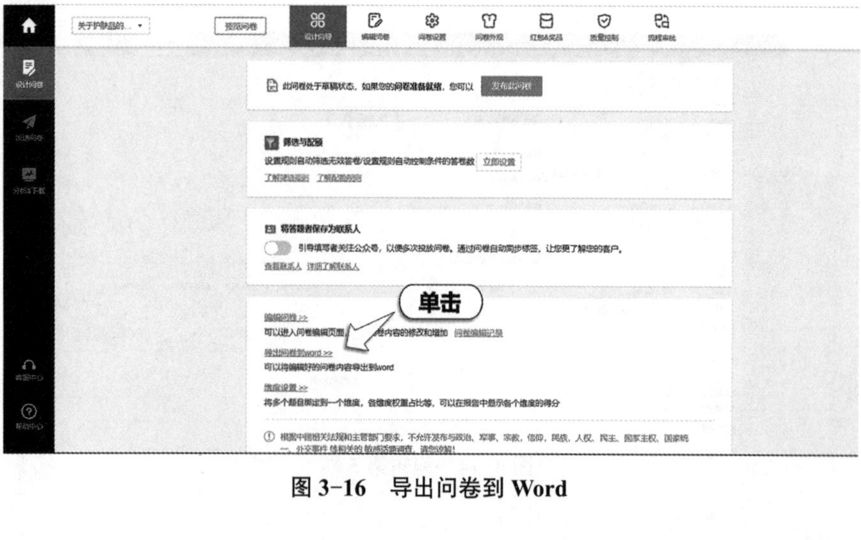

图 3-16　导出问卷到 Word

小提示

根据我国相关法规，不允许发布与政治、军事、信仰、民族、人权、民主、国家主权、国家统一、外交事件等相关的敏感话题问卷。同时，需要注意的是，在设计问卷时，禁止使用歧视性、侮辱性的语言描述。

步骤 15：打开“打印问卷”页面，如图 3-17 所示，单击“打印”按钮可打印问卷。单击“保存为 Word 文档”或通过复制问卷内容的方式，可将问卷保存为 Word 文档。

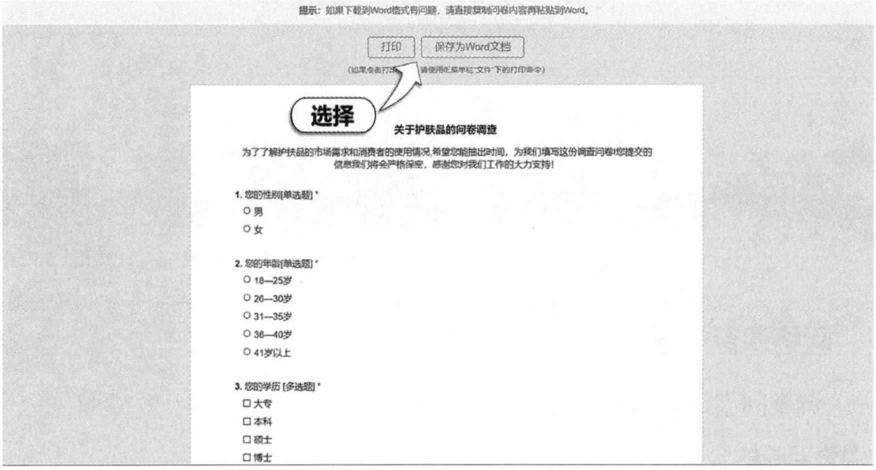

图 3-17　“打印问卷”页面

步骤 16：退出“打印问卷”页面。在“设计向导”页面中单击“发布此问卷”按钮，将进入“链接与二维码”页面，如图 3-18 所示。营销人员可通过发送问卷链接或二维码的方式邀请用户参与问卷填写，也可将问卷分享到微信、QQ 及微博，进行网络调研。

图 3-18　“链接与二维码”页面

步骤 17：完成网络调研后，在问卷星管理后台首页的问卷列表中，单击已发布问卷的“分析 & 下载”超链接，在打开的列表中选择对应的选项，可查看和下载统计分析资料等，如图 3-19 所示。

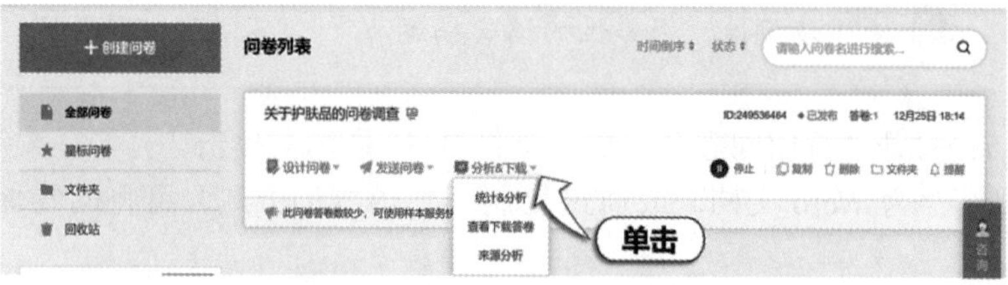

图 3-19　查看和下载统计分析资料

任务四　网络调查问卷及资料整理

扫一扫

配套微课

一、网络调查问卷

（一）调查问卷的含义及类型

1. 调查问卷的含义

调查问卷，又称调查表，是调查者根据一定的调查目的和要求，按照一定的理论假设设计出来的，由一系列问题、调查项目、备选答案及说明所组成的，向被调查者收集资料的一种工具。

2. 调查问卷的类型

（1）根据市场调查中使用问卷方法的不同可分为：自填式问卷、代填式问卷。

（2）根据问卷发放方式的不同可分为：送发式问卷、邮寄式问卷、报刊式问卷、人员访问式问卷、电话访问式问卷、网上访问式问卷。

3. 调查问卷的功能

一般调查问卷有四个主要功能：

（1）锁定研究目标并展现与主题相关的必要问题；

（2）以近乎统一的标准提出问题和要求作答，确保问题环境的相似性和一致性；

（3）创造容易执行的应答气氛和条件；

（4）可作为调研的记录和证据，便于分析、核对和保存等。

（二）设计调查问卷的过程

设计问卷的流程如下：

1. 准确界定调研问题

调查问卷要求的是如实、有效、简洁和完备。如实就是要客观地反映调研主题和访问事实；有效就是要求每个问句都必须有助于调研结果的实现，不能出现任何无关的问句；简洁是问句用语和问卷结构的必然特征，但简洁并不表示可以遗漏；完备的问题项和必备的答案项是调研问卷的重要特征。

2. 收集问卷设计的相关资料

根据界定的需调研的问题收集相关资料。

3. 规范而完整的调研问卷的组织结构

（1）眉头部分。

一般由问卷名称、问卷编号、调查组织名称、城市编号、访问员、问卷复核人等信息组成。

如："数码频道"用户调研表

问卷编号____

访问时间____

访问地点______

访问员________

（2）开场白 / 介绍。

开场白 / 介绍是由访问员读出的或印在问卷上的调研情况的说明部分（介绍），一般包括问候语、调研主题、调研组织、访问者身份、调研用途、访问请求以及其他信息（如承诺对个人信息保密）。如：

尊敬的朋友，您好！

我们是东方热线 · 数码频道的调研人员。为充分利用网络平台推广数码类产品信息，更好地服务于广大喜爱数码产品的网络用户，我们特开展本次调研活动。希望您能协助我们做好以下问题的调研，谢谢！

（3）填表说明。

填表说明主要是对问卷填写提出一些具体的要求或做出解释说明。如：

1）请在所给的备选答案中选择符合您的情况或您同意的答案，并在所选取答案前的□内打"√"，或在问题空白处填上适当的内容。2）若无特殊说明，每一问题只能选择一个答案；若要求选择多项答案，题目后面都有注明；若还要求对所选多项答案排序，则请按题后说明填写。3）问卷内容较多，涉及面广，请在填答前认真阅读一遍，然后按要求仔细填写。

（4）编码。

编码是将调查问卷中的调查项目以及备选答案给予统一设计的代码。编码一般应用于大规模的问卷调查中。因为在大规模问卷调查中，调查资料的统计汇总工作十分繁重，借助于编码技术和计算机，则可大大简化这一工作。编码可分为：预编码，即在问卷设计的同时就设计好的编码；后编码，即在调查工作完成以后再设计的编码。

（5）筛选 / 过滤部分。

过滤题，如在数码相机用户满意度调查中，首先要筛选受访者是否是数码相机用户。

（6）主体部分。

问卷的主体部分就是问题和备选答案。

（7）背景资料（人文统计）部分。

一般包括受访者的性别、年龄、婚姻状况、家庭人数、家庭 / 个人收入、职业、教育程度等信息。

（8）结束语。

如邮寄问卷的结束语："再次感谢您参与访问，麻烦您检查一下是否还有尚未回答的问题后，将问卷放入随附的回邮信封并投入邮箱。"

4. 设定问卷结构

设计问句并进行排序，确定问卷中各问题的内容。

5. 这一阶段要注意的问题

（1）遵循完整性和一致性原则。

（2）遵循准确性原则。

（3）检查各问题内容的可行性与可靠性。

（4）确定题量时一定要把握好"度"。

（三）确定各个问题的形式

1. 开放题和封闭题的比较

开放题是由被调查者用自己的话回答，自己决定回答的角度、形式、长度和细节，而非在固定选项中选择。

2. 选择问题形式时应该注意的问题

（1）尽量为被调查者考虑，预防由调查者引起的计量误差。

（2）采用的问题形式应尽量简单简化。

（3）充分考虑敏感性问题对被调查者的影响。

（4）采用的问题形式应能准确反映总内容，尽量满足分析要求。

（5）保证问卷标准化。

3. 具体选择问题形式

在具体选择问题形式时，应该尽量避免以上问题，兼顾问卷设计的原则。

（四）决定每个问题的措辞

1. 经常出现的问题

（1）词不达意，问题的措辞没有准确反映问题的内容。

（2）用词生僻或过于专业，容易使被调查者理解错误。

（3）被调查者不能准确回答问题，主要原因有：

1）问题、答案选项的措辞诱导被调查者的思维。

2）问题给出的答案选项含义模糊或相互交叉，使被调查者无法准确表达自己的意见和看法。

3）问题要求被调查者回忆、估计，而回忆是造成计量误差的主要原因。

4）问题含有假定性，使被调查者无法准确回答。

（4）缺少必要说明、问题或选项较抽象，都会使被调查者回答的口径不一，引起计量误差，甚至使数据无效。

（5）问题的措辞可能会影响回答率，使被调查者不愿意回答或不愿意真实回答。

（6）问题中出现褒义词、贬义词或否定问题都会影响被调查者的回答。

2. 针对以上问题提出预防和控制的措施

（1）遵守准确性原则，总措辞表达意思要准确并完整，不要模棱两可，不要随意为被调查者做假设。答案选项要准确详尽，避免互相交叉或包容。

（2）问题不要带有倾向性，避免诱导性和暗示性。

（3）遵循可靠性原则，避免使用过于生僻、专业的词语，必须使用时，应进行定义和说明。措辞要标准、规范、具体，防止不同的被调查者对同一问题的理解不同。

（4）注意措辞尽量婉转，可以用第三人称提问。

（5）注意效率原则，措辞尽量用最简单的词语表达最确切的含义。但是简单不等于简短，实践证明，问题越长，得到的回答越多、越准确。

（6）注意可维护性原则，语句标准，口径统一。

（五）确定问卷的版面格式

1. 主要问题

（1）调查人员为节省费用而压缩版面，使问题间隔太小。

（2）低档的纸张和粗糙的印刷会引起负效用。

（3）问卷中重要的地方没有突出。

2. 问卷预测试

（1）预测试相关性。

（2）预测试完整性。

（3）预测试问句是否表达清楚、准确，是否会有产生歧义的词语出现在问句中等。

可将设计好的问卷初稿进行一定数量的试访问。通过试访问对问卷的“一致性”问题、“逻辑性”问题、表达问题、格式问题等进行修改。

二、调查资料整理的含义与程序

（一）市场调查资料整理的含义

资料的整理是指对通过各种方法收集到的资料加以整理、分析及统计运算，把庞大的、复杂的、零散的资料集中简化，使资料变成易于理解和解释的形式。

（二）市场调查资料整理的程序

1. 问卷登记、审核及其控制

问卷审核的内容包括及时性、完整性和有效性。及时性是指所填资料是否是最新资料；完整性是看是否有缺损问卷、是否都填写齐全、是否有答案模糊不清的问卷；有效性是指审核访谈是否按适当的方式进行、访问员有没有作假行为等。

2. 编码

编码是把原始资料转化为符号或数字的资料标准化过程。

3. 录入

录入是将经过编码的数据资料输入计算机的存储设备（软盘、硬盘或闪存）中，这样便可供计算机统计分析了。数据的录入形式有两种：一种是以单独数据文件的形式录入和存在；另一种是直接录入专门的统计分析软件中（如 Excel、SPSS）。

4. 拟订分析计划

（1）掌握统计分析方法。

分析数据的方法有两种：一种是定性分析；另一种是定量分析方法。

（2）正确选择统计方法。

选择统计方法，主要考虑两个因素，即调查问题的性质和数据资料的性质。

（3）拟订计划。

拟订计划实际上就是列出一张统计分析清单，说明对什么变量采用什么统计方法，要得到什么统计量。

（4）统计运算。

根据统计分析计划的要求，对计算机下指令，让计算机输出结果。

（5）制表和统计分析。

市场调查资料在录入后，由分析人员将这些数据用图表的形式表现出来，主要是为了方便比较和研究。这一环节也称为数据资料图表化。

三、市场调查资料的整理

（一）问卷的登记与审核

1. 无效问卷确定之一

在同一份问卷中，有相当一部分题目没有作答的问卷；答案记录模糊不清的问卷，如字迹不清楚，无法辨认，或把“√”打在两个答案之间等；不符合作答要求，如不应该回答的问题问卷中作了回答；调查对象不符合要求，如有的针对性较强的产品，在调查使用效果时，无关人员不能成为调查对象，否则此问卷为无效。

2. 无效问卷确定之二

问卷中答案之间前后矛盾或有明显错误，如没用过本产品，却对本产品的功效表达用后感受；答案选择可疑，如只选第一个答案，或开放式答案均不作答；问卷缺损，如个别页码丢失或页面破损，影响阅读。

（二）市场调查资料的分组

分组注意事项：

（1）按某一标志进行分组，不要遗漏任何原始资料所提供的数据；

（2）组距尽可能取整数，不要是小数；

（3）各组的组距尽可能相等，即尽可能多用等距分组，少用不等距分组；

（4）表格化时就按上述分类进行排列；

（5）对非区间范围的某一具体数字，应设计出分组，使其在分组的间隔中。

四、市场调查资料的数据分析

数据分析是指对市场调查与预测过程中收集到的各种原始数据进行适当的处理，使其显示一定的含义，进而反映不同数据之间的联系，并通过分析，得出某些结论。

五、制图分析

统计图是用各种图形表现统计资料的一种形式。它是以统计资料为依据，借助于几何线、形、事物的形象和地图等形式，显示社会经济现象的数量，如规模、水平、构成、相互关系、发展变化趋势、分布状况等。优点是：简明具体、形象生动、通俗易懂，易给人以明确而深刻的印象。

案例

小米网络营销市场调研

小米是全球领先的智能手机公司之一。根据 Canalys（科纳仕）的数据，2023 年第二季度小米在全球范围内手机出货量排名第三。小米产品遍布全球 100 多个国家和地区。2023 年 8 月，小米连续 5 年上榜《财富》全球 500 强。

然而，在印度这样一个竞争激烈、多元化、复杂化的市场，小米如何打开市场并取得成功呢？其中一个关键因素就是通过互联网进行网络营销调研。小米在进入印度市场之前，就进行了深入的市场调研，确定了营销调研的两个方向：

（1）印度消费者的智能手机需求、功能偏好、购买行为和使用习惯。

（2）印度市场的竞争格局、法律法规、文化差异和社会变化。

基于市场调研的结果，小米制定了一系列的快速崛起策略，包括：

（1）调整产品组合，推出符合印度消费者需求和功能的智能手机，如增加电池容量、适应不同网络制式、融合本地语言和应用等，并且提供多样化的颜色、款式和尺寸选择。

（2）调整价格策略，根据不同城市和地区的消费水平和购买力，制定合理的价格区间和折扣优惠，并且采用互联网销售模式，降低运营成本和中间环节，提高价格竞争力。

（3）调整渠道策略，选择适合印度消费者生活方式和消费场合的店铺位置和设计，如线上平台、线下体验店、合作伙伴等，并且提供便捷、高效、贴心的店内环境和服务，打造智能手机销售中心的概念。

（4）调整促销策略，利用社交媒体、移动支付、会员计划等方式，与印度消费者建立互动和沟通，提升品牌知晓度和忠诚度，并且推出针对印度节日和文化特色的主题活动和限量产品，增加品牌吸引力和差异化。

通过市场调研和快速崛起策略，小米在印度市场取得了巨大的成功。2023 年，小米在印度智能手机市场的份额在全球超过 200 个国家和地区中排名第三，第四季度以

18.3% 的份额领先。小米也成为印度消费者心目中的高性价比智能手机品牌之一，享有较高的品牌美誉度和客户满意度。

素养课堂

调查研究是谋事之基、成事之道

重视调查研究，善于调查研究，在调查研究的基础上谋划发展蓝图、作出正确决策，是我们党一以贯之的优良传统。中共中央办公厅印发的《关于在全党大兴调查研究的工作方案》，要求在全党大兴调查研究，并将其作为在全党开展的主题教育的重要内容，推动全面建设社会主义现代化国家开好局起好步。

做好调查研究工作必须坚持实事求是。新时代新征程上，以中国式现代化全面推进中华民族伟大复兴，必须坚持实事求是，发扬求真务实的精神，立足中国实际，从客观实际出发。

没有调查研究就没有发言权，没有调查研究就没有决策权。无论时代如何发展、形势如何变化，调查研究这个传家宝都不能丢。当前，世界百年未有之大变局加速演进，我国发展进入战略机遇和风险挑战并存、不确定难预料因素增多的时期。只要我们突出问题导向和目标导向，敢于正视问题、善于发现问题，真正把情况摸清、把问题找准、把对策提实，把调查研究成果转化为推进工作、战胜困难的实际成效，就一定能够牢牢把握未来发展的主动权。

任务实训

学生服装消费情况调查问卷设计

一、实训场景

某服装公司官方旗舰店为了了解中学生夏装的消费情况，拟组织一次网络抽样调查，通过分析调查数据，为该公司本年度的夏装销售作出分析、决策。

二、实训内容

收集受访者性别、购买服装的渠道、购买服装的时机、每月可支配的生活费用、可接受的服装价格、喜欢的服装款式、服装品牌、决定是否购买服装的因素、服装的面料、购买服装的决策者、购买服装的频率，以及受访者对公司旗舰店开展网络服装调研的建议和意见。

三、实训目的

（1）了解调查问卷设计的相关知识。

（2）掌握调查问卷的设计技能。

四、成果形式

调查问卷、调查问卷报告。

五、实训方法

任务驱动。

六、实训准备

联网计算机。

七、实训步骤

步骤 1：收集调研信息，明确调研目的、对象及内容，制订调研计划。

步骤 2：根据调研内容设计调研问题及问题答案。

步骤 3：确定问题及问题答案的顺序。将容易回答的问题尽可能安排在前面，而开放式问题尽可能放在最后面。问题排列要有内在的关联，逻辑结构合理，符合受访者的心理预期。

步骤 4：测试调研问卷。在问卷正式发布之前邀请若干学生受访者进行测试，根据测试结果进行修改，并最终定稿。

步骤 5：调查数据统计。利用 Excel 等计算机软件统计调查数据。

步骤 6：撰写调研报告。根据统计数据及其他相关信息撰写调研报告。

八、实训评价

填写学生服装消费情况调查问卷设计实训评价表，见表 3-1。

表 3-1　学生服装消费情况调查问卷设计实训评价表

评价项目	调查问卷的设计（25%）	调查问卷报告（50%）	职业素养（25%）
评价标准	A. 内容完整、结构合理 B. 内容一般、结构一般 C. 内容不完整、结构不合理	A. 报告结构合理、数据分析准确、有指导意义 B. 报告结构较合理、数据分析较准确、有一定指导意义 C. 报告结构不合理、数据分析不准确、没有指导意义	A. 大有提升 B. 略有提升 C. 没有提升
分项得分			
总分			

说明：

1. 表格内按百分制打分。
2. 可以邀请合作企业专业人员、电商协会等机构专业人士担当第三方参与评分。
3. 各标准对应的分数范围：A.80～100 分；B.60～79 分；C.60 分以下。

任务测评

一、判断题

1. 网络市场调研费用较低，主要是设计费和数据处理费，每份问卷所要支付的费用几乎为零。(　　)

2. 网络市场调研的运作速度很快，只须搭建平台，数据库可自动生成，几天就可能得出有意义的结论。(　　)

3. 传统的市场调研往往会受到地域与时间的限制，而网络市场调研可以 24 小时全天候进行，但受到地域的限制。(　　)

二、多选题

1. 网络市场调研的目的是(　　)。

A. 收集网上购物者和潜在顾客的信息

B. 利用网络加强与顾客的沟通与理解

C. 改善营销并更好地服务于顾客

D. 利用网络促进销售

2. 调查问卷可分为(　　)。

A. 自填式问卷　　B. 代填式问卷　　C. 送发式问卷　　D. 网上访问式问卷

三、填空题

1. 网络市场调研通过收集网上购物者和潜在顾客的信息，利用网络加强与顾客的沟通和了解，以改善营销并更好地服务于 ______。

2. 网络市场调研的方法一般来说分为 ______ 和 ______。

3. 网络市场间接调研方法有 ______、______ 和 ______ 等方法。

四、简答题

1. 网络市场调研的优点有哪些？

2. 网络市场直接调研的方法有哪些？

3. 问卷设计的基本要求有哪些？

项目四 网络市场分析

学习目标

知识目标：

1. 了解网络营销宏观环境、微观环境。
2. 了解网络细分的概念、作用、方法。
3. 掌握网络市场定位的步骤、策略。

技能目标：

能够利用相关的知识进行市场细分与定位。

素养目标：

1. 引导学生形成良好的学习态度，培养不断进取的精神，同时形成勤奋、践行、诚信、求实的学习态度。
2. 引导学生在网络市场中树立遵纪守法、规范经营的法制意识。
3. 培养学生对数字中国、科技强国、网络强国的大国自信及民族自豪感。

案例导入

瑞幸咖啡成功的秘诀是什么？

瑞幸咖啡作为一家成立于 2017 年的中国新零售咖啡品牌，快速崛起并在短时间内获得了显著的市场份额。通过大规模的市场渗透和激进的营销策略，瑞幸成功吸引了大量顾客，特别是年轻的消费者群体。然而，瑞幸也面临着诸多挑战，包括模式可持续性的质疑、财务透明度的争议，以及与国内外竞争对手的激烈竞争。这些因素不仅影响了其市场地位，还加剧了运营的复杂性。

在这样的市场环境中，市场分析显得至关重要。精准的网络市场分析能够帮助咖啡品牌更好地理解消费者需求，优化产品和服务，从而提升用户体验和品牌忠诚度。在用户运营方面，利用网络市场分析能够揭示消费者行为模式、偏好趋势和潜在市场机会，帮助企业制定更有效的市场策略和运营计划。特别是对于瑞幸咖啡这样的新零售企业来说，深度的数据洞察不仅有助于提高运营效率，还能在激烈的市场竞争中找到差异化的优势。

1. 用户画像

主要受众群体为青年用户（以“90后”“00后”为主），用户渗透率高。

根据用户调研数据，84.3%的受访者曾喝过咖啡，其中高达91%的咖啡饮用者曾经品尝过瑞幸咖啡，这一数据反映出瑞幸在年轻消费群体中（特别是19～35岁，占比70.2%）的高渗透率。然而，它也揭示了市场可能正逐渐接近饱和，需要更多关注复购率的提升和非咖啡类市场的开拓。

2. 存量用户分析

消费频次和金额普遍较低，店铺位置好、性价比高，但产品质量有待提升。

数据表明，瑞幸用户的消费频次和金额普遍较低。例如，购买5杯以上的用户占比仅为20.46%，而购买1～2杯的用户占比高达46.2%。这些数据暗示用户黏性和忠诚度较低，迫切需要提升。为了找到其中的原因，分析团队进一步从产品端、营销端、竞品端三个方面进行更深入分析。

3. 增量用户分析

非瑞幸用户有很大潜力，关键是通过优化营销和门店布局来实现潜在用户转化。

在瑞幸咖啡的增量用户分析中，着重考察了非瑞幸用户的特征及其对市场策略的影响。分析显示，非瑞幸用户群体有一个显著的特点：他们大多没有咖啡消费习惯，但他们的单品消费能力却落在瑞幸咖啡的定价范围内。具体来说，39.7%的非瑞幸用户的消费区间在10～20元，17.8%在20～30元，13.7%在30元以上。这一数据暗示，尽管这部分用户目前可能不是咖啡消费者，但他们在财务上有能力成为潜在客户。

为此，瑞幸可以利用其品牌影响力，通过推出低价非咖啡产品如冰激凌、果汁饮品等来吸引这些潜在客户。这不仅能够扩大其市场覆盖面，还可以通过这些非咖啡产品潜移默化地引导用户逐渐尝试咖啡，从而拓宽用户基础。

此外，根据非瑞幸用户的消费偏好，分析团队发现性价比、便捷度和店铺位置是他们在选择饮品时考虑的主要因素。因此，在营销策略上，瑞幸可以在抖音等平台上设置优惠券和促销活动，吸引这部分用户尝试其产品。同时，考虑到跨界营销和演员代言的效果有限，更加实惠和直接的促销手段可能会更有效。

作为一个快速崛起且经历过重大挑战的新零售咖啡品牌，瑞幸咖啡有效的网络分析和用户运营策略，是其持续增长和市场竞争力维持的关键。通过收集和分析用户数据，瑞幸可以更精确地定位目标消费群体，发掘用户需求，并根据这些洞察调整其产品和服务。利用数据分析进行用户细分和个性化营销，不仅能提升用户满意度，还能有效提高用户留存率和品牌忠诚度。因此，对于瑞幸咖啡来说，深入的网络市场分析和智能化的用户运营策略不仅是市场竞争中的重要武器，也是其可持续发展和长期成功的关键因素。

任务一　网络营销环境分析

扫一扫

配套微课

一、网络营销宏观环境

网络营销宏观环境是指一个国家或地区的政治、法律、人口、经济、社会文化、科学技术等影响企业进行网络营销活动的宏观条件。宏观环境对企业短期的利益可能影响不大，但对企业长期的发展具有很大的影响。所以，企业一定要重视宏观环境的分析研究。主要有六个方面的影响因素。

（一）政治法律环境

政治法律环境包括国家政治体制、政治的稳定性、国际关系、法制体系等。在国家和国际政治法律体系中，相当一部分内容直接或间接地影响着经济和市场。所以，我们要进行认真的分析和研究。

（二）经济环境

经济环境是内部分类最多、具体因素最多，并对市场具有广泛和直接影响的环境内容。经济环境不仅包括经济体制、经济增长、经济周期与发展阶段以及经济政策体系等大的方面的内容，同时也包括收入水平、市场价格、利率、汇率、税收等经济参数和政府调节取向等内容。

（三）人文与社会环境

企业存在于一定的社会环境中，同时企业又是社会成员所组成的一个小的社会团体，不可避免地受到社会环境的影响和制约。人文与社会环境的内容很丰富，在不同的国家、地区、民族之间差别非常明显。在营销竞争手段向非价值、使用价值型转变的今天，企业必须重视人文与社会环境的研究。

（四）科技与教育水平

科学技术对经济社会发展的作用日益显著，科技的基础是教育，因此，科技与教育是客观环境的基本组成部分。在当今世界，企业环境的变化与科学技术的发展有非常大的关系，特别是在网络营销时期，两者之间的联系更为紧密。在信息等高新技术产业中，教育水平的差异是影响需求和用户规模的重要因素，已被提到企业营销分析的议事日程上来。

（五）自然环境

自然环境是指一个国家或地区的客观环境因素，主要包括自然资源、气候、地形地质、地理位置等。虽然随着科技进步和社会生产力的提高，自然状况对经济和市场的影响整体上是趋于下降的，但自然环境制约经济和市场的内容、形式则在不断变化。

（六）人口

人是企业营销活动的直接和最终对象，市场是由消费者来构成的。所以，在其他条件固定或相同的情况下，人口的规模决定着市场容量和潜力；人口结构影响着消费结构和产品构成；人口组成的家庭类型及其变化，对消费品市场有明显的影响。

二、网络营销微观环境

网络营销微观环境由企业及其周围的活动者组成，直接影响着企业为顾客服务的能力。它有以下五个方面的影响因素。

（一）企业内部环境

企业内部环境包括企业内部各部门的关系及协调合作。

（二）供应者

供应者是指向企业及其竞争者提供生产经营所需原料、部件、能源、资金等生产资源的公司或个人。企业与供应者之间既有合作又有竞争，这种关系既受宏观环境影响，又制约着企业的营销活动。

（三）营销中介

营销中介是协调企业促销和分销其产品给最终购买者的公司，主要包括商人中间商，即销售商品的企业，如批发商和零售商；代理中间商（经纪人）；服务商，如运输公司、仓库、金融机构等；市场营销机构，如产品代理商、市场营销咨询企业等。

网络技术的运用，给传统的经济体系带来巨大的冲击，流通领域的经济行为产生了分化和重构。消费者可以通过网上购物和在线销售自由地选购自己需要的商品，生产者、批发商、零售商和网上销售商都可以建立自己的网站并营销商品，所以一部分商品不再按原来的产业和行业分工进行，也不再遵循传统的商品购进、储存、运销业务的流程运转。网上销售，一方面使企业间、行业间的分工模糊化，形成“产销合一”“批零合一”的销售模式；另一方面，随着“凭订单采购”“零库存运营”“直接委托送货”等新业务方式的出现，服务于网络销售的各种中介机构也应运而生。一般情况下，除了拥有完整分销体系的少数大公司外，营销企业与营销中介组织还是有密切合作与联系的。因为若中介服务能力强，业务分布广泛合理，营销企业对微观环境的适用性和利用能力就强。

（四）顾客或用户

顾客或用户是企业产品销售的市场，是企业直接或最终的营销对象。网络技术的发展极大地消除了企业与顾客之间的地理位置的限制，创造了一个让双方更容易接近和交流信息的机制。互联网络真正实现了经济全球化、市场一体化。它不仅给企业提供了广阔的市场营销空间，同时也增强了顾客选择商品的广泛性和可比性。顾客可以通过网络得到更多的需求信息，使购买行为更加理性化。虽然在营销活动中，企业不能控制顾客的购买行为，但它可以通过有效的营销活动，给顾客留下良好的印象，处理好与顾客的关系，促进产品的销售。

（五）竞争者

竞争是商品经济活动的必然规律。在开展网上营销的过程中，不可避免地要遇到业务与自己相同或相近的竞争对手。研究对手，取长补短，是克敌制胜的好方法。

三、网络营销市场分析方法

网络营销市场分析方法主要有四种，分别为利用搜索引擎收集资料、利用公告栏收集资料、利用新闻组收集资料、利用 E-mail 收集资料。

任务二 网络市场细分

扫一扫

配套微课

一、网络市场细分的概念和作用

（一）网络营销市场细分的含义

网络营销市场细分的概念，一般就是具体细致划分与网络有关的市场，使企业在调查研究的基础上依据网络消费者的需求、购买动机与习惯爱好的差异性，把网络营销市场划分成不同类型的消费群体的过程，每个消费群体就构成了企业的一个细分市场。

（二）网络营销市场细分的作用

网络营销市场细分是企业进行网络营销的一个非常重要的战略步骤，是企业认识网络营销市场、研究网络营销市场，进而选择网络目标市场的基础和前提。具体来说，网络营销市场细分有以下三个方面的作用。

1. 有利于企业发掘和开拓新的市场

网络消费者尚未加以满足的需求，对企业而言往往是潜在的，一般不易发现。在调查基础上的市场细分，可以使企业深入了解网络市场消费者的不同需求，并根据各子市场的潜在购买量、竞争状况及对本企业实力的综合分析，发掘新的市场机会，开拓新市场。

2. 有利于制定和调整市场营销组合策略

网络营销市场细分是网络营销策略运用的前提。企业在对网络营销市场细分后，细分市场的规模特点显而易见。消费者的需求清晰了，企业可以针对各细分市场制定和实施网络营销组合策略，做到有的放矢。

3. 有利于集中使用企业资源，取得最佳营销效果

不管企业在网络营销中试图开展什么工作或者最后总的目的是什么，都将面对网络营销中的主要和次要的目标市场。在网络营销中，企业不仅要确定自己的目标市场在哪里，还要确定哪些是主要的、哪些是次要的，从而选择对自己最有利的目标市场，合理使用企业有限的资源，以取得最理想的经济效益。

二、网络市场细分标准

（一）B2C的市场细分标准

一种产品的整体市场之所以可以细分，是由于消费者或用户的需求存在差异性。在B2C市场上，市场是由以满足生活消费为目的的消费者构成的，消费者的需求和购买行为等具有许多不同的特性，这些不同的需求差异性因素，便是B2C市场细分的基础。由于引起消费者需求差异性的因素很多，在实际操作中，企业一般综合运用有关标准来细分市场，而不是单一采用某一标准。概括起来，B2C市场细分的标准主要有四类，即地理因素、人口因素、心理因素、行为因素。以这些因素为标准来细分市场就产生出地理细分、人口细分、心理细分和行为细分四种市场细分的基本形式。

1. 按地理因素细分市场

互联网这个全球性的网络，虽然打破了常规地理区域的限制，但是不同地理区域之间的人口、文化、经济等差异将会长期存在。就目前我国区域经济的不平衡性，在上网人口的分布上明显呈现出东部沿海地区和中西部地区的不平衡性，这一特点也就构成了企业在网络市场细分过程中需要考虑的一个重要因素。

地理细分是指按照消费者所处的地理位置、自然环境来细分市场，比如，根据国家、地区、城市规模、气候、人口密度、地形地貌等方面的差异将整体市场分为不同的细分市场。

地理因素之所以作为市场细分的标准，是因为处在不同地理环境下的消费者对于同一类产品往往有不同的需求与偏好，他们对企业采取的营销策略与措施会有不同的反应。比如，在我国南方沿海一些省份，某些海产品被视为上等佳肴，而内地的许多消费者则觉得味道平常。又如，由于居住环境的差异，城市居民与农村消费者在室内装饰用品的需求上大相径庭。

地理变量易于识别，是细分市场应予以考虑的重要因素，但处于同一地理位置的消费者需求仍会有很大差异。比如，在我国的一些大城市，像北京、上海，流动人口逾百万，这些流动人口本身就构成一个很大的市场，很显然，这一市场有许多不同于常住人口市场的需求特点。所以，简单地以某一地理特征区分市场，不一定能真实地反映消费者的需求共性与差异，企业在选择目标市场时还需结合其他细分变量予以综合考虑。

2. 按人口因素细分市场

按人口统计因素，如年龄、性别、家庭规模、家庭生命周期、收入、职业、教育程度、国籍等细分市场。消费者需求、偏好与人口统计变量有很密切的关系，比如，只有收入水平很高的消费者才可能成为高档服装、名贵化妆品、高级珠宝等的经常买主。人口统计变量较容易衡量，有关数据也相对较容易获取，由此构成了企业经常以它作为市场细分标准的重要原因。人口因素包括以下几种：

（1）性别，男性与女性在产品需求与偏好上有很大不同，如在服饰、鞋帽、化妆品等方面的需求明显有别。像一些汽车制造商，过去一直是迎合男性需求设计汽车，现在，随着越来越多的女性参加工作和社会经济地位的改变与提高，这些汽车制造商正研究市场机会，设计具有吸引女性消费者特点的汽车。

（2）年龄，不同年龄的消费者对商品需求的特征也有着明显的差异。一般来说，儿童需要玩具、食品、童装、儿童读物；青年人则需要学习、体育和文娱用品；老年人需要营养品与医疗保健用品等。按年龄细分市场，有利于满足各年龄档次的消费者的特定需要。因此，企业必须掌握网络消费者的年龄结构、各年龄段的消费者占整个消费者群体的比重及各种年龄消费者的需求特点。

（3）收入，不同收入的消费者对商品的需求也有明显的差异。一般而言，低收入者对商品价格会比较敏感，而高收入者更看重商品的品质以及购买的方便性。比如，同是外出旅游，在交通工具以及食宿地点的选择上，高收入者与低收入者会有很大的不同。再如，目前我国学生占上网人口的比重较大，而有网上消费记录的却不多，这在很大程度上也是由于经济条件的制约。正因为收入是引起需求差别的一个直接而重要的因素，所以企业应该用不同档次、不同价格的商品去满足具有不同支付能力的消费者。

（4）职业与教育，指按消费者职业的不同、所受教育的不同以及由此引起的需求差别细分市场。比如，教师、职员、工人、农民等不同职业者，对商品的需求有明显的差异。又如，由于消费者所受教育水平的差异所引起的在志趣、生活方式、文化素养、价值观念等方面的差异，会影响到他们的购买种类、购买行为、购买习惯等，不同消费者对居室装修用品的品种、颜色等有不同的偏好就是一个证明。

（5）家庭生命周期，一个家庭按年龄、婚姻和子女状况等，可划分为七个阶段。在不同阶段，家庭购买力、家庭人员对商品的兴趣与偏好有较大差别。

1）单身阶段：年轻，单身，几乎没有经济负担，新消费观念的带头人，娱乐导向型购买。

2）新婚阶段：年轻夫妇，无子女，经济条件比较好。他们购买力强，对耐用品、大件商品的购买欲望强烈。

3）满巢阶段Ⅰ：年轻夫妇，有6岁以下子女，家庭用品购买的高峰期。不满足现有的经济状况，注意储蓄，购买较多的儿童用品。

4）满巢阶段Ⅱ：年轻夫妇，有6岁以上未成年子女，经济状况较好，购买趋向理智，受广告及其他市场营销刺激的影响相对减少，注重档次较高的商品及子女的教育投资。

5）满巢阶段Ⅲ：年长的夫妇与尚未独立的成年子女同住，经济状况较好，妻子或子女皆有工作。他们注重储蓄，购买趋向冷静、理智。

6）空巢阶段：年长夫妇，子女离家自立。前期收入较高，购买力达到高峰期，较多购买老年人用品，如医疗保健品，娱乐及服务性消费支出增加。后期退休，收入减少。

7）孤独阶段：单身老人独居，收入锐减。特别注重情感、关注等需要及安全保障。

除了上述方面，经常用于市场细分的人口变数还有家庭规模、国籍等。实际上，大多数企业通常采用两种或两种以上人口因素来细分市场。

3. 按心理因素细分市场

根据购买者所处的社会阶层、生活方式、个性等心理因素细分市场叫作心理细分。

（1）社会阶层。社会阶层是指在某一社会中具有相对同质性和持久性的群体。处于同一阶层的成员具有类似的价值观、兴趣爱好和行为方式，不同阶层的成员则在上述方面存在较大的差异。很显然，识别不同社会阶层的消费者所具有的不同特点，对很多产品的市场细分将提供重要的依据。

（2）生活方式。通俗地讲，生活方式是指一个人怎样生活。人们追求的生活方式各不相同，有的追求新潮、时髦，有的追求恬静、简朴，有的追求刺激、冒险，有的追求稳定、安逸。一些服装生产企业为“简朴的妇女”“时髦的妇女”分别设计不同的服装就是依据生活方式细分市场。

（3）个性。个性是指一个人比较稳定的心理倾向与心理特征，它会导致一个人对其所处环境做出相对一致和持续不断的反应。俗语说：“人心不同，各如其面”，每个人的个性都会有所不同。通常，个性会通过自信、自主、支配、顺从、保守、适应等性格特征表现出来。企业依据个性因素细分市场，可以为其产品更好地赋予品牌个性，以与相应的消费者个性相适应。

4. 按行为因素细分市场

根据购买者对产品的了解程度、态度、使用情况及反应等将他们划分成不同的群体，叫作行为细分。许多人认为，行为变数能更直接地反映消费者的需求差异，因而成为市场细分的最佳起点。按行为因素细分市场主要包括：

（1）购买时机。根据消费者提出需要、购买和使用产品的不同时机，将他们划分成不同的群体。如有些商品是时令商品（如电扇、空调、取暖器等），有些商品是节日礼品或婚嫁特殊品，消费者购买时间有一定的规律性。

（2）追求利益。依据消费者通过购买、消费产品期望得到的主要利益，进行市场细分。消费者购买某种产品总是为了解决某类问题，满足某种需要。然而，产品提供的利益往往并不是单一的，而是多方面的。消费者对这些利益的追求时有侧重，如对购买手表有的追求经济实惠、价格低廉，有的追求耐用可靠和使用维修的方便，还有的偏向于显示出社会地位。

（3）使用者状况。根据消费者是否使用和使用程度细分市场。通常可分为：经常购买者、首次购买者、潜在购买者、非购买者。大公司往往注重将潜在购买者变为实际购买者，较小的公司则注重于保持现有购买者，并设法吸引购买竞争产品的消费者转而购买本公司产品。

（4）使用数量。根据消费者使用某一产品的数量大小细分市场。通常可分为大量使用者、中度使用者和轻度使用者。大量使用者人数可能并不多，但他们的消费量在全部消费量中占很大的比重。美国一家公司发现，美国啤酒的 80% 是被 50% 的顾客消费掉的，另外一半的顾客的消耗量只占消耗总量的 20%。因此，啤酒公司宁愿吸引重度饮用啤酒者，而放弃轻度饮用啤酒者，并把重度饮用啤酒者当作目标市场。该公司还进一步了解到，大量喝啤酒的人多是工人，年龄在 25～50 岁，喜欢观看体育节目，每天看电视的时间不少于 3 小时。很显然，根据这些信息，企业可以大大改进其在定价、广告传播等方面的策略。

（5）品牌忠诚程度。企业可根据消费者对产品的忠诚程度细分市场。有些消费者经常变换品牌，另外一些消费者则在较长时期内专注于某一品牌或少数几个品牌。通过了解消费者品牌忠诚情况、品牌忠诚者与品牌转换者的各种行为与心理特征，不仅可为企业细分市场提供基础，同时也有助于企业了解为什么有些消费者忠诚于本企业产品，而另外一些消费者忠诚于竞争企业的产品，从而为企业选择目标市场提供启示。

（6）购买的准备阶段。消费者对各种产品的了解程度往往因人而异。有的消费者可能对某一产品确有需要，但并不知道该产品的存在；有的消费者虽已知道产品的存在，但对产品的价值、稳定性等还存在疑虑；还有的消费者则可能正在考虑购买。针对处于不同购买阶段的消费群体，企业可进行市场细分并采用不同的营销策略。

（7）态度。企业可根据市场上消费者对产品的热心程度来细分市场。不同消费者对同一产品的态度可能有很大差异，如有的持肯定态度，有的持否定态度，还有的持既不肯定也不否定的无所谓态度。针对持不同态度的消费群体在广告、促销等方面应当有所不同。

（二）B2B 的市场细分标准

许多用来细分 B2C 市场的标准，同样可用于细分 B2B 市场。但由于生产者与消费者在购买动机与行为上存在差别，因此，除了运用前述 B2C 市场细分标准外，还可用其他标准来细分 B2B 市场。

1. 用户规模

在 B2B 市场中，大客户数量少，但每次购买量往往很大；而中小客户数量多，但每次购买量很小。客户规模不同，企业的营销组合方案也应该有所区别。网络营销中，借助客户数据库就可以对企业的客户按照采购数量实行分类管理，制定不同的营销策略。

2. 最终用户

在 B2B 市场上，依据产品的最终用户细分企业用户群，在于强调某个产品在某个行业的最终用途。不同的最终用户（或产品不同的最终用途）对同一种产品追求的利益不同。企业分析产品的最终用户，就可以针对不同用户的不同需求制定不同的营销策略。

3. 企业购买状况

根据企业购买方式来细分市场。企业购买的主要方式包括直接购买、重复购买及新任务购买。不同的购买方式的采购程度、决策过程等不相同，因而可将整体市场细分为不同的子市场。

三、网络市场细分方法

根据细分程度的不同，市场细分有三种方法，即完全细分、按一个影响需求的因素细分和按两个以上影响需求的因素细分。

（一）完全细分

假如购买者的需求完全不同，那么每个购买者都可能是一个单独的市场，完全可以按照这个市场所包括的购买者数目进行最大限度的细分，即这个市场细分后的小市场数目也就是构成此市场的购买数目。在实际市场营销中，有少数产品确实具有适于按照这种方法细分的特性。但在大多数情况下，要把每一购买者都当作一个市场，并分别生产符合这些单个购买者需要的各种产品，从经济效益上看是不可取的，而且实际上也是行不通的。因此，大多数企业还是按照购买者对产品的要求或对市场营销手段的不同反应，将他们做概括性的分类。

（二）按一个影响需求的因素细分

对某些通用性比较大、挑选性不太强的产品，往往可按其中一个影响购买者需求最强的因素进行细分，如可按收入不同划分，或按不同年龄范围划分。

（三）按两个以上影响需求的因素细分

大多数产品的销售都受购买者多种需求因素的影响，如不同年龄范围的消费者，因生理或心理的原因对许多消费品都有不同要求；同一年龄范围的消费者，因收入情况不同，也会产生需求的差异；同一年龄范围和同一收入阶层的消费者，更会因性别、居住地区及许多情况不同而有纷繁复杂、互不相同的需求。因此，大多数产品都需按照两个或两个以上的因素细分。

任务三 网络市场定位

扫一扫

配套微课

一、网络市场定位的概念

企业在进行网络商务过程中，通过先进的理念、方法和技术，突出企业以及企业产品的特色，在网络消费者和网友心目中树立良好的形象与塑造优质的品牌，以求与竞争者的产品和形象的差异化。

二、网络市场定位步骤

（一）分析目标市场的现状，确认潜在的竞争优势

这一步骤的中心任务是要回答以下三个问题：一是竞争对手产品定位如何？二是目标市场上顾客欲望满足程度如何以及确实还需要什么？三是针对竞争者的市场定位和潜在顾客真正需要的利益要求企业应该及能够做什么？要回答这三个问题，企业市场营销人员必须通过一切调研手段，系统地设计、搜索、分析并报告有关上述问题的资料和研究结果。

通过回答上述三个问题，企业就可以从中把握和确定自己的潜在竞争优势在哪里。

（二）准确选择竞争优势，对目标市场初步定位

竞争优势表明企业能够胜过竞争对手的能力。这种能力既可以是现有的，也可以是潜在的。选择竞争优势实际上就是一个企业与竞争者各方面相比较的过程。比较的指标应是一个完整的体系，只有这样，才能准确地选择相对竞争优势。通常的方法是分析、比较企业与竞争者在经营管理、技术开发、采购、生产、市场营销、财务和产品等方面究竟哪些是强项、哪些是弱项。借此选出最适合本企业的优势项目，以初步确定企业在目标市场上所处的位置。

（三）显示独特的竞争优势和重新定位

这一步骤的主要任务是企业要通过一系列的宣传促销活动，将其独特的竞争优势准确传播给潜在顾客，并在顾客心目中留下深刻印象。为此，企业首先应使目标顾客了解、熟悉、认同、喜欢和偏爱本企业的市场定位，在顾客心目中建立与该定位相一致的形象。其次，企业通过各种努力强化目标顾客形象，保持目标顾客的了解，稳定目标顾客的态度和加深目标顾客的感情来巩固与市场相一致的形象。最后，企业应注意目标顾客对其市场定位理解出现的偏差或由于企业市场定位宣传上的失误而造成的目标顾客模糊、混乱和误会，及时纠正与市场定位不一致的形象。企业的产品在市场上定位即使很恰当，但在下列情况下，还应考虑重新定位：

（1）竞争者推出的新产品定位于本企业产品附近，侵占了本企业产品的部分市场，使本企业产品的市场占有率下降。

（2）消费者的需求或偏好发生了变化，使本企业产品销售量骤减。

三、网络市场定位策略

市场定位是设计公司产品和形象的行为，以使公司明确在目标市场中相对于竞争对手自己的位置。公司在进行市场定位时应慎之又慎，要通过反复比较和调查研究，找出最合理的突破口，避免出现定位混乱、定位过度、定位过宽或定位过窄的情况。而一旦确立了理想的定位，公司必须通过一致的表现与沟通来维持此定位，并应经常加以监测以随时适应目标顾客和竞争者策略的改变。网络市场定位策略主要有以下四个类型：

（一）创新定位

创新定位策略：寻找新的尚未被占领但有潜在市场需求的位置，填补市场上的空缺，生产市场上没有的、具备某种特色的产品。如日本索尼公司的随身听等一批新产品正是填补了市场上迷你电子产品的空缺，并进行不断的创新，使得索尼公司即使在二战时期也能迅速发展，成为世界级的跨国公司。采用这种定位方式时，公司应明确创新定位所需的产品在技术上、经济上是否可行，有无足够的市场容量，能否为公司带来合理而持续的盈利。

（二）迎头定位

迎头定位策略：企业根据自身的实力，为占据较佳的市场位置，不惜与市场上占支配地位的、实力最强或较强的竞争对手发生正面竞争，而使自己的产品进入与对手相同的市场位置。

优点：竞争过程中往往相当引人注目，甚至产生所谓轰动效应，企业及其产品可以较快地为消费者或用户所了解，易于达到树立市场形象的目的。

缺点：具有较大的风险性。

案例

京东“双 11”大战：卡位的胜利

每年的“双 11”，各大电商从线上到线下都不惜血本地奋力拼杀，大部分电商网站针对天猫仅一天五折这一特点做出了针对性传播，比如苏宁易购的线下广告“一天怎么够？”、1 号店的“一天不够抢，三轮五折才够爽”等。作为电商网站的“二当家”，京东在这次营销中展现了不同的思路。

“双 11”是天猫的根据地，从影响上来说，京东不大可能超过天猫。针对天猫在前几年“双 11”期间为不少用户诟病的物流慢问题，京东有针对性地做了系列“不光低价，快才痛快”的传播，京东在线下的几幅广告创意十足，以迟到的刮胡刀导致顾客变成原始人等搞笑的形式直指天猫的痛处。在北京地铁 1 号线与 5 号线的换乘通道上，京东更是将自己的广告放在了天猫广告的对面，以自己的优势凸显对方的劣势。京东同样在线上做了“不光低价，快才痛快”的话题传播，除线下广告外，做了更多适合网络传播的海报，使其线上线下的传播实现了对天猫的立体式狙击。

京东在“双 11”战役的三天中，营业额超过 25 亿元，虽然与天猫一天内 350 亿元的营业额相比差距不小，但狙击的目的已然达到。京东在“双 11”的营销上之所以令人印象深刻，最大原因在于采用“以己之长，攻彼之短”的卡位战略。

（三）避强定位

避强定位策略：企业力图避免与实力最强的或较强的其他企业直接发生竞争，而将自己的产品定位于另一市场区域内，使自己的产品在某些特征或属性方面与最强或较强的对手有比较显著的区别。

优点：避强定位策略能使企业较快地在市场上站稳脚跟，并能在消费者或用户中树立形象，风险小。

缺点：避强往往意味着企业必须放弃某个最佳的市场位置，很可能使企业处于最差的市场位置。

（四）重新定位

重新定位策略：公司在选定了市场定位目标后，如定位不准确或虽然开始定位得当，但市场情况发生变化时，如遇到竞争者定位与本公司接近，侵占了本公司部分市场，或由于某种原因消费者或用户的偏好发生变化，转移到竞争者方面时，就应考虑重新定位。重新定位是以退为进的策略，目的是实施更有效的定位。

案例

改变“老旧刻板”形象的海尔

一网友发微博称正在苦恼选购什么牌子的豆浆机，并“艾特”了几个豆浆机品牌官微。这条看起来毫不起眼的微博却引来200多个官微评论，吸引众多网友加入。最终家电老品牌海尔以近5万点赞量高居热评首位，在这一现象级的微博事件中拔得头筹。网友纷纷惊叹，原来海尔还卖豆浆机，海尔官微也可以如此“调皮”。

在人们的印象中，企业官微一般都是刻板的画风，产品推送、用户抽奖、品牌宣传等充满了整个微博。而在这个网络营销事件中，官微不再是一个冷冰冰的“官方声明”，而是一个与用户对话的活生生的“人”。海尔作为一个“老”品牌，却勇于打破传统模式，将品牌人格化，通过与用户对话来顺应潮流。去模式化，去官方化，更加趣味化、年轻化，极大提升了用户对海尔的美誉度和接受度。

素养课堂

中国产业扶贫模式走向海外 “电商助农”经验获点赞

2021年10月，中国农业科学院农业信息研究所和海外农业研究中心举办的“亚信产业扶贫模式交流与培训研讨会”在京召开。来自世界银行、联合国开发计划署（UNDP）、国际农业发展基金（IFAD）、中国国际扶贫中心、国家开发银行、北京工商大学、拼多多等机构的国内外专家共同分享了中国产业扶贫的新模式和新做法。

在过去几年中，中国实现了脱贫攻坚的全面胜利，战胜了困扰人类数千年的绝对贫困，诸多经验得到了国际社会的认可与肯定。拼多多结合中国农业的发展状况首创了“农地云拼”体系，通过“拼购+产地直发”的模式，推动贫困地区的农产品突破传统流通模式的限制，直连全国大市场。在“农地云拼”体系的基础上，拼多多深入推进“人才本地化、产业本地化、利益本地化”策略，因地制宜、因时施策，通过“培育致富带头人+探索科技扶贫应用+创新产业扶贫产品”的完整体系，让脱贫模式规模化、可持续。拼多多“多多课堂”同时开通了线上、线下电商课程培训通道，先后在21个省份累计培育学员6 700多名，直接引导店铺超过3 900家，累计触达49万扶贫产业经营者。同时，拼多多还在全国率先探索“市县长当主播、农民多卖货”的消费助农新模式，超过400位市、县、区等各级主要负责人进入助农直播间推介本地农（副）产品，累计催生4.9亿笔助农订单，销售农（副）产品总计超过29.3亿斤。

“中国电商扶贫助农”的经验和模式也引发了巴基斯坦、孟加拉国、阿富汗等各国代表的关注和点赞。我国未来还将在农产品物流、农业科技等领域持续投入，以科技普惠助力中国乡村巩固脱贫攻坚成果，助力乡村振兴。

任务实训

网络目标市场细分

一、实训场景

阿霞所在的公司是专门销售肥胖人群服装的专卖店，根据市场发展的需要计划开设网络服装专卖店。作为该公司的网络营销策划人员，这正是她大显身手的时机。阿霞通过调查发现：人们整体上体型变大，因此肥胖人群在购买服装时常会遇到麻烦，此时专门为身材肥胖的人开设的大码衣服专卖店就可获得市场，可将中体型肥胖、需要 XL 以上尺码衣服的顾客作为目标市场，实施差异化营销。

二、实训内容

（1）对肥胖人群购买衣服的市场进行细分，并描述特点。

（2）查询相关网站，了解国内相关市场概况。

（3）根据各个细分市场的特点及竞争状况对专卖店进行市场定位。

三、实训目的

了解网络市场细分的变量，掌握网络目标市场的选择以及企业在网络市场的具体定位方法。

四、成果形式

网络市场细分报告、目标市场实施方案。

五、实训方法

任务驱动。

六、实训准备

联网计算机。

七、实训步骤

步骤 1：打开 IE 浏览器，在地址栏分别输入 fuzhuang.b2b.biz（中国服装网）、www.efu.com.cn（中服网），并在打开的网站中查询服装行业市场信息。

步骤 2：打开 IE 浏览器，在地址栏输入 https:// www.jd.com（京东），并在打开的网站中查询肥胖人群服装市场的信息。

步骤 3：打开 IE 浏览器，在地址栏输入 https:// www.pinduoduo.com（拼多多），并在打开的网站中查询肥胖人群服装供应信息。

步骤 4：打开 IE 浏览器，在地址栏输入 https:// www.taobao.com（淘宝），并在打开的网站中查询肥胖人群服装销售信息，分析销售肥胖人群服装竞争对手的信息。

步骤 5：制定本公司的网络目标市场实施策略。

八、实训评价

网络目标市场细分实训评价表如表 4-1 所示。

表 4-1　网络目标市场细分实训评价表

评价项目	网络市场细分报告（30%）	目标市场实施方案（50%）	职业素养（20%）
评价标准	A. 报告内容真实、可靠、有价值 B. 报告内容真实、可靠、无价值 C. 报告内容不真实、不可靠、无价值	A. 方案具体，易于实施 B. 方案具体，可操作性不强 C. 方案不具体，难以实施	A. 大有提升 B. 略有提升 C. 没有提升
分项得分			
总分			

说明：

1. 表格内按百分制打分。
2. 可以邀请合作企业专业人员、电商协会等机构专业人士担当第三方参与评分。
3. 各标准对应的分数范围：A.80～100 分；B.60～79 分；C.60 分以下。

任务测评

一、判断题

1. 企业选择网络目标市场，即选择适当的网络服务对象，是在网络市场细分的基础上进行的。(　　)

2. 根据购买者所处的年龄、性别、收入等因素细分市场称为按人口因素细分市场。(　　)

二、多选题

1. 网络市场细分的方法有(　　)。

A. 完全细分　　B. 按一个影响需求的因素细分

C. 按两个以上影响需求的因素细分　　D. 非完全细分

2. 在市场定位的宣传中要避免因宣传不当在顾客心目中造成的误解有(　　)。

A. 定位过低　　B. 定位过高　　C. 定位混乱　　D. 定位合理

3.B2B 的市场细分标准包括(　　)。

A. 用户规模　　B. 最终用户　　C. 企业购买状况　　D. 年龄结构

三、填空题

1. 网络市场定位的步骤有 ______、______、______。

2.B2C 市场细分的标准主要有四类，即 ______、______、______、______。

四、简答题

1. 网络市场细分有哪些方法？

2. 网络市场定位的策略有哪些？

项目五 网络营销方案策划

学习目标

知识目标：

1. 了解网络产品营销方案策划的原则。
2. 掌握网络产品营销方案策划的基本概念。
3. 掌握网络推广营销方案策划的基本概念。
4. 掌握网络推广营销方案策划实施。

技能目标：

能够熟练撰写网络产品营销策划书。

素养目标：

1. 培养学生的工匠精神和市场竞争意识。
2. 培养学生的创新意识，提高创新能力，应对行业新要求。

案例导入

欧莱雅，突破传统瓶颈的网络营销矩阵

如今，广告市场平面、电视、网络三足鼎立，但经过多年的市场培育以及网络普及等多方面的因素的作用，网络广告正在以每年 40%～50% 的增幅迅猛增长。好耶广告网络联合首席运营官认为，网络广告格局肯定会有变化，但行业分布的状况不会改变，IT 产品类、网络服务类、交通和房地产会继续占据绝大部分的份额，金融服务、通信服务类有望增长更快速，服饰、食品饮料类也会上升。传统行业逐步意识到网络广告的重要性和有效性，投入会不断加大。传统行业投入的增加必将带来网络广告市场的进一步繁荣。

而在互联网广告的投放上，市场也对定向精准的分众广告愈加重视。具备明确目标用户受众群体和可量化广告效果数据的广告模式，迅速激发了广告主的投放热情。

欧莱雅的中国市场分析显示，男性消费者初次使用护肤品和个人护理品的年龄已经降到 22 岁左右，男士护肤品消费群体已经获得较大扩张。虽然消费年龄区间正在扩大，但是即使在经济最发达的北京、上海、深圳等一线城市，男士护理用品的销售额也只占整个化妆品市场的 10% 左右，全国的平均占比则远远低于这一水平。欧莱雅对

该市场的上升空间充满信心，期望进一步扩大在中国年轻男士群体中的市场份额，巩固在中国男妆市场中的地位。

欧莱雅推出了新品男士 BB 霜，希望迅速占领中国男士 BB 霜市场，树立该领域的品牌地位，并希望将其打造成为年轻男性心目中人气最高的 BB 霜产品。欧莱雅男士 BB 霜的目标客户定位于 18 岁到 25 岁的人群，他们是一群热爱分享，热衷于社交媒体，并已有一定护肤习惯的男士群体。

为了打造该产品的网络知名度，欧莱雅针对目标人群，同时开设了名为“@ 型男成长营”的微博和微信账号，开展了一轮单纯依靠社交网络和在线电子零售平台的网络营销活动。

1. 在新浪微博上引发了针对男性使用 BB 霜的接受度讨论，发现男性以及女性对于男性使用 BB 霜的接受度大大高于人们的预期，这为传播活动奠定了舆论基础。

2. 邀请演员代言，并让其发表先行者宣言，号召广大网民通过微博申请试用，发表自己的先行者宣言。微博营销产生了巨大的参与效应，将微博参与者转化为品牌的主动传播者。

3. 在京东商城建立欧莱雅男士 BB 霜首发专页，开展“占尽先机，万人先型”的首发抢购活动；设立了欧莱雅男士微博部长，为 BB 霜使用者提供一对一的专属定制服务。另外，开通微信公众号，每天及时将新品上市、前后对比等信息及使用教程通过微信推送给关注巴黎欧莱雅男士公众号的每一位用户。

该活动通过网络营销引发了在线热潮。两个月内，在没有任何传统电视广告投放的情况下，该活动覆盖人群达到 3 500 万人，其中超过 30 万用户参与了互动。据新浪微博统计，微博阅读量达到 560 万人；另外，在整个微博试用活动中，一周内有超过 70 000 位男性用户申请了试用，在线预估销售库存在一周内销售一空。

可以看出，网络营销对欧莱雅男士 BB 霜营销的最大促进作用表现在以下 3 个方面。

第一，降低了营销成本。

第二，大幅地提高了品牌占有市场的速度。

第三，已使用产品的客户可通过互联网对潜在客户进行有效的口碑传播。

以上 3 个方面很好地体现了网络营销的特点和优势，即网络营销的成本费用更低，互动性更强，传播更快、更广泛等。

该案例可以引发我们更多的思考。一方面是企业如何针对现代市场客户的消费心理，利用互联网进行有效的营销推广，随着网络技术的发展，新的媒体营销工具越来越丰富，电商平台、微博、微信、手机 App 等已经在网络营销中崭露头角，成了新的、重要的营销方式或手段。另一方面，用户的心态和消费交流的欲望，体现了用户价值需求，进而使商业转化更便利。帮助品牌凝聚、精准用户的应用，必然会受到商业的青睐。

资料来源：龚荒 . 现代推销学：理论 · 技巧 · 实训 . 北京：人民邮电出版社，2015.

任务一　网络产品营销方案策划

一、网络产品营销方案策划概述

（一）网络产品营销方案策划的含义

所谓策划，是指对未来将要发生的事情所做的当前决策，即根据已经掌握的相关信息，推测事物发展的趋势，分析需要解决的问题和客观条件，在行动之前，对目标、战略、战术、步骤、人员安排、经费开支等做小的总体构思和设计，并形成系统的、完整的方案。换言之，策划就是预先决定做什么、何时做、何地做、何人做、如何做的问题。

市场营销策划是企业对未来将要进行的营销活动进行整体、系统策划的超前决策，以未来的市场趋势为背景，以企业的发展目标为基础设计企业的行为措施。营销策划是营销管理活动的核心。网络营销是市场营销的一种方式，它借助于联机网络、计算机通信和数字交互式媒体来实现营销目标。因此，和其他营销方式一样，在网络上进行营销必须进行一系列的策划，只有经过精心的策划才能取得良好的效果。

网络产品营销方案策划是遵循营销策划的一般原理、法则和技巧，再结合现代营销新环境、新理论、新规划和新策略，抓住围绕消费者行为变化而出现的新特点所进行的符合网络经济特点的营销策划。

（二）网络产品营销方案策划的作用

一般来说，企业网络产品营销方案策划的作用有以下几个方面。

（1）可强化网络营销目标。通过网络产品营销方案策划，可使企业确立明确的网络营销目标。

（2）可提高网络营销活动的计划性。方案策划为企业的网络营销活动提供了纲领和指南，确立了企业未来的网络营销行动方案，使未来各项网络营销活动有计划、有步骤、有方法地进行，保证各项工作有条不紊地进行。

（3）可提供新观念、新思路、新方法。在方案策划的过程中，企业要对已掌握的情况进行判断分析，为了寻找到解决问题的方案，要具备创造性思维，从而产生新观念、新思路、新方法。网络产品营销方案策划要求企业确实树立以消费者为中心的思想，从消费者的角度出发，由外而内地重新设计企业与消费者的互动关系，从而形成消费者参与及互动合作的新理念和新的运作方式。

（4）可降低企业成本。网络产品营销方案策划对企业未来的网络营销活动进行了周密的费用预算，并对费用的支出进行了最优化的组合安排，使企业可以用较少的费用支出取得较好的效果。

（5）可增强企业竞争力。网络产品营销方案策划为企业提供了当今最新的市场销售方式，将传统营销方式和网络销售结合起来，有效地传递信息、沟通顾客关系、降低成本、扩大品牌宣传、提高贸易机会、减少贸易壁垒、提高工作效率，从而增强企业竞争力。

（三）网络产品营销方案策划的原则

网络产品营销方案策划一般应坚持以下几项原则。

（1）真实性原则。策划的真实性原则，在其反面意义上是指策划不能弄虚作假；在其正面意义上是指策划中应该主张诚恳信任。所以应将真实性作为广告策划及网络广告策划的第一原则。

（2）针对性原则。策划的针对性原则有两重含义：一是针对性商品；二是针对性市场。针对性商品是指在充分研究商品的基础上，抓准商品最令人心动的特长（一定要抓得准才行）。针对性市场是指充分研究潜在顾客层及其消费心理，通过网络实现较为到位的针对性。例如，现有的 Web 技术使得特定的网络可以按照受众群体所在行业、居住地点、用户兴趣、消费习惯、操作系统和浏览器类型来进行选择，在尽量缩减投入的同时，切实提高效率。

（3）亲近性原则。策划的亲近性原则，是指策划应该力求贴近消费者，将亲善、坦诚、友好、轻松的态度贯彻到全部行动中来，加强对消费者的感染力和亲和力，营造亲密无间的情感氛围。例如，某品牌计算机在互联网上发布横幅广告，逢新产品上市总打出标题："它还没有改变你的生活吗？"下面再设计系列问题，访问者只要单击鼠标，就能得到更多极富吸引力的信息。网络互动广告须具有强大的亲和力，才能唤起人们的兴趣。因此，网络产品营销方案策划更要讲究亲近性。

（4）效益性原则。策划的效益性原则就是要注意省钱。省钱不是不花钱，也不一定少花钱，而是在取得尽可能大的效果的前提下少花钱。人们的一切活动，包括策划活动，实质就是在谋求效益。没有效益，就不可能有策划的动机。也就是说，在确定策划目标时，效益性原则就在起作用，而在整个策划形成过程中，效益性原则依然在起作用，使策划创意灵感的产生及策划涉及的各要素的产生，均融入了"效益"这必不可少的思维信息。

（5）创新性原则。策划这项工作追求的是不断创新，这项工作的挑战性也正在于它的创造性。策划应该注意创新、灵活多变。如果只是盲目地仿效那些产生很大影响的著名策划和人们已经多次采用过的策划，则会失去策划的神秘性和吸引力，达不到预期的效果。所谓"攻其不备，出其不意"，正是策划的出发点和立足点。

（6）系统化原则。策划自身是一个系统，它包括了目标、对象、时间、地区、战略、战术、主题、媒体、预算、效果测评等多方面的内容，往往牵一发而动全身。因此，在策划过程中，要把上述内容看作一个整体系统，从系统整体与部分之间的互相依赖、互相制约、同生同灭、共进共退的关系出发，进行系统分析。

就企业促销组合、营销策划的大系统来讲，策划是一个子系统。它和公关策划、营业推广策划、人员促销策划、产品策划、价格策划、销售渠道策划共同构建了营销整体策划。策划是一种战略决策，一旦完成，就不能轻易变动。因此，任何策划首先必须站在全局的高度来设计与实施，局部应服从全局，以全局带动局部。其次，策划还必须具备长期性，策划的着眼点是未来，而不是当前，不能为了眼前利益而牺牲长远利益。最后，策划还应注意整体性。不同层次的系统有不同层次的策划，要体现不同层次的整体性。全局和局部的划分是相对的，子系统的全局相对于母系统来说，只是后者的一个局部，因此，考虑制定下一个层次的策划方案时，应该同上一层次的战略要求相符合而不能相背离。

（7）数量化原则。策划对于效果的追求，决定了它必须是切实可行的，必须有明确的目标和切实的承诺。策划的各项内容，不仅要有质的规定性，还要有量的规定性。例如，对活动的规模、预算资金、推出时间、对象估量、频率、时机、市场占有率、预期销售额等都需要有明确、严格的数量的规定，这是策划方案科学性的证明和标志。缺乏数量规定性的策划方案不可能是科学的方案，而且无法执行。这就是策划的数量化原则。

（8）可行性原则。在策划过程中，要注意策划目标及整体方案的现实性和可能性。企业投入是必需的，但要从企业的自身实力出发，量力而行。不能一味考虑效果的达成，不顾企业实际条件的限制。在策划过程中，要适时进行可行性论证。进行可行性论证，不是一般的评估，而是要进行定量和定性分析，分析内容包括对目标的可行性研究、对实现目标所需要内外部条件的科学性分析、对各局部实施方案的搭配的可行性研究，以及对广告进行分析研究。总之，在策划过程中，坚持可行性研究，是对企业负责、对活动负责的一种体现。策划不是哲学理论，而是一种实在的策略规划，必须是可行的和有效的。策划的可行性原则就是指策划方案易于操作实施，不能操作实施的方案，创意再好也没有价值。

如果操作过程中出现一系列无法解决的难题，则必然耗费大量的人力、物力和财力，而且使管理复杂化，显效低速化。所以，策划必须面对现实，将需要与可能统一起来，设计出务实的、操作性强的方案。

（9）灵活性原则。由于市场环境瞬息万变，难以做出准确估计，即使再完美的策划方案，也会因市场的变化不得不加以调整。不仅是营销策划，任何策划都有一个特征，那就是随着有关条件的变化而不断修改、调整。世界上不存在一成不变的计划。因此，策划也必须坚持灵活性原则。策划方案从一出台，就要对其进展情况、消费者态度、竞争对手反应，以及市场变化进行密切关注，及时反馈相关信息，并以定期控制检查的管理体制作为组织上的保证。一旦市场环境与经营条件发生变化，使实施中的方案受挫贬值，难以实现预期效果，就应尽早做出调整和改变，或转用其他预备方案，甚至准备拟订新方案。不难看出，坚持策划的灵活性原则的关键：一是实施方案保持适当弹性；二是要预先制定若干预备方案，有备方能无患。

策划的灵活性原则的另一个含义是具体问题具体分析。一个企业有自己的特点，一种产品有一种产品的特点，一方销售区域也必然有其地区上的特点，更加重要的是网络媒体也有网络媒体本身的特点。因此，强求一致，显然难以达到。所以，针对不同的具体情况，做出不同的策划方案，是十分必要的。

（10）保密性原则。策划方案当然要使与营销活动有关的各部门知晓，并在企业全体人员中加强沟通，但是对外则要坚持保密性原则。商场如战场，多加提防为好。特别是要防止策划方案流入竞争对手手中。因为策划一向被视为商战的大型武器，一旦计划泄露，为竞争对手所得，势必采取相应对策，攻我所短，制我所长，令我方目标落空，这会给企业带来难以估量的损失。因此，在策划过程中，一定要做好保密工作，尽量在制度、人员两方面都有所约束，这一点十分必要。

另外，对于网络产品营销方案策划而言，更需强调保密性原则。因为网络作为信息广场，保密问题一直是它难以克服的最大难题。现在，全世界都在致力于安全防范问题的探讨，网络道德、网络法律都在积极建设之中。随着网络管理的日趋规范，这类问题应该会越来越少。

（四）网络产品营销方案策划的层次

根据目前国内企业网络营销策划应用层次标准，网络产品营销方案策划可划分为以下几个层次。

（1）信息应用层策划。这是最简单、最基本的一层。在这个层次上，企业主要利用网络来发布信息，并充分利用网络优势，与外界进行双向沟通。在这个应用层中，不需要企业对信息技术有太高的要求，只是最基本的使用。例如，通过发送 E-mail 与顾客进行沟通、交流，定期给顾客发送各种产品信息邮件、产品推荐邮件、电子刊物等，加强与顾客的联系；建立企业主页，将一些有关企业及其产品、服务的介绍放在上面，辅之精美的图文，供访问者浏览。

（2）战术营销层策划。对于战术营销层策划，企业主要进行以下几项工作。

1）网络营销调研。利用在线调研，可以轻松地完成大量的、复杂的调研工作，充分满足各种统计数据的要求，提高营销调研质量。由于调研使用电子问卷，企业大大减少了数据输入工作，缩短了调研时间。

2）网上销售。这是目前网络营销最具诱惑力的地方之一。许多企业在网上安营扎寨，销售的产品种类繁多。而实际中，这个企业也许仅仅就是几台计算机，没有厂房，没有办公大楼。它们是网上的“虚拟巨商”，却又是如此的真实。网上销售与传统的商业销售的实物流程相分离，是一种信息时代的营销手段。

3）营销战术系统。营销战术系统主要包括一些用于管理库存的子系统，用于宣传产品、链接网站的子系统及用于答复用户意见、反馈信息的子系统。决策者们利用这一系统分析工具，进行着各种各样的决策活动。

（3）战略营销层策划。这个层次建立在战术营销层基础上，将整个企业营销组织、营销计划、营销理念等完全融入网络，依靠网络制定方针，开展战略部署，实现战略转移，缔结战略同盟等。

二、网络产品营销方案策划实施

扫一扫

配套微课

网络产品营销方案策划是一项逻辑性很强的工作，在实施营销活动之前，要对每一个环节进行周密考虑、细致安排。

（一）确定网络产品营销方案策划目的

策划目的部分要对本次网络产品营销策划所要实现的目标进行全面的描述。既然投入大量的人力、物力和财力进行营销策划，就要解决一定的问题。通常，企业通过网络产品营销方案策划，可解决以下问题。

（1）企业产品尚未上市，尚无一套系统的网络营销方案，因而需要根据市场的特点策划出一套可行的网络产品营销方案。

（2）企业经营方向有所改变与调整，需要相应地调整网络产品营销策略。

（3）企业原网络产品营销方案严重失误，需要对原方案进行重大修改或重新设计网络产品营销方案。

（4）随着市场行情发生变化，原网络产品营销方案已不能适应变化后的市场。

（二）进行网络产品 SWOT 分析

SWOT 分析是根据企业自身的基本条件，确定企业自身的竞争优势、竞争劣势、机会和威胁，从而结合企业内部资源和外部环境来判断公司战略或用于产品分析。SWOT 分别代表：S（Strengths，优势），指内部因素，如充足的资金、有影响力的品牌或公司形象、市场份额、技术力量等；W（Weaknesses，劣势），指内部因素，如人才缺失、时间紧迫、资金缺口大等；O（Opportunities，机会），指外部因素，如发现市场空白点、竞争对手失误等；T（Threats，威胁），指外部因素，如出现新的竞争对手或者替代产品目标用户流失、政策风险等。根据以上四点，按照优先级或紧迫度分别列出符合条件的事实，便可构建出一个通用的 SWOT 矩阵或者模型。

（1）SO（优势－机会：增长型战略）：这是一种理想的战略组合，是充分利用内部优势和外部机会进行企业发展的战略。例如，公司内部在某一领域具有绝对优势，且这一需求已然成为用户痛点，或非常受资本市场的青睐，那么就可以采取这个战略。

（2）WO（劣势－机会：扭转型战略）：这是利用外部机会来弥补内部劣势进行企业发展的战略。例如，目前很多有实力的大型互联网公司都推出了开放平台产品，利用其自身的流量优势和影响力，吸引开发者，达到合作共赢的目的。对于开发者来说，推广与渠道恰恰是其弱点，如果充分利用大公司开放平台的机会，就很可能找到一条光明大道。

（3）ST（优势－威胁：多种经营战略）：这是利用自身优势，尽量规避外部威胁进行企业发展的战略。例如，一些公司被同行业或竞争对手收购、合并或者合作就是采取的这一战略。

（4）WT（劣势－威胁：防御型战略）：公司在某一领域或项目产品中不存在任何优势，机会不大，甚至存在劣势和威胁的时候，通常会采取这种防御型战略。例如，某对手公司的一款产品在市场中大行其道，那么为了使自己不被彻底击败或者有效地阻击对手，可能会做一款同样的产品，但又不会在这款产品上投入太多的资源，其目的仅仅是一定程度地阻击对手。

（三）选择需要网络营销策划的产品

产品是网络营销中最重要也是最基本的因素，企业在制定网络产品营销策划时，首先必须决定发展什么样的产品来满足目标市场需求。一般而言，网络产品营销策划分为以下三种类型。

（1）单一产品策划。在网络营销中，单一产品策划包括产品质量、包装和服务三个方面。具体而言，产品的质量策划是指产品适应社会生产和生活消费需要而具备的特性，它是产品使用价值的具体体现，包括产品内在质量和外观质量两个方面。包装则在整体产品中占有重要位置，通常是指产品的容器或包装物及其设计装潢。产品包装一般分为三个层次：第一，内包装，是指产品的直接容器或包装物，如牙膏皮等；第二，中层包装，是指内包装的包装物，因此又称为间接包装，如月饼外的包装纸盒等；第三，存储运输包装，是指为了便于存储、运输及识别，在中层包装外的包装，如整箱商品的包装纸盒等。产品服务过程包括售前服务、售中服务和售后服务。售前服务是指产品销售之前向顾客提供的服务，如提供样品、图片，以激发顾客购买欲望，强化顾客购买动机；售中服务是指产品在销售过程中提供的服务，如热情接待、为顾客精心挑选产品、解答顾客提出的有关产品的各种疑虑等；售后服务是指产品售出后向消费者提供的服务，如送货上门、安装、实行“三包”等，解除顾客的后顾之忧，提高顾客满意度，促进重复购买。

（2）组合产品策划。组合产品策划是指企业根据其经营目标、自身实力、市场状况和竞争态势，对产品组合的广度、深度和关联度进行不同的结合。在网络营销中，确定经营哪些产品或服务、明确产品之间的相互关系，是企业产品组合策划的主要内容。

1）扩大产品组合。扩大产品组合是指扩大产品组合的广度和深度，增加产品系列或项目，扩大经营范围，以满足市场需要。例如，亚马逊（Amazon）在站稳图书这个主营商品市场后，开始增加新的经营品种，其业务范围从图书和音像制品成功地拓展到其他利润丰厚的商品。

2）缩减产品组合。缩减产品组合是指降低产品组合的广度和深度，集中力量经营一个系列的产品或少数产品项目，提高专业化水平。

3）产品延伸。产品延伸是指全部或部分地改变企业原有产品的市场定位，具体做法有向上延伸（由原来经营低档产品，改为增加经营高档产品）、向下延伸（由原来经营高档产品，改为增加经营低档产品）和双向延伸（由原来经营中档产品，改为增加经营高档和低档产品）三种。

（3）新产品策划。新产品是指对产品整体概念中的任何一部分进行变革或创新，并能给消费者带来新的利益和满足的产品。新产品策划是使企业开发的新产品与消费者的需求进行动态适应的市场开发过程。在网络营销中，新产品推广策划包括以下几个步骤：确定新产品推广的目标受众；建立独特的产品形象；选择恰当的推广时机；进行强大的宣传造势；运用有效的促销手段；建立顺畅的产品通路；进行科学的计划和管理；采取科学的推广策略。

（四）制定策划方案

制定策划方案的过程，实际上与策划的过程是重叠的。策划方案不可能凭空而来，也不可能一挥而就。随着策划人在市场调查与研究的基础上，对最初的策划的不断修改、完善，策划方案也逐渐成形，接近最终形式。因此可以说，策划的全过程就是针对公司营销中存在的问题和所发现的市场机会，提出具体解决问题的战略性方案和战术性方案，并实施日程设计的过程。

（五）进行费用预算

企业用于营销策划的费用，主要有市场调研费、信息收集费、人力投入费、策划报酬等。

（1）市场调研费。市场调研费的多少，取决于调研规模的大小和难易程度。规模大、难度大，费用必然高；反之规模小、难度小、费用则低。

（2）信息收集费。信息收集费主要包括信息检索费、资料购置费、复印费、信息咨询费、信息处理费等。其数量由收集规模来决定。

（3）人力投入费。策划过程中要投入必要的人力，其费用多少由预计投入人力的多少来决定。

（4）策划报酬。策划报酬是用于支付策划人的报酬。如果由公司内部的人员策划，就没有这笔开销；如果是外聘策划专家，就要支付策划专家报酬，其数额的多少由双方协商而定。

（六）进行效果评估

企业在营销策划方案实施后，就应对其效果进行跟踪测评。测评的形式主要有以下两种。

（1）进行性测评。进行性测评是指在方案实施过程中进行的阶段性测评。其目的是了解前一阶段方案实施的效果，并为下一阶段更好地实施方案提供一些建议和指导。

（2）终结性测评。终结性测评是指在方案实施完结后进行的总结性测评。其目的是了解整个方案的实施效果，为以后制定营销方案提供依据。

三、网络产品营销策划书的撰写

扫一扫

配套微课

网络产品营销策划书是网络产品营销策划成果的文字形式，是未来企业网络营销操作的全部依据。有了好的策划，还要形成书面的策划书，用它去指导企业的行动，否则，会影响策划实施的效果。一般来说，网络产品营销策划书的格式应包含以下几项内容。

（一）封面

封面的构成要素应该包括呈报对象、文件种类、网络产品营销策划名称及副标题、策划者姓名及简介、所属部门、呈报日期、编号及总页数。其中，网络产品营销策划名称要简洁明了，但必须具体全面。如果标题不足以说明问题，还可以加上副标题。

（二）目录

除非策划书的页数很少，否则不要省略目录页的内容，因为目录可以让读者对策划书有概括性的了解。目录中应该有主标题、副标题、附件或资料及以上内容的页码。

（三）前言及策划摘要

在前言中应清楚地表述所阐述的重点问题，具体内容包括策划的目的及意义、策划书所展现的内容、希望达到的效果及相关内容、致谢等。策划摘要一般要阐明策划书所有内容的重点及核心构想或策划的独到之处，用词应简练，篇幅要短，让人容易把握策划书的整体内容。

（四）正文

正文部分即策划内容的详细说明。表现方式要简单明了，应充分考虑读者的理解力和习惯。在这部分文字中，不要仅局限于用文字来表述，也可以适当地加入图片、统计图表等。策划书的正文要包括“5W1H1E”，即执行什么策划方案（What）、由谁执行策划方案（Who）、为什么执行策划方案（Why）、在何处执行策划方案（Where）、何时执行策划方案（When）、如何执行策划方案（How），以及要有看得见的结论和效果（Effect）。策划书最主要的部分，包括以下几个方面的内容。

（1）企业现状及网络营销环境状况分析，包括企业现状分析、消费者分析、网上竞争对手分析及宏观环境分析。

（2）网络营销市场机会与问题分析。对企业当前网络营销状况进行具体分析，找出企业网络营销中存在的具体问题，并分析其原因。针对企业产品的特点分析其上网营销的优劣势。从问题中找劣势予以克服，从优势中找机会发掘其市场潜力。

（3）网络营销目标。在网络营销目标任务的基础上企业网络营销所要实现的具体目标，即在网络产品营销策划方案执行期间，经济效益目标达到：总销售量为 ××× 元，预计毛利润为 ××× 元。

（4）网络营销战略，包括网站策略、产品策略、价格策略、渠道策略、促销策略、顾客关系管理策略等。

（5）具体行动方案。根据策划期内时间段的特点，推出各项具体行动方案。行动方案要细致、周密，可操作性强又具有灵活性，还要考虑费用支出。

（6）策划方案各项费用预算。这部分记载的是整个网络产品营销方案在推进过程中的费用投入，包括网络营销过程的总费用、阶段费用、项目费用等，其原则是以较少投入获得最优效果。费用预算直接涉及企业资金支出情况，对网络营销方案的实施有很大的影响，所以费用预算部分应当列得很详细，以便决策层对此有充分的了解和准备。

（7）方案调整。在方案执行中可能出现与现实情况不相适应的地方，因此方案贯彻过程中必须随时根据市场的反馈对方案进行调整。

（8）预期收益及风险评估。对方案何时产生收益、产生多少收益及方案有效收益期的长短等进行评估。另外，内外部环境的变化，不可避免地会给方案的执行带来一些风险。因此，应说明失败的概率有多大、造成的损失是否会危及企业的生存、是否有应变措施等。

（五）参考资料

列出完成该策划方案的参考文献，以增强可信度。

（六）注意事项

列出保证策划方案顺利推行应具备的条件。

任务二　网络推广营销方案策划

扫一扫

配套微课

一、网络推广营销方案策划概述

（一）网络推广营销方案策划的含义

从广义上讲，企业从申请域名、租用空间、建立网站开始就算介入了网络推广活动，而通常所说的网络推广是指通过互联网手段进行的宣传推广等活动。从狭义上说，网络推广的载体是互联网，离开了互联网的推广就不能算网络推广，而且利用互联网必须是进行推广，而不是做其他事情。

与网络推广相近的概念有网络营销（如搜索引擎营销、邮件营销、论坛营销等）、网站推广、网络广告等。

网络推广和网络营销是不同的概念，网络营销偏重营销层面，更重视网络营销后是否产生实际的经济效益。而网络推广重在推广，更注重的是通过网络推广后，给企业带来的网站流量、排名、访问量、注册量等，目的是扩大被推广对象的知名度和影响力。可以说，网络营销中必须包含网络推广这一步骤，而且网络推广是网络营销的核心工作。

另一个容易与网络推广相混淆的概念是网站推广。网站推广是网络营销极其重要的一部分，因为网站是网络的主体。因此，很多网络推广都包含网站推广。当然，网络推广也进行非网站的推广，如线下的公司、产品等。这两个概念容易混淆是因为网络推广活动贯穿于网站的生命周期，在网站策划、建设、推广、反馈等网站存在的一系列环节中都涉及了网络推广活动。

网络广告则是网络推广所采用的一种手段。除了网络广告以外，网络推广还可以利用搜索引擎、友情链接、网络新闻炒作等方法来进行推广。随着互联网的迅速发展，网民会越来越多，网络的影响力也会越来越大。如果不希望在互联网上做一个信息孤岛，就需要进行有效的网络宣传。对于企业而言，做好网络推广，可以带来经济效益；对于个人而言，则可以让更多人了解自己，认识更多的朋友。

网络推广营销方案策划是通过研究网络推广的方法，制定出一套适合宣传和推广企业、商品、服务甚至人的方案。网络推广营销方案策划的媒介就是网络，而被推广对象可以是企业、产品、政府及个人等。

（二）网络推广的类型

1. 按范围分

（1）对外推广。顾名思义，对外推广就是指针对站外潜在用户的推广。它主要是通过一系列手段针对潜在用户进行营销推广，以达到增加网站 PV（Page Views，页面浏览数）、会员数或收入的目的。

（2）对内推广。和对外推广正好相反，对内推广是专门针对网站内部的推广，包括如何增加用户浏览频率、如何激活流失用户、如何增加频道之间的互动等。很多人忽略了对内推广的重要性，其实如果对内推广使用得当，效果不比对外推广差。在现有用户基础上进行二次开发，要比开发新用户容易得多，投入也会少很多。

2. 按投入分

（1）付费推广。付费推广就是需要花钱才能进行的推广，如各种网络付费广告、竞价排名、杂志广告、CPM（Cost Per Mill，千人展现成本）广告、CPC（Cost Per Click，每点击成本）广告等。在做付费推广时，一定要考虑性价比，即使有钱也不能乱花，要让钱花出效果。

（2）免费推广。这里所说的免费推广是指在不用额外付费的情况下就能进行的推广。这样的推广有很多，如论坛推广、资源互换、软文推广、邮件群发等。随着竞争的加剧、成本的提高，各大网站都开始倾向于此种方式了。

3. 按手段分

（1）常规手段的推广。常规手段的推广是指一些良性的、友好的推广方式，如正常的广告、软文等。不过，随着竞争的加剧，这种方式的效果越来越不明显了，通常需要开发新的方法，或是在细节上下功夫才能达到更好的效果。

（2）非常规手段的推广。非常规手段的推广就是指一些恶性的、不友好的推广方式，如群发邮件、使用恶意网页代码，甚至在软件里插入病毒等。这种推广方法对于品牌形象有负面影响，尽量不要使用。

4. 按目的分

（1）品牌推广：品牌推广是指以建立品牌形象为主的推广。这类推广都用非常正规的方法进行，而且通常都会考虑付费广告。品牌推广有两个重要任务：一是树立良好的企业和产品形象，提高品牌知名度、美誉度和特色度；二是最终要将有相应品牌名称的产品销售出去。

（2）流量推广。流量推广是指以提升流量为主的推广。

（3）销售推广。销售推广是指以增加收入为主的推广。通常会配合销售人员来做，具体情况具体对待。

（4）会员推广。会员推广是指以增加会员注册量为主的推广。一般采用有奖注册，或是其他激励手段为主进行推广。

（三）网络推广的方法

（1）网站推广。网站推广是让尽可能多的潜在用户了解并访问网站，从而利用网站实现向用户传递营销信息的目的，用户通过网站获得有关产品和服务等信息，为最终形成购买决策提供支持。一般来说，除了大型网站，如提供各种网络信息和服务的门户网站、搜索引擎、免费邮箱服务商等，企业网站和其他中小型网站的访问量通常都不高。有些企业网站虽然经过精心的策划设计，但在发布几年之后，访问量仍然非常小，每天可能才区区数人，这样的网站自然很难发挥作用。因此，网站推广被认为是网络营销的主要任务之一，是网络营销工作的基础，尤其对于中小型企业网站而言，由于用户了解企业的渠道比较少，网站推广的效果在很大程度上也就决定了其网络营销的最终效果。

（2）搜索引擎营销推广。搜索引擎营销推广是根据用户使用搜索引擎的方式，利用用户检索信息的机会尽可能地将营销信息传递给目标用户。其基本思想是让用户发现信息，并通过点击进入网站 / 网页进一步了解他所需要的信息。一般认为，搜索引擎优化设计的主要目标有两个层次：被搜索引擎收录和在搜索结果中排名靠前。这已经是常识问题了，多数网络营销人员和专业服务商对搜索引擎的目标设定也基本处于这个水平。但从目前的实际情况来看，仅仅做到被搜索引擎收录并且在搜索结果中排名靠前还不够，因为取得这样的效果实际上并不一定能增加用户的点击率，更不能保证将访问者转化为顾客或者潜在顾客，因此，这只能说是搜索引擎营销策略中两个最基本的目标。

搜索引擎营销推广有竞价排名、分类目录登录、搜索引擎登录、付费搜索引擎广告、关键词广告、搜索引擎优化（搜索引擎自然排名）、地址栏搜索、网站链接等策略。

（3）网络广告推广。有很多公司、企业将自己的产品或服务的广告放置在某些大型的网站（如新浪、搜狐、腾讯等）上展现给大众，从而推广自己的产品或服务。

（4）软文推广。一篇好文章很可能拥有数以万计的浏览量，而在文章中附带一些商业信息，如某公司的名字或者产品，便对该公司或产品进行了一次宣传和推广。这些文章大多出现在大的行业网站、门户网站中。

网络软文以互联网作为传播平台，主要以文字为载体，目前已经成为企业进行网络宣传的一种方式。网络软文在企业形象宣传、产品市场推广与销售、品牌建设等方面起到了不同程度的作用。网络软文汲取了网络传播的几大优点：传播面广、受众多、扩散迅速。网络软文有一般文字作品的特点，用文字表达不同的思想或主题，用不同的文字来表现其内涵、风格；它又具有网络特色，主要着眼于获取点击率和转载率，在文字原创、标题吸引度、热点追踪、创新等方面有着不同程度的要求和体现。

现在网络软文被越来越多的企业重视，并被作为其进行市场推广和品牌建设的一种重要方式。网络软文发布目前也已成为许多广告策划类公司的一项业务，并以此获得利润。网络软文有企业新闻稿、公关软文、广告软文等多种表现方式，并且目前互联网有不同专业的网络软文策划发布网站。

（5）社区化营销推广。社区化营销推广（Social Networking Services，SNS）即社会性网络服务，专指旨在帮助人们建立社会性网络的互联网应用服务。其包括三个方面内容，即强调信息的单向发布；强调静态的、被动式的交流；强调完全互动的关系。它是建立在互联网基础上，通过互动形成有深度的互联网营销的理念。

SNS 是随着网络社区化而兴起的营销方式。SNS 社区在中国快速发展的时间并不长，但是现在已经成为备受广大用户欢迎的一种网络交际模式。SNS 营销也就是利用 SNS 网站的分享和共享功能，在六维理论的基础上实现的一种营销。它以与顾客建立深度关系为营销目的，也是口碑营销理念的一种体现。SNS 营销平台非常多，如即时通信工具、交友社区、博客、微博、微信等应用平台。

国内主要的 SNS 网站可分为不同的类型：平台类 SNS 网站，包括百度贴吧、腾讯的个人空间、淘宝网的淘江湖、新浪微博、微信朋友圈等；商务类 SNS 网站，有人和网等；文艺类 SNS 网站，有豆瓣等；校园与娱乐类的 SNS 网站，有人人网等。

二、网络推广营销方案策划实施

网络推广营销方案策划是一项系统性工程，每一个环节都要进行精心设计才能达到预期效果，具体可分为以下六个步骤。

（一）明确网络推广目标

网络推广营销方案策划的第一步是要确定网络推广的目标。企业应结合自己的实际情况，以及根据网站发展情况及项目整体进度要求，设定合理的推广目标。目标应该由多个参数组成，如独立 IP 达到多少、PV 达到多少、Alexa 排名到多少名、有多少注册用户等，根据不同行业及类型或有所不同。

（二）确定网络推广对象

只有知道推广的对象是谁，才能有针对性地制定具体的推广方案。不同的推广对象有不同的思维方式和购物习惯，因此，一定要尽可能详细地分析目标人群的性别、数量、年龄、上网时间、上网习惯等一系列与目标人群有关的信息，根据目标人群的各种行为习惯来制定网站推广的策略和方法。

（三）选择网络推广工具

根据所收集的资料，确定网络推广的方法及策略，详细列出所要使用的网络推广方法。如新闻软文推广、搜索引擎推广、微博推广、博客推广、邮件群发营销、QQ 群通信、论坛社发帖、活动推广、网络广告投放等，对每种网络推广方法的优劣及效果做出分析并制定具体实施方案。当然，对于每种方法可以分别制定策划方案，如自己企业没有媒体资源和专业的策划撰稿，可在新闻软文传播方面找一家文化公司外包。

（四）进行网络推广经费预算

网络推广方案的实施，必然会有广告预算，要定期优化账户结构，通过规划控制减少资金浪费，让推广的效果达到最大化。例如，优化咨询、危机公关处理办法，自己企业的人员执行就可以了，这样也不增加开支。

（五）实施网络推广

好的方案还要有好的执行团队，要依据方案制作详细的计划进度表，控制方案执行的进程，对推广活动进行详细罗列，安排具体的人员负责落实，确保方案得到有效执行。

（六）进行网络推广效果评估

安装监控工具，对数据来源、点击率等进行监测跟踪，帮助企业及时调整推广的策略，并对每一阶段进行效果评估。针对销售的推广如竞价账户，很容易算出投入产出比，但是针对品牌和口碑的推广则不好判断，这时可从创意的质量、网络表现来定性评估。

素养课堂

河南文化旅游宣传推广工作打好主动仗

河南省文化和旅游厅认真贯彻省委第十一届六次全会暨经济工作会议部署安排，坚决落实省政府推动一季度经济“开门红”政策措施，聚焦持续实施文旅文创融合战略、擦亮“行走河南·读懂中国”品牌，引导行业媒体呼应，协调线上线下联动，全力开展旅游宣传推广工作，助推全省文化和旅游市场持续升温。

春节活动早暖场。在甲辰龙年春节到来之际，为营造欢乐、祥和、喜庆的春节气氛，满足人民群众多元化、高品质的文化旅游需求，省文化和旅游厅统筹各市县文旅部门谋划开展2024年“春满中原·老家河南”主题活动。一是五城联动烘氛围，精彩纷呈过大年。选择周口、三门峡、南阳、鹤壁、郑州作为五大主会场，着力突出中华民族传统节日特色，围绕传统文化、主题灯会、民俗市集、沉浸式演艺等主题，以“一城一特色”开启“春满中原·老家河南”系列主题活动。二是八大主题共联欢，线上线下同体验。统筹省内各博物馆、美术馆等文化场馆，并联合老家河南新媒体矩阵，谋划推出博物馆里过大年、文化馆里过大年、图书馆里过大年、美术馆里过大年、武术馆里过大年、剧场影院过大年、非遗市集过大年、“村晚”过大年新春主题展览270个、非遗活动578场、文化社会教育活动2 291次，让更多人线上线下全方位感受“文化年”的喜庆氛围。三是百家景区千场活动，年味盛宴引客来。统筹全省各地及近三百家景区围绕“春满中原·老家河南”主题，总计推出各类文化旅游活动4.5万场以上，如“老家河南 郑州过年”“大宋中国年”“洛阳市隋唐洛阳城·神都中国年”“殷商祈福大典暨点亮殷墟”等，打造一批文旅消费新场景，吸引更多游客到河南走一走、逛一逛。

网络互动推高潮。南方各地“小土豆”“小砂糖橘”涌入哈尔滨，引发网友对河南文旅的普遍关切。省文化和旅游厅对此密切关注、积极应对、借势发力，再掀河南文旅宣传热潮。一是积极回应网友关切。及时回应网友喊话河南文旅，协调抖音按照网友建议持续编发、更新视频，以河南小豫米、文旅局长晒家底、喊话各地宝宝来豫畅玩等主要内容，发布“总要去趟河南吧”“四十秒顺口溜带你认识河南”

等视频内容，用心展现河南的热情和真诚。2024 年 1 月 7 日，以微博为主要平台策划热点话题，当晚“小豫米邀请全国人民来河南”话题浏览量突破 162.2 万人次，“河南文旅接住这泼天的富贵”浏览量达到 194.7 万，分别登上同城热榜第一、第二。二是协调网红和演员代言。联系豫籍网红和演员为河南文旅代言，主动策划推发新华社记者关于寻找郑州无限可能、文旅主播推介安阳殷墟等视频，尽力满足网友需求，与网友形成良好互动，推动网络话题持续正能量、火热。三是广泛发动业界力量集体发声。鼓励各省辖市和全省各景区、公共文化场馆主动发声，老家河南新媒体矩阵对各地各单位宣传给予转发、流量加推等多种支持。郑州、洛阳、新乡、安阳、开封、三门峡、南阳、信阳、商丘、许昌、焦作等地市积极行动起来，创意策划发布百余条抖音视频，从历史名城、文化底蕴到雄山秀水、美食特色、旅游攻略，“晒家底”“亮资源”，与网友亲切友好互动。四是正向舆论引导形成共振效应。联动《人民日报》、新华社、《光明日报》、《中国日报》、中央广播电视台、河南广播电视台、《河南日报》、大河网等媒体平台，以及各地融媒，创作相关回应作品，正向引导舆论导向，共同营造河南文旅诚实守信、开放包容、热情好客的良好舆论氛围。截至 2024 年 1 月 15 日晚 19:00，全网河南文旅相关话题总浏览量超 31.64 亿人次。

任务实训

网络营销策略体验

一、实训场景

在一家电子商务咨询公司，你的团队被委托进行一个关于网络营销策略的研究项目。客户想要了解当前网络市场上哪些产品类别受欢迎、这些产品的定价策略是怎样的，以及各电商平台都采用了哪些促销手段来吸引消费者。为了完成这个任务，你们需要深入调研，并准备一份详尽的报告来展示你们的研究成果。

二、实训内容

（1）产品类别调研：利用网络资源，广泛搜索当前网络上热销的产品类别，并整理出一份详细的产品类别清单。要求至少包含 10 个不同的产品类别，并简要说明每个类别的市场特点和消费者需求。

（2）价格特征分析：浏览至少 5 个知名的电子商务网站，收集各类商品的价格信息；要求对每个产品类别的价格特征进行总结，包括但不限于平均价格、价格区间、价格波动情况等；分析不同产品类别的价格策略及其对消费者购买决策的影响。

（3）促销形式记录与分析：在浏览电子商务网站的过程中，详细记录在售产品所采用的各种促销形式；要求至少记录 5 种不同的促销形式，并分析其优缺点及适用场景；评估各种促销形式对提升销售量和消费者满意度的潜在效果。

三、实训目的

（1）通过实际操作和深入分析，能够全面了解和掌握网络营销策略的关键要素。

（2）通过调研产品类别、分析价格特征和记录促销形式，能够提升对网络营销市场的敏感度，增强市场分析能力，并学会如何制定有效的网络营销策略来吸引潜在客户和促进销售。

四、成果形式

（1）提交一份包含产品类别清单、价格特征分析和促销形式记录的调研报告。

（2）完成一份高质量的 PPT 展示材料，并在班级内进行现场展示。

五、实训方法

任务驱动。

六、实训准备

联网计算机。

七、实训步骤

步骤 1：借助网络资源，查找可以在网上销售的产品类别。

步骤 2：浏览各电子商务网站或企业网站，查看各类网络商品的定价情况，总结网络商品的价格特征。

步骤 3：浏览各电子商务网站或企业网站，记录在售产品的促销形式。

步骤 4：以小组为单位，总结以上网络营销产品的类别、价格特征及促销形式 3 项内容，做成 PPT 在班级进行展示。

八、实训评价

填写网络营销策略体验实训评价表（见表 5-1）。

表 5-1　网络营销策略体验实训评价表

评价项目	小组展示内容（50%）	小组展示仪态（25%）	职业素养（25%）
评价标准	A. 内容准确充实 B. 内容较为准确充实 C. 内容不准确或不充实	A. 声音洪亮，仪态得体，整体表现优秀 B. 整体表现较好 C. 整体表现一般	A. 大有提升 B. 略有提升 C. 没有提升
分项得分			
总分			

说明：

1. 表格内按百分制打分。
2. 可以请合作企业专业人员、电商协会等机构专业人士担当第三方参与评分。
3. 各标准对应的分数范围：A.80～100 分；B.60～79 分；C.60 分以下。

任务测评

一、判断题

1. 市场营销策划是企业对未来将要进行的营销活动进行整体、系统策划的超前决策，以未来的市场趋势为背景，以企业的发展目标为基础设计企业的行为措施。(　　)

2.SWOT 分析是包括企业自身的竞争优势、竞争劣势、机会和威胁。(　　)

3. 网站推广是让尽可能多的潜在用户了解并访问网站。(　　)

二、多选题

1. 网络推广的方法有（　　）。

A. 网站推广　　B. 搜索引擎营销推广

C. 网络广告推广　　D. 软文推广

2. 网络推广的类型有（　　）。

A. 对外推广　　B. 对内推广　　C. 付费推广　　D. 免费推广

三、填空题

1. 网络营销战略，包括网站策略、______、价格策略、______、促销策略、______ 等。

2. 扩大产品组合是指扩大产品组合的 ______ 和 ______，增加产品系列或项目，扩大经营范围，以满足市场需要。

3. 网络产品营销方案策划是遵循营销策划的 ______、______ 和 ______，再结合现代营销 ______、______、______ 和 ______，抓住围绕消费者行为变化而出现的新特点所进行的符合网络经济特点的营销策划。

四、简答题

1. 网络产品营销策划书应包含哪几项内容？

2. 网络产品营销方案策划的作用有哪些？

3. 如何进行网络推广营销方案策划实施？

项目六 搜索引擎营销

学习目标

知识目标：

1. 了解搜索引擎营销的特点。

2. 掌握搜索引擎营销模式。

3. 掌握搜索引擎营销管理和评测。

技能目标：

1. 能够针对企业产品的特点，运用搜索引擎营销的方法与技巧，制定和执行搜索引擎营销方案。

2. 根据搜索引擎营销效果评测，提出网站优化与搜索引擎营销优化策略。

素养目标：

1. 培育和引导学生践行社会主义核心价值观，树立民族自信。

2. 培养学生的营销创新意识，树立新发展理念与新发展格局，激发学生的探索精神，将高质量发展落实到学习实践活动中。

案例导入

华为是全球领先的信息与通信技术（ICT）解决方案供应商，专注于ICT领域，坚持稳健经营、持续创新、开放合作，在电信运营商、企业、终端和云计算等领域构筑了端到端的解决方案优势，为运营商客户、企业客户和消费者提供有竞争力的ICT解决方案、产品和服务，并致力于实现未来信息社会、构建更美好的全连接世界。华为在中国市场选择了百度搜索平台作为营销平台之一，将关键字投放、品牌专区、关联广告、精准广告等不同营销形式有机地整合在一起，在提升企业形象的同时增加了投放转化率，提高了销售质量。华为具体的搜索引擎营销方法是关键词投放，当你在百度搜索引擎输入“华为”时，华为广告就会出现，这可以让更多潜在的用户接触到相关信息（见图6–1）。

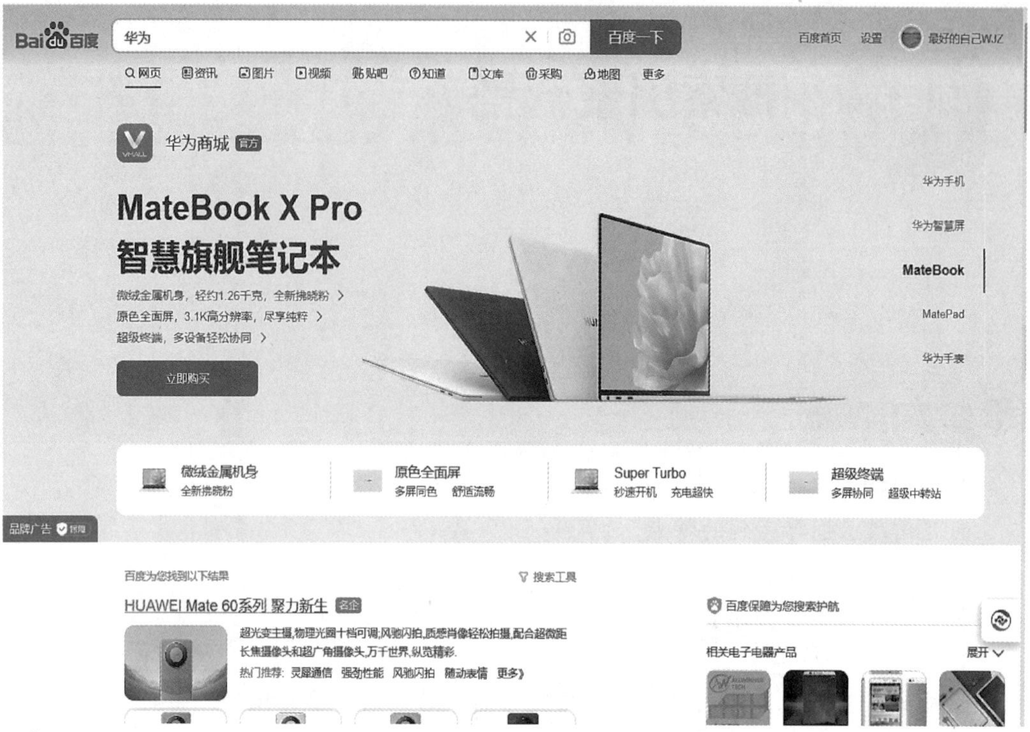

图 6-1 百度搜索引擎搜索华为的内容截图

任务一 搜索引擎营销认知

扫一扫

配套微课

一、搜索引擎概念

搜索引擎是指根据一定的策略，运用特定的计算机程序从互联网上收集信息，在对信息进行组织和处理后，为用户提供检索服务，将用户检索相关的信息展示给用户的系统。搜索引擎包括全文索引、目录索引、元搜索引擎、垂直搜索引擎、集合式搜索引擎、门户搜索引擎与免费链接列表等。

案例

B2C 网站成功利用 SEM

当当在利用搜索引擎推广 B2C 网站的业务上积累了非常丰富的成功经验。当当每年在搜索引擎领域投入数百万元费用，同时也获得了巨大的回报。

除了巨额的推广费用，当当还支付了大量的管理成本来不断地修改、调整关键词的投放，并都有相应的策略来具体管理搜索引擎。

中国搜索引擎的媒体化发展，以及在为大品牌广告主服务的过程中，形成了特有的广告展示方式，即“品牌专区”模式。“品牌专区”是按照大品牌广告主的要求，将近期要发布的详细信息展示在左侧结果列表首位，并在右侧赞助商链接的位置展示与其一致的品牌图形广告。这一模式对大品牌广告主而言，一方面能够满足其付费搜索广告的精准信息传播需求，另一方面能够满足其通过图形广告树立品牌形象的需求。

“品牌专区”广告形式的出现，为大品牌广告主提供了三个方面的帮助：首先，从对品牌树立帮助来看，允许大品牌广告主自由决定搜索结果的板块内容，即允许大品牌广告主将自己的网站内容浓缩在一个搜索结果中；其次，从对销售促进的帮助来看，能够实时更新产品信息，将最新的促销信息实时呈现；最后，这类广告形式还为大品牌广告主提供了良好的公关平台。

二、搜索引擎分类

（一）全文索引

全文搜索引擎是目前广泛应用的主流搜索引擎。它的工作原理是计算机索引程序通过扫描文章中的每个词，对每个词建立一个索引，指明该词在文章中出现的次数和位置。当用户查询时，检索程序就根据事先建立的索引进行查找，并将查找的结果反馈给用户。这个过程类似于通过字典中的检索字表查字的过程。国外具有代表性的有Google（谷歌），国内有百度（Baidu）。它们都是通过从互联网上提取的各个网站的信息（以网页文字为主）而建立的数据库中，检索与用户查询条件匹配的相关记录，然后按一定的排列顺序将结果返回给用户。

从搜索结果来源的角度，全文搜索引擎又可细分为两种：一种是拥有自己的检索程序（Indexer），俗称“蜘蛛”（Spider）程序或“机器人”（Robot）程序，并自建网页数据库，搜索结果直接从自身的数据库中调用，如上面提到的两家搜索引擎；另一种则是租用其他搜索引擎的数据库，并按自定的格式排列搜索结果，如Lycos引擎。

（二）目录索引

目录索引也称为分类检索，是互联网上最早提供WWW资源查询的服务，主要通过收集和整理互联网的资源，根据搜索到网页的内容，将其网址分配到相关分类主题目录的不同层次的类目之下，形成像图书馆目录一样的分类树形结构索引。目录索引无须输入任何文字，只要根据网站提供的主题分类目录，层层点击进入，便可查到所需的网络信息资源。虽然有搜索功能，但严格意义上不能称为真正的搜索引擎，只是按目录分类的网站链接列表而已。用户完全可以按照分类目录找到所需要的信息，不依靠关键词（Keywords）进行查询。

（三）元搜索引擎

元搜索引擎（Meta Search Engine）接受用户查询请求后，同时在多个搜索引擎上搜索，并将结果返回给用户。具有代表性的元搜索引擎有InfoSpace、Dogpil等。在搜索结果排列方面，有的直接按来源排列搜索结果，有的则按自定的规则将结果重新排列组合。

三、搜索引擎工作原理

（一）抓取网页

每个独立的搜索引擎都有自己的网页抓取程序“蜘蛛”。“蜘蛛”顺着网页中的超链接，从这个网站爬到另一个网站，通过超链接分析连续访问抓取更多网页。被抓取的网页被称为网页快照。由于互联网中超链接的应用很普遍，理论上，从一定范围的网页出发，就能收集到绝大多数的网页。

（二）处理网页

搜索引擎抓到网页后，还要做大量的预处理工作，才能提供检索服务。其中，最重要的是提取关键词、建立索引库和索引，其他还包括去除重复网页、分词（中文）、判断网页类型、分析超链接、计算网页的重要度 / 丰富度等。

（三）提供检索服务

用户输入关键词进行检索，搜索引擎从索引数据库中找到匹配该关键词的网页；为了用户便于判断，除了网页标题和 URL 外，还会提供一段来自网页的摘要以及其他信息。

四、搜索引擎营销的特点

（一）搜索引擎营销与企业网站密不可分

一般来说，搜索引擎营销作为网站推广的常用方法，在没有建立网站的情况下很少被采用（有时也可以用来推广网上商店、企业黄页等）。搜索引擎营销需要以企业网站为基础，企业网站设计的专业性对网络营销的效果又产生直接影响。

（二）搜索引擎传递的信息只发挥向导作用

搜索引擎检索出来的是网页信息的索引，一般只是某个网站 / 网页的简要介绍，或者搜索引擎自动抓取的部分内容，而不是网页的全部内容，因此这些搜索结果只能发挥一个“引子”的作用。如何尽可能好地将有吸引力的索引内容展现给用户、是否能吸引用户根据这些简单的信息进入相应的网页继续获取信息，以及该网站 / 网页是否可以给用户提供他所期望的信息，这些就是搜索引擎营销所需要研究的主要内容。

（三）搜索引擎营销是用户主导的网络营销方式

没有哪个企业或网站可以强迫或诱导用户的信息检索行为，使用什么搜索引擎、通过搜索引擎检索什么信息完全是由用户自己决定的，在搜索结果中点击哪些网页也取决于用户的判断。因此，搜索引擎营销是由用户所主导的，最大限度地减少了营销活动对用户的干扰，最符合网络营销的基本思想。

（四）搜索引擎营销可以实现较高程度的定位

网络营销的主要特点之一就是可以对用户行为进行准确分析并实现高程度定位。搜索引擎营销在用户定位方面具有更强的功能，尤其是在搜索结果页面的关键词广告，完全可以实现与用户检索所使用的关键词高度相关，从而提高营销信息被关注的程度，最终达到增强网络营销效果的目的。

（五）搜索引擎营销的效果表现为网站访问量的增加而不是直接销售

搜索引擎营销的使命是获得访问量，因此只作为网站推广的主要手段，至于访问量是否可以最终转化为收益，不是搜索引擎营销可以决定的。这说明，提高网站的访问量是网络营销的主要内容，但不是全部内容。

（六）搜索引擎营销需要适应网络服务环境的发展变化

搜索引擎营销是搜索引擎服务在网络营销中的具体应用，因此在应用方式上依赖于搜索引擎的工作原理、提供的服务模式等，当搜索引擎检索方式和服务模式发生变化时，搜索引擎营销方法也应随之变化。因此，搜索引擎营销方法具有一定的阶段性，与网络营销服务环境的协调是搜索引擎营销的基本要求。

五、搜索引擎营销的步骤

（一）构造适合于搜索引擎检索的信息源

信息源被搜索引擎收录是搜索引擎营销的基础，这也是网站建设之所以成为网络营销基础的原因，企业网站中的各种信息是搜索引擎检索的基础。由于用户通过检索之后还要来到信息源获取更多的信息，因此这个信息源的构建不能只是站在搜索引擎友好的角度，应该包含用户友好。这就是建立网络营销导向的企业网站中所强调的，网站优化不仅仅是搜索引擎优化，而是包含三个方面，即对用户、对搜索引擎、对网站管理维护的优化。

（二）创造网站、网页被搜索引擎收录的机会

网站建设完成并发布到互联网上并不意味着自然可以达到搜索引擎营销的目的，无论网站设计多么精美，如果不能被搜索引擎收录，用户便无法通过搜索引擎发现这些网站中的信息，当然就不能实现网络营销信息传递的目的。因此，让尽可能多的网页被搜索引擎收录是网络营销的基本任务之一，也是搜索引擎营销的基本步骤。

（三）让网站信息出现在搜索结果中靠前位置

网站网页仅仅被搜索引擎收录还不够，还需要让企业信息出现在搜索结果中靠前的位置，这就是搜索引擎优化所期望的结果。因为搜索引擎收录的信息通常都很多，当用户输入某个关键词进行检索时会反馈大量的结果，如果企业信息出现的位置靠后，被用户发现的机会就大为降低，搜索引擎营销的效果也就无法保证。

（四）以搜索结果中有限的信息获得用户关注

通过对搜索引擎检索结果的观察可以发现，并非所有的检索结果都含有丰富的信

息，用户通常并不能点击浏览检索结果中的所有信息，而需要对搜索结果进行判断，从中筛选一些相关性最强，最能引起用户关注的信息进行点击，进入相应网页之后获得更为完整的信息。

（五）为用户获取信息提供方便

用户通过点击搜索结果而进入网站、网页，是搜索引擎营销产生效果的基本表现形式，用户的进一步行为决定了搜索引擎营销是否可以最终获得收益。在网站上，用户可能为了了解某个产品的详细介绍，而成为注册用户。在此阶段，搜索引擎营销将与网站信息发布、顾客服务、网站流量统计分析、在线销售等其他网络营销工作密切相关，在为用户获取信息提供方便的同时，与用户建立密切的关系，使其成为潜在顾客，或者直接购买产品。

任务二 搜索引擎营销模式及操作技巧

扫一扫

配套微课

搜索引擎在互联网上有着重要的作用。当用户想了解某些信息时，往往会通过搜索引擎来进行搜索，而对于大多数用户来讲，主要看搜索结果第一页的内容，因此搜索结果靠前就是搜索引擎营销的最终目标。搜索引擎营销模式可以分为很多种，主要有以下几个模式。

一、竞价排名

竞价排名是一种按效果付费的网络推广方式，可以用少量投入为企业带来潜在用户，能够非常有效地提高企业的知名度和销售情况。由于搜索结果排名越靠前越有机会被点击到，因此不同商家之间通过竞争给出不同的价格，商家的价格越高，排名就越靠前。竞价排名的营销模式最初是百度在国内推出的，之后谷歌等著名搜索引擎网站也全部使用了竞价排名的营销模式。一般来说，百度的竞价排名也称为百度推广，企业在购买该项服务后，通过注册提交一定数量的关键词，其推广信息就会率先出现在用户相应的搜索结果中。简单来说就是当用户利用某一关键词进行检索，在检索结果页面会出现与该关键词相关的内容。

假设企业在百度推广注册提交“ABC”这个关键词，当用户搜索“ABC”时，企业就会优先被找到，百度按照实际点击量收费，每次有效点击收费从几角钱到几元钱不等，这是由企业产品的竞争激烈程度决定的。如我们搜索“汽车”，搜索结果的前几个就是竞价排名的结果，图 6-2 所示内容就是推广的内容。

图 6-2　百度推广的截图

竞价排名的作用是：第一，商家按效果付费，只要用户点击了推广链接，推广者就需支付百度一定费用，如果没有人点击，则无须付费。第二，用户检索内容高度相关，增加了推广的定位程度。有些推广信息和搜索目的高度吻合时，系统将以“广告”形式展示在自然搜索之前。第三，搜索结果越靠前越容易让潜在用户关注到，效果越显著。第四，可以有效弥补推广者排名不好的劣势。第五，推广者可以自己控制点击价格和推广费用。第六，方便推广者对推广效果做统计分析。当然，竞价排名也有以下缺点：第一，如果没有及时充值关键词，广告就会消失。第二，越来越多的网民意识到广告的位置，会专门避开这些位置。第三，如果有对手想恶意点击，则会增加推广者无谓的费用支出。第四，当所选关键词竞争力大，广告的位置又只有一小部分，有些推广者会为此支付很高的费用。这些缺点有可能使投入与产出不成正比。

二、关键词广告

关键词广告是指显示在搜索结果页面的网站链接广告。一般来讲，关键词广告在右侧，关键竞价在左侧，在自然排名之上。大家一般会先关注搜索结果的主页面，然后才会扫一下右边的广告，因此，关键词广告相比关键词竞价有相对的弱势。以百度关键词广告为例：

（一）百度关键词广告

1. 百度关键词广告的定义

关键词广告（Adwords）也称为“关键词检索”，简单来说就是当用户利用某一关键词进行检索，在检索结果页面会出现与该关键词相关的广告内容。在特定关键词的检索时，关键词广告才出现在搜索结果页面的显著位置，所以其针对性非常高，被称为性价比较高的网络推广方式。百度的关键词广告是最有影响力的付费搜索引擎营销方法之一。

2. 百度关键词广告的基本形式

当用户利用某一关键词进行检索，在检索结果页面会出现与该关键词相关的广告内容。由于关键词广告具有较高的定位，其效果比一般网络广告形式要好，因而获得快速发展。

3. 百度关键词广告的特点

（1）按效果付费，获得新客户平均成本低，投资回报高。百度搜索竞价排名是按照给企业带来潜在新客户的访问量计费，企业可以根据自己的需要，灵活控制推广力度和投入，使企业的网络推广投入获得最大的回报。

（2）针对性强，帮企业找到潜在目标客户。百度搜索竞价排名让企业注册有针对性“产品关键字”（即企业产品或服务的具体名称），使企业产品网页出现在相应搜索结果最靠前的位置，让真正对企业产品感兴趣的潜在客户直接了解产品或服务信息，更容易达成交易。

（3）全面支持企业全线产品推广。百度搜索竞价排名可以同时注册多个“产品关键字”，数量没有限制，通过注册大量“产品关键字”使企业的每一种产品都有机会被潜在客户发现。

（4）专业服务团队，全程贴心服务。百度设有专业的客户服务中心，为用户提供全程跟踪个性化服务，及时解答客户疑问，确保客户利益得到保证。

（二）购买百度关键词广告的操作步骤

（1）登录百度首页（www.baidu.com），搜索“百度推广”界面，如图 6-3 所示。

图 6-3　搜索“百度推广”界面

（2）进入百度营销首页，然后注册。填写姓名、手机号码、公司名称，选择地区，点击立即投放。如图 6-4 所示。

图 6-4　用户注册信息上传

（3）注册信息成功提交，如图 6-5 所示。

图 6-5　信息成功提交

（4）点击“搜索推广”，进入推广页面，并填写“浙江好伴侣旅游用品有限公司”的广告内容，如图 6-6 所示。

（5）在新建的推广业务中可以选择推广行业，该公司为浙江好伴侣旅游用品有限公司，所以选择“箱包业”；挑选关键词“手提包、旅行包、化妆包”等（见图 6-7），并点击生成方案。

（6）选择制定方案以后，添加推广创意。分别填写推广公司的公司名称、公司产品的关键字、公司所在地域和电话等，如图 6-8 所示。

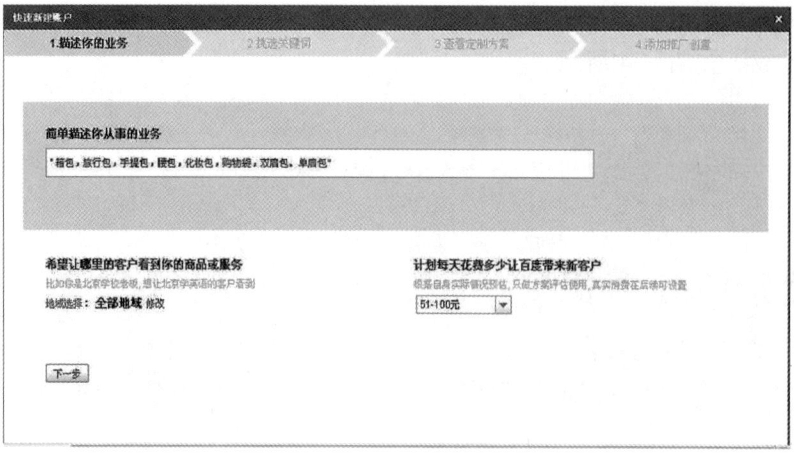

图 6-6　用户填写广告内容

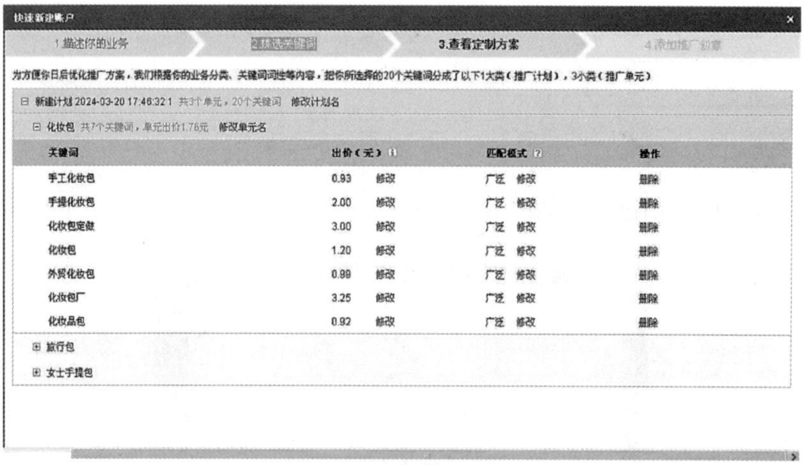

图 6-7　用户挑选关键词

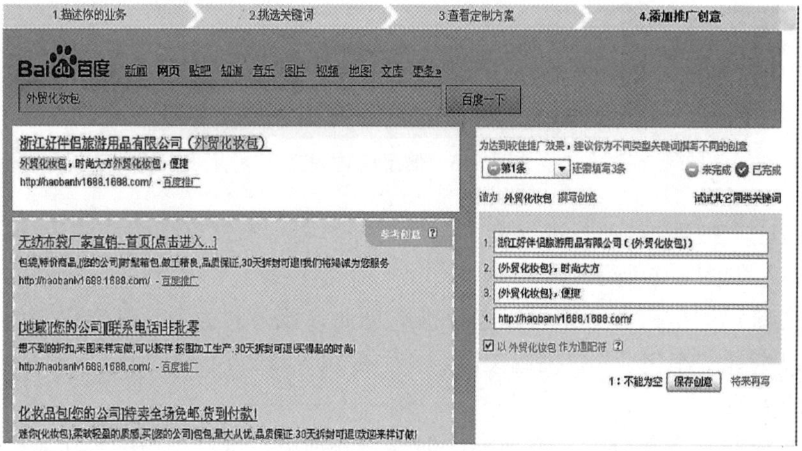

图 6-8　查看定制方案

（7）方案制定完成，如图 6-9 所示。

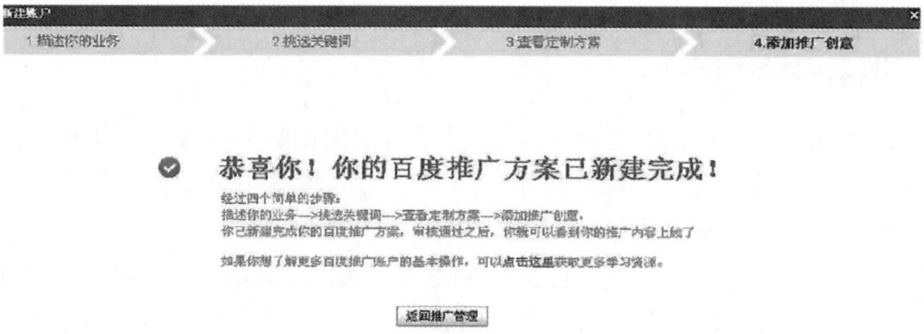

图 6-9　完成方案制定

（8）点击可查看推广方案，如图 6-10 所示。

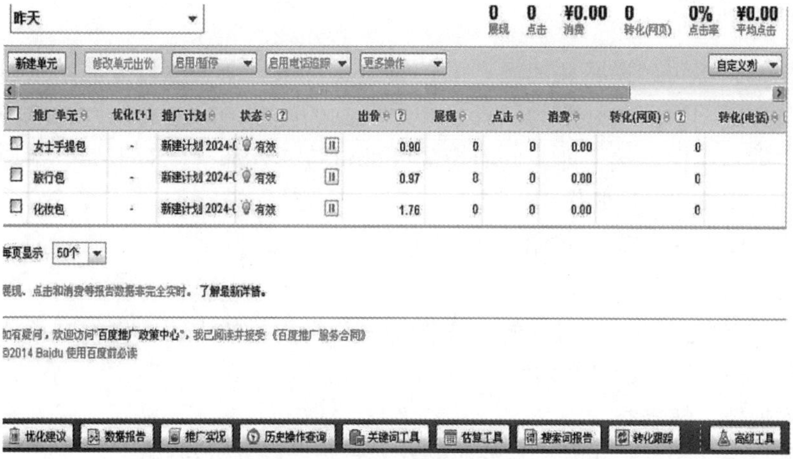

图 6-10　查看推广方案

（9）点击百度统计—网站列表—新建网站域名，把浙江好伴侣旅游用品有限公司的网站域名输入，确认后即会获取代码，如图 6-11 所示。

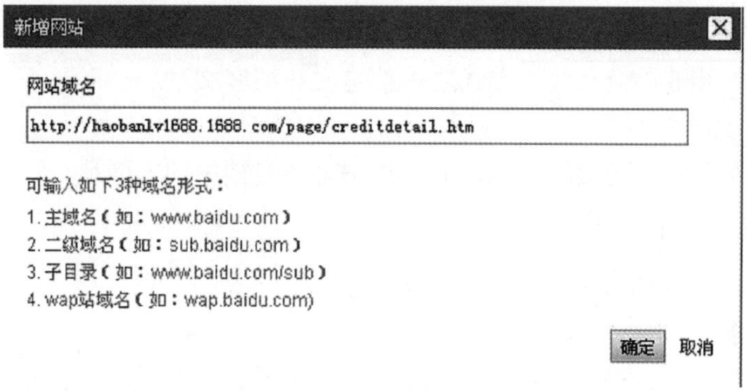

图 6-11　新建网站域名

（10）在报告里还可以查看推广趋势的分析、来源分析、主页面分析、访客分析、定制分析、优化分析等。

三、搜索引擎优化

SEO（Search Engine Optimization）是搜索引擎优化的英文缩写，指通过采用易于搜索引擎索引的合理手段，使网站各项基本要素适合搜索引擎的检索原则并且对用户更友好，从而更容易被搜索引擎收录及优先排序。通俗理解是：通过总结搜索引擎的排名规律，对网站进行合理优化，使你的网站在百度和Google的排名提高，让搜索引擎给你带来客户。深刻理解是：通过SEO这样一套基于搜索引擎的营销思路，为网站提供生态式的自我营销解决方案，让网站在行业内占据领先地位，从而获得品牌收益。结合个人经验网站优化技术分享探讨搜索引擎，一个搜索引擎友好的网站应该方便搜索引擎检索信息，并且返回的检索信息让用户看起来有吸引力，这样才能达到搜索引擎营销的目的。

（一）站外SEO

站外SEO，也可以说是脱离站点的搜索引擎技术，命名源自外部站点对网站在搜索引擎排名的影响，这些外部的因素是超出网站的控制的。最有用、功能最强大的外部站点因素就是反向链接，即我们所说的外部链接。外部链接对于一个站点收录进搜索引擎结果页面起到了重要作用。

高质量的反向链接需要做到以下几点：

1. 高质量的内容

产生高质量的外部链接最好的方法就是书写高质量的内容，你的文章能够让读者产生阅读的欲望而对文章进行转载。

2. 合作伙伴、链接交换

与合作伙伴互相推荐链接；与行业网站、相关性网站进行链接。

3. 分类目录

将网站提交到雅虎目录、ODP目录等专业目录网站。

4. 社会化书签

将网站加入百度收藏、QQ书签等社会化书签。

5. 发布博客创建链接

目前获取外部链接最有效的方式之一就是发布博客文章。

6. 论坛发帖或签名档

在论坛中发布含有链接的原创帖或者在编写签名档中插入网址。

（二）站内SEO

站内SEO优化的几个重要因素如下：

1. 域名选择

选择域名首先尽量选择包括关键词的域名；其次查看这个域名之前是否被注册过；最后查看该域名有没有做反向链接。

2. 关键词设置

增加新的关键词将有利于搜索引擎的“蜘蛛”爬行文章索引，从而提高网站的质量。但不要堆砌太多的关键词，应该考虑“人们在搜索引擎中找到这篇文章，会搜索什么样的关键词”。

这些关键词需要在你的文章中被频繁提及，可以遵循下面的方法：

（1）关键词应该出现在网页标题标签里面；

（2）在网页导出链接的链接文字中包含关键词；

（3）用粗体显示关键词；

（4）在标签中提及该关键词。

3. 长尾关键词的优化

（1）了解网页的内容。

首先需要知道这个网页的内容、发网页内容的目的是什么，不是所有的内容都可以作为长尾关键词并带来流量，有的网页内容只是为了让网站更丰富。

（2）确定网页的目标关键词。

目标关键词就是网页最主要、最核心的关键词；是网页要实现排名的关键词；是客户最想实现的关键词。一般来说，目标关键词有以下几个特征：1）是网页的核心，网页内容要围绕目标关键词展开。2）字数较少，一般是比较短的词语。3）搜索流量大且稳定，至少在这个行业内是如此。4）出现在网站的首页，特别是标题标签、描述标签、关键词标签中。

（3）强调关键词。

1）注意关键词密度，尽量在每段都出现该关键词。

2）在该关键词出现的第一个地方，加黑处理。

3）文章标题，给一个 H 标签，可以是 H1 或 H2。

4）适当在内容里出现一些相关关键词。

（三）站点设计

搜索引擎喜欢友好的网页结构、无误的代码和明确导航的站点，不喜欢太多的 Flash、Iframe 和 Java Script 脚本，所以保持站点的干净整洁，有利于搜索引擎“蜘蛛”更快更精确地爬行到网站的索引。

1. 站点的内部链接

搜索引擎的工作方式是通过“蜘蛛”程序抓取网页信息，追踪你写的内容和通过网页的链接地址来寻找网页，抽取超链接地址。许多 SEO 专家都建议网站提供网站地图，在网站上的每个页面之间最好都有 1～2 个深入链接。

2. 有规律的更新

网站更新的次数越频繁，搜索引擎“蜘蛛”爬行得也就越频繁。这意味着网站新文章几天甚至几小时内就可以出现在索引中，而不需要等几个星期。这是网站最好的受益方式。

3. 导出链接

导出链接会提高网站在搜索引擎中的排名，在文章中链接到其他相关站点对读者们是有用的。太多的导出链接将影响你的网站，应该“适度是关键”。

4. 每篇文章的主题

文章的主题要涵盖网页的定位和目标客户。

5. 写适宜长度的文章

太短的文章不能获得较高的排名，一般控制每篇文章至少有300个字。另外，也不要让文章显得太长，因为这将不利于保持关键词的密度，文章看上去也欠紧凑。

6. 提交到搜索引擎

每个搜索引擎都允许用户提交未收录站点，一般要等待3～5天。SEO是依据搜索引擎录取网站的规则，将网站的整体结构、网站布局、关键词分布及密度进行优化，使网站对搜索引擎的抓取有友好性，从而进行搜索引擎优化，达到网站提高排名的效果。

7. 桥页

桥页（Doorway Pages）通常是用软件自动生成大量包含关键词的网页，然后从这些网页自动转到主页。目的是希望这些以不同关键词为目标的桥页在搜索引擎中得到好的排名。当用户点击搜索结果的时候，会自动转到主页。有的时候是在桥页上放一个通往主页的链接，而不自动转向。

8. 关键词堆砌

在网页中大量堆砌关键词，可以提高关键词密度、网页针对关键词的相关度。关键词可以在很多地方堆砌，比如在用户可以看到的文章中，也有在网站标题（Title）、关键词标签（Keywords）、说明标签（Description）中。

9. 隐藏文字

隐藏文字（Hidden Text）是在网页的HTML文件中放上含有关键词的文字，但这些字不能被用户看到，只能被搜索引擎看到。可以有几种形式，比如超小字号的文字、与背景同样颜色的文字、放在评论标签中的文字、放在表格Input标签里的文字、通过样式表把文字放在不可见的层上面等。

10. 隐藏链接

隐藏链接（Hidden Link）和隐藏文字相似，但是区别是把关键词放在链接里面，而这个链接也是用户看不到的。

11. 隐藏页面

有的网页使用程序或脚本检测来访问的是搜索引擎还是普通用户。如果是搜索引擎，网页就返回经过优化的网页版本；如果来访的是普通用户，返回的是另一个版本的网页。这种作弊方式，通常用户无法发现。因为一旦你的浏览器去看这个网页，无论是在页面上还是在HTML源文件中，你所得到的都已经是与搜索引擎看到的不同的版本。检测的方法是，看一下这个网页的快照。

12. 域名轰炸

SEO新手往往会认为，注册多个域名，都连向主站，这样就可以增加主站的PR（网页级别）。如果这些域名都有自己独立的网站，则没事；但如果这些域名都指向同一主站的内容，或者都只有少数几个页面，甚至重复的页面，这样会被认为是一种SEO的作弊行为。对于域名轰炸行为，搜索引擎的态度是把这些“子站”删除。情节严重者，主站也会受罚。

13. 细微文字

许多做搜索引擎优化的人士明白隐藏文字可能会遭到惩罚，所以就将本来隐藏的文字以细微的字体暴露出来。细微文字是使用微小的字体在网页不显眼的地方书写带有关键词的句子。一般这些文字是放在网页的最顶端或者最底部。这些文字的色彩虽然不是和隐藏文字那样与背景使用相同颜色，但是经常也以非常相近的颜色出现。

案例

艺龙旅行网搜索引擎营销

对于艺龙公司来说，搜索引擎是一个让用户找到自己的好途径。艺龙公司从2003年开始了搜索引擎营销，但在初期，搜索引擎只是发布广告的一种方式，没有营销的策略，后来艺龙公司逐渐摸索出适合自身的搜索引擎营销策略。

一、案例背景介绍

艺龙公司依靠艺龙旅行网和呼叫中心为会员提供旅游资讯及预订等一站式服务。艺龙旅行网可以提供国内近550个城市15 000多家酒店和海外100多个国家及地区120 000多家酒店的预订服务；同时通过与国内外各航空公司合作，向用户提供国内、国际绝大多数航班机票的实时查询和预订服务。

艺龙公司于1999年成立，总部设在北京。2004年10月，艺龙在美国纳斯达克上市。

艺龙公司的广告从2003年便开始在搜索引擎上投放。早期的门户网站搜索引擎通常为关键词按月购买的方式。早期艺龙公司搜索引擎营销的情况如下。

购买方式：针对每个关键词按月付款。

购买词：旅行、订酒店、航班、旅游、酒店、酒店预订，共六个词。

购买搜索引擎：Google、百度、新浪、搜狐。

二、艺龙旅行网的搜索引擎营销策略分析

1. 搜索引擎类型的选择

搜索引擎竞价排名广告具有见效快、效果稳定等优势，但如果只用竞价排名广告进行推广，则会减少利润空间。搜索引擎优化虽不如竞价排名广告见效快，但从长远来看，它却具有投资回报率高的优势。二者的有机结合可取长补短，有效降低广告成本。

艺龙公司采取二者相结合的方式进行搜索引擎营销。对竞标价格在承受范围内的关键词，如“北京酒店”“香格里拉酒店”等，采用竞价排名广告形式；而对价格较贵的关键词采用搜索引擎优化进行推广，如通用类关键词“旅游”“酒店”等。

2. 关键词的选择

（1）选择具体的关键词。

艺龙公司曾经选择很广泛的关键词，如“酒店”“旅游”“机票”，结果发现这类关键词的搜索量非常大，但转化率却极低。分析用户的行为习惯，艺龙发现用户在寻找信息时，往往从具体的词开始，如“北京酒店”“上海打折机票”等。这类具体的关键词，不仅竞争商家相对少，价格更低，而且也更照顾到用户的感受，因为用户会觉得他找到的是他直接需要的信息。

（2）选择品牌类关键词。

很多用户对艺龙品牌有一定认识，他们寻找信息时，可能会直接找艺龙，而这些用户不一定都知道艺龙网站的地址，于是可能会通过搜索引擎寻找艺龙的相关信息。所以艺龙公司选择搜索引擎关键词时，还包含了“艺龙”“艺龙旅行网”“艺龙酒店”等品牌类关键词。

（3）选择错拼词和组合词。

艺龙在实际监测中看到用户在寻找艺龙旅行网时会出现各种各样的输入，如艺龙网、艺龙机票、易龙网、艺龙、e-longs、yilongs、义龙、e 隆等，这些用户可能只知道艺龙的发音，也可能只模糊地知道艺龙的拼写。所以艺龙全面地收集了可能会出现的关键词，而且这些词非常便宜，很少有别的公司购买。

（4）选择组合型关键词。

艺龙还注意到组合型关键词，如“打折北京酒店”“特价北京机票”等。这样淘来的客户是有一定价格敏感度的用户，他们渴望得到艺龙提供的低价酒店和机票的信息。当用户在搜索这类信息时会找到艺龙，时间长了，搜索到艺龙的人多了，其知名度也就逐渐提高了。

3. 搜索引擎竞争对手的分析

艺龙通过搜索引擎来识别竞争对手，并对其进行分析。通过搜索引擎，企业可以很清楚地看到自己的竞争者是谁。对于竞争力较大的对手，企业需要识别对方的产品服务，在排名和产品差异化上取得优势。

4. 优化登录页面

客户最先浏览到的就是登录界面，因此，应该在这一页上写明向客户推销商品的内容，而且最好能让客户喜欢上这些商品，继而购买这些商品。

（1）根据关键词选择不同的频道引入。

用户如果是通过输入“酒店”找到艺龙，那么与该关键词的链接页面应该是艺龙酒店列表的页面。如果用户输入“北京酒店”，其登录界面就应尽可能是艺龙北京市酒店的搜索结果页面。如果用户输入“机票”，就应该引入艺龙机票频道的页面。那么，如果用户输入“艺龙”品牌相关的词，在不清楚用户到底需要什么产品或信息的前提下，可以将用户直接引入展示艺龙所有产品和服务的页面，也就是艺龙网的首页。

（2）去掉销售广告。

很多网站都承担了广告销售的业务，艺龙网也不例外，而这些广告通常与促进网站自身产品业务没有直接关系。例如，艺龙网站也发布了很多企业主的广告，这种广告需要巨大的浏览量来提供客户广告价值。对于搜索引擎用户，他们很可能是第一次接触艺龙，那么就应该利用尽可能多的空间来介绍艺龙自身的业务。所以，艺龙对搜索引擎引入的站点进行修改，去掉广告主客户的广告，而主要推广艺龙自身的产品和服务。

5. 建立搜索引擎营销效果评估方式

艺龙公司通过对网站的访问量和投资收益进行分析，来判断搜索引擎营销效果是否有效，并及时调整营销策略。艺龙公司建立了搜索引擎投资回报分析系统。这套系统不仅可以从财务上看到整个搜索引擎项目的投资回报，还能跟踪每个关键词是否有价值，并且可以据此调整关键词策略。

通过分析艺龙公司搜索引擎营销案例可以发现，搜索引擎营销是有效获取新用户的一种营销方式。艺龙公司搜索引擎营销案例为企业提供了以下借鉴。

第一，不能仅将搜索引擎看作广告发布的渠道，还应该重视搜索引擎对品牌的影响。

第二，选择竞价排名的付费搜索引擎，并重视对搜索引擎的优化。

第三，在关键词的选择上，要注意品牌类关键词、错拼词、相关联的关键词以及长尾理论的影响。

第四，要分析目标用户行为，才能了解他们如何进行搜索。

第五，从搜索引擎上可以发现竞争对手，在广告上应注意产品和服务的差异化和排名优势。

第六，用户通过搜索引擎进入网站的登录界面的设置非常重要，要从用户体验角度、销售角度设计该页面，提高用户转化。

第七，采用投资回报率来评估搜索引擎的效果，以监控搜索引擎营销中每个环节的操作。

资料来源：张红梁，钟航．网络营销．北京：科学出版社，2018.

任务三　搜索引擎营销管理和评测

扫一扫

配套微课

一、网站诊断内容

（一）网站访问情况

网站访问主要检测服务器响应速度，如果输入域名自动会进行网站响应速度检测，包括网站解析时间、服务器连接时间、下载速度、文件大小等信息。

（二）搜索引擎表现

1. 网站收录及快照

网站的收录和首页快照从侧面反映搜索引擎对网站的认可度，属于一个基本权重。

2. URL

百度建议 URL 的最长长度不超过 255 byte。在静态页面上不要使用动态参数，以免造成“蜘蛛”程序的多次和重复抓取。

3. 页面内容优化

注意 Meta 标签信息是否完整、图片的 Alt 属性是否存在；提高网页的信噪比，减少那些不利于“蜘蛛”爬行的网页元素，如尽量少使用 Frame/Frameset/Rrame 标签、Flash 文件等；合理利用 Nofollow 标签来集中权重，减少不必要的权重传递或流失；保证页面内容质量，并防止内容页面的重复性。

4. 内部链接

网站多采用扁平结构，这样有利于“蜘蛛”程序爬行。一般首页到达目标页面点击次数越少，越容易被收录。首页导出链接（内部链接和友情链接）最好不要超过 300 个，最终页面最好不要超过 150 个。

5. 友情链接

高质量的友情链接，宁缺毋滥，同时控制一下数量，一般企业站控制在 25 个左右。

6. 外部链接

外部链接的质量和稳定直接关乎网站的搜索引擎表现，是提升站点权重的重要手段。高质量的外部链接与垃圾链接的区别在于是否给外链场所提供了有价值的相关内容。

（三）流量统计

通过各种科学的方式，准确地记录来访某一页面的访问者的流量信息，包括统计独立的访问者数量、独立的 IP 地址数量、页面被刷新的数量、访客来源、访客的站内移动路径等。

（四）用户体验

用户体验是一种在用户使用产品过程中建立起来的纯主观感受。基于网站的用户体验就是让进入站点的用户觉得这个站点是他需要的，喜欢浏览该站点，并且到该站点上找寻或者买卖产品。由此可见，用户跳出率越低，页面流量越高，该站点能够获得更多用户的青睐，用户体验就越好。

二、网站诊断评价指标

（一）关键词排名

关键词排名是一种在搜索引擎搜索结果中以字、词、词组的相关性体现网页排名的方式，可以分为关键词自然排名以及各搜索引擎提供的关键词竞价排名服务两种。

用户通过搜索引擎搜索相关的关键词，排名高意味着企业的搜索引擎营销效果佳。

（二）搜索引擎索引量与收录量

索引量仅指被搜索引擎建立了索引的网页总量，表示网站中有多少页面可以作为搜索候选结果。不同网页因内容重要性、稀缺性不同，被展现的概率有很大差别。索引量是“蜘蛛”对一个网站内容页面的抓取、整理所形成的数据库，网站的页面越多，这个数据库就应该越大。收录量是指搜索引擎对网站页面的收录数据，结合索引来理解，就是“蜘蛛”首先爬取网站，建立一个索引库，然后放出的页面数量就是收录量。收录意味着每个页面至少会对应一个网页快照，快照页面是参与 SEO 排名的，所以收录量越多，参与 SEO 排名的页面也就越多，相对来说获得流量的范围就越大。

从 SEO 角度来说，索引量是第一步，“蜘蛛”抓取网站，建立索引页面。收录量是第二步，“蜘蛛”根据页面内容和权重等因素放出网站的快照页面，从而可以参与关键词的排名。

（三）反向链接数

反向链接又被称为链接广泛度或外链，也就是网络中其他站点对自身站点投的支持票。反向链接数量越多，说明站点具备的价值越高，受到搜索引擎及用户的重视也就越多。反向链接包括外部网站的链接和自身网站的内部链接。各大搜索引擎的排名算法中早已将反向链接数量计算其中，并将反向链接绝对数量作为一个重要的参考数值。

（四）网站流量（独立 IP 和 PV）

独立的 IP 就是虚拟主机自己有一个单独的 IP 地址，当用户访问网站的时候记录一次独立 IP。PV 即页面浏览量或点击量，如果网站用户浏览的页面比较多，有一定的访问深度和多的点击量，网站的 PV 就会很多。

（五）网页评级 PR 值、BR 值和 SR 值

PR 是 Google 排名运算法则（排名公式）的一部分，是 Google 用于标识网页的等级 / 重要性的一种方法，是 Google 用来衡量一个网站好坏的唯一标准。PR 级别从 1 级到 10 级，10 级为满分，PR 值越高说明该网页在搜索排名中的地位越重要，也就是说，在其他条件相同的情况下，PR 值高的网站在 Google 搜索结果的排名中有优先权。因为 Google 退出中国市场，所以目前对于 PR 评级考虑不多。

百度权重（BR）主要是第三方平台依据网站关键词在百度的排名、指数的大小等综合数据耦合出来的预估流量，百度官方是不存在权重大小一说的。百度 BR 的主要影响因素是网站关键词的百度排名，跟网站链接、网站结构等有间接关系。这些链接、结构等会影响关键词排名，进而影响权重的波动。百度权重的更新周期基本没有规律，大概周期为一周。

SR 是搜狗衡量网页重要性的指标，是机器根据 Sogou Rank 算法自动计算出来的，网页评级越高，该网页在搜索中越容易被检索到。

（六）Alexa 排名和中国网站排名

Alexa 排名是指网站的世界排名，主要分为综合排名和分类排名，Alexa 提供了包括综合排名、到访量排名、页面访问量排名等多个评价指标信息，大多数人把它当作当前较为权威的网站访问量评价指标。Alexa 每个月公布一次新的网站综合排名。此排名的依据是用户链接数（Users Reach）和页面浏览数每个月累积的几何平均值。

中国网站排名基于中国网站排名工具条和其他合作数据平台进行流量采集、统计、计算及发布，对在中国注册的网站和部分在中国运营的外国网站进行排名。

（七）搜索引擎流量占总流量的百分比

网站总流量来源有很多，包括搜索引擎、关键字、外部链接帖子、新闻等。如果网站优化得好，通过关键词或者搜索引擎引来的流量会占一定的比例。

（八）跳出率

跳出率指仅仅访问了单个页面的用户占全部访问用户的百分比，或者指从首页离开网站的用户占所有访问用户的百分比。可使用跳出率来衡量访问质量，高跳出率通常表示网站进入页对访问者不具针对性。通过针对各个关键字和所投放的各个广告来分别定制目标网页，可最大限度地降低跳出率。目标网页应提供广告中承诺的信息和服务。

（九）流量转化

流量不是企业搜索引擎优化营销的最终目的，高转化率的流量才能为企业带来切实的效益。很多企业网站的流量很高，但是转换成实际询盘的流量却很少，这就是优化不足的表现。

流量高、转换率低的原因主要是：

（1）由行业性质决定。流量转换率的高低并无统一的标准，不同的行业，其转换率是不同的，因此一些特殊冷门行业的转换率低并不一定是优化不足造成的。

（2）无效流量较多导致转换率低。有些网站为了吸引人气会添加一些比较热门的却又与网站主题无关的内容，这可以吸引很多流量，却转换不了实际效益。因此在转换率低的情况下，我们不妨看看关键词是不是不够精准、添加的文章是不是无关内容过多。

（3）企业的产品服务无竞争优势。最终用户购买的还是企业自身的产品价值和服务质量，企业要想获得效益，除了网站的推外，自身产品和服务的跟进也是至关重要的因素。

三、网站诊断工具

（一）百度站长工具

在国内百度搜索引擎占据绝对优势，很多排名工作也是围绕百度展开的。因此，百度站长工具也就成了诊断分析网站的首选。百度站长工具虽然部分功能模仿 Google 管理员工具，不过百度站长工具更符合国内用户习惯。网站诊断工作中，多用到网站分析栏目的工具，比如百度索引量、关键词、抓取异常、外链等。可以通过索引量的变化，查看近期是否有剧烈动荡、抓取是否异常、近期网站和网址是否异常；外链分析也是一个比较有用的功能，可以分析出是否有恶意外链，还能批量拒绝外链。

（二）SEO 综合查询

SEO 综合查询工具主要查询的是优化中的公开数据。在诊断分析工作中，建议着重检查网站设置、关键词选取和搭配、Site 数量、百度权重、快照时间和可视化的链接表现。SEO 综合查询工具还有很多细节上的查询在网站诊断中可完成，比如模拟搜索引擎、长尾关键字、同 IP 查询等。

（三）Xenu

Xenu 是强大的专业网站内链分析工具，在分析站内死链接方面尤其有名，能全方位挖掘出网站内部隐藏链接和死链接。Xenu 可以详细分析出网站站内链接的指向，分析出网站链接到哪里、哪些链接指向这个页面，有利于分析网站权重的分配。

（四）Open Site Explorer

Open Site Explorer 是国外的一款外链分析工具，主要用于对竞争对手网站的分析，可以通过设置锚文本、导入链接等分析外链情况。

（五）日志分析系统

网站分析离不开分析网站日志，这涉及“蜘蛛”来访、抓取和异常问题。很多的问题都已经详细记录在网站日志里了，要做的就是通过日志分析系统分析网站状况。目前很多虚拟主机的控制后台都有日志下载功能，这为网站诊断工作节省了不少工作量。

（六）流量统计工具

网站流量统计工具并不局限于一种。一般网站诊断分析人员建站之后都会安装统计代码，用以分析网站流量，常用的有 CNZZ、百度统计等。后台每天对独立访客、搜索关键词、页面受访等数据都有详细的记载，这在进行流量分析和用户分析的时候是不可或缺的帮手。

素养课堂

搜索引擎优化专员需要具备的职业道德包括以下四点：

（1）诚信为本：流量固然重要，但一定要取之有道，绝对不可以用虚假的信息来诱导用户点击浏览网站。标题有多好，内容就要有多好，这才是塑造良好网络氛围必须要做的事情。

（2）尊重网络原创：现在很多的搜索引擎优化专员会在个人博客当中分享非常有价值的信息资源，搜索引擎优化专员一定要从行动上尊重他人的原创作品，并且拥有一颗利他之心，只有这样在网络上才可以交到真正志同道合的同行。

（3）平等公平地对待同行：不要故意去做一些有害于同行网站的动作，自己可以通过不断学习 SEO 优化来完善自己的 SEO 技术水平，从而超过同行的竞争对手，而不是通过一些不好的方法去干扰同行网站的正常运营。

（4）遵循职业规则：搜索引擎优化专员的工作就是搜索引擎优化，而搜索引擎优化的目的只有一个，那就是用户体验。所以，搜索引擎优化专员一定要以用户体验为核心，对网站的页面架构、内容优化等操作展开工作，尽量降低用户搜索的时间成本。

任务实训

淘宝商品标题优化

一、实训场景

某公司官方旗舰店将在淘宝店推出一批夏装，这批夏装以男士九分休闲裤为主，作为网店引入的一个新品，在前期阶段主要通过搜索引擎引流的方式来推广。如何在竞争激烈的淘宝市场中脱颖而出？标题的优化成为重中之重，这也是网店自然流量的最主要渠道。

二、实训内容

（1）根据商品的名称、属性等提炼关键词。

（2）根据淘宝类目属性和搜索下拉列表框等扩展关键词。

（3）参考淘宝同类商品扩展关键词。

（4）组合不同关键词制作成不同标题。

（5）监测关键词的排名并进行关键词的调整优化以达到最佳效果。

三、实训目的

（1）了解搜索引擎优化关键词的策划和选取。

（2）掌握搜索引擎优化效果监测与持续调整方法。

四、成果形式

符合淘宝规则的标题，关键词搜索能在靠前位置上展示。

五、实训方法

任务驱动。

六、实训准备

联网计算机、某公司官方淘宝旗舰店。

七、实训步骤

步骤1：注册淘宝账号，申请注册淘宝店铺，完成基本装修，并在分销平台上申请获得厂商商品授权，将厂商授权商品图文下载到自己的店铺中，并上架。

步骤2：策划产品关键词，使用头脑风暴法，在一张纸上以关键词的方式，尽量多地写出该商品的功能、属性。

步骤3：参考淘宝网站上该商品所属的类目、属性和搜索下拉列表框关键词，相关搜索等关键词，并将这些关键词记下来。

步骤4：参考淘宝网同类商品的标题，至少记录下10个标题，并对这些标题分门别类。

步骤5：将前述方法获得的关键词筛选、组合，形成新的商品标题并发布。

步骤6：隔一天搜索标题中的不同关键词，观察其排名。

步骤7：通过关键词的组合优化，调整关键词，并分析思考其对排名、进店人数的影响。

八、实训评价

淘宝商品标题优化实训评价表见表 6-1。

表 6-1 淘宝商品标题优化实训评价表

评价项目	撰写关键词内容（20%）	关键词获取数（10%）	关键词组合策划（10%）	标题优化效果监测（40%）	职业素养（20%）
评价标准	A. 非常合理 B. 较合理 C. 不合理	A. 多于 15 个 B. 8 个左右 C. 少于 5 个	A. 非常合理 B. 较合理 C. 不合理	A. 非常好 B. 较好 C. 不好	A. 大有提升 B. 略有提升 C. 没有提升
分项得分					
总分					

说明：

1. 表格内按百分制打分。
2. 可以邀请合作企业专业人员、电商协会等机构专业人士担当第三方参与评分。
3. 各标准对应的分数范围：A.80 ～ 100 分；B.60 ～ 79 分；C.60 分以下。

任务测评

一、单选题

1. 以下属于分类目录式搜索引擎的是（　　）。

A.Yahoo　　B.Google　　C.InfoSpace　　D. 悠游

2. 以下属于元搜索引擎的是（　　）。

A.Yahoo　　B.Google　　C.InfoSpace　　D. 悠游

二、多选题

1. 按照信息搜集方式和服务提供方式的不同，搜索引擎系统可以分为（　　）。

A. 目录索引搜索引擎　　B. 机器人搜索引擎

C. 元搜索引擎　　D. 集成搜索引擎

2. 搜索引擎在网络营销中的作用可以进一步延伸到（　　）方面。

A. 网站推广　　B. 产品推广

C. 提升企业 / 网站的网络品牌　　D. 发现商业机会

3. 搜索引擎营销得以实现的基本过程是（　　）。

A. 企业将信息发布在网站上成为以网页形式存在的信息源

B. 搜索引擎将网站网页信息收录到索引数据库

C. 用户利用关键词进行检索（对于分类目录则是逐级目录查询）

D. 检索结果中罗列相关的索引信息及其链接 URL

E. 根据用户对检索结果的判断选择有兴趣的信息并点击 URL 进入信息源所在网页

三、简答题

1. 简述搜索引擎营销的步骤。

2. 可以从哪几个方面来发掘搜索引擎营销关键词？请举例说明。

3. 搜索引擎营销有哪几种主要模式，各自有什么特点？

项目七 论坛营销

学习目标

知识目标：

1. 了解论坛营销的概念。
2. 掌握论坛营销写帖的技巧。
3. 掌握论坛营销发帖的技巧。
4. 掌握论坛营销回帖的技巧。

技能目标：

能够针对不同的企业产品特点，运用论坛营销的方法与技巧，完成论坛营销的全过程。

素养目标：

培养学生的创新思维和能力，将创新意识融入职业生活中。

案例导入

聚卓：我们为什么需要做论坛营销?

论坛营销的互动性非常强大，国内的论坛也已经更新了很多批，能够留下来的论坛肯定是有其优势的。目前国内论坛营销的模式已经非常成熟，聚卓通过文字、图片、视频等方式帮助企业发布了非常多的产品和服务信息，让更多的用户更好地理解了企业的品牌和产品服务。

一、有效针对和培养目标消费群体

不同的论坛有不同的属性，所以论坛营销针对性强。论坛营销可以针对特定人群，做出不同的论坛营销方案，更利于集中有限资源，充分向目标群体推荐企业的产品或者服务。只要投放够精准，论坛的有效率就会大大提高。

二、成本较低，但推广速度很快

论坛营销是成熟的模式，所以在推广过程中不会像新的营销模式那样走很多弯路，减少了试错的成本。论坛营销发帖形式是一对多，发出的帖子无限制被浏览、观看，其中带有目的性和需求性的浏览人数所占比例很大。同时，论坛文案的审核速度也相对快，短时间内能够让很多用户浏览。

三、口碑好，宣传效果体现更直接

论坛的口碑是经年累月沉淀下来的，所以在论坛营销的时候选择好的论坛也就意味着成功了一半。论坛宣传目标客户群集中，宣传方式直接，容易让人产生信任，有利于形成良好的口碑。论坛营销传播知识面非常广、覆盖面大、互动性高，使得消费者可沟通交流的东西很多，并能形成更深的认知，企业可以很直观地看到宣传效果，少了很多数据分析的成本。

四、互动性高，营销氛围好

论坛传播的推广信息，容易激起同论坛用户的认同。通过与这些用户的互动，可以更深入了解他们对于企业品牌的需求和期望，能够深层次影响、改变或培养其消费观念，逐渐形成稳固的品牌忠诚度。论坛的高互动性也能让企业在论坛营销过程中随时调整，让用户有更好的体验。

任务一 论坛营销初识

扫一扫

配套微课

论坛营销是互联网诞生之初就存在的形式。历经多年洗礼，论坛作为一种网络平台，不仅没有消失，反而越来越焕发出巨大的活力。当论坛作为新鲜媒体出现时，就有企业在论坛里发布企业产品的一些信息，这也是论坛营销的一种简单方法。

论坛营销可以成为支持整个网站推广的主要渠道，尤其是在网站刚建立的时候。论坛的超高人气，可以有效地为企业提供营销传播服务。由于论坛话题的开放性，几乎企业所有的营销诉求都可以通过论坛传播得到有效的实现。运用得好的话，论坛营销可以是非常有效果的网络营销手段。那么，到底什么是论坛营销呢？

一、论坛营销概述

（一）论坛营销的含义

论坛营销指的是企业利用论坛这种网络交流的平台，通过文字、图片、视频等方式发布企业的产品和服务的信息，从而让目标客户更加深刻地了解企业的产品和服务，最终达到宣传企业的品牌、加深市场认知度的目的，同时也可以培育企业忠诚客户。

对于论坛营销含义的理解可以分为两个方面：一方面，论坛营销的平台是论坛这种互联网产品，所以论坛营销的第一个要点就是选择恰当的推广平台；另一方面，论坛营销主要就是利用论坛进行营销活动，这里的营销是关键。所运用的营销手段主要就是论坛中的论坛帖。所以论坛营销主要需要研究论坛帖的撰写、发布、回复等的相关方法与技巧。

案例

老三江江湖菜

老三江江湖菜位于重庆巴南区，属于川菜。老三江为了增加知名度和来客量，在重庆的大渝网上进行营销。大渝网作为重庆本地的综合生活网站，人气非常高，不仅本地人喜欢这个网站，很多外地人也会上这个网站去了解重庆的旅游景点、名小吃等。

老三江的宣传板块是美食板块，通过以下方式增加自己的知名度，取得了很好的效果。

（1）知名版主的体验文章。利用美食版主的影响力，通过其食用后的分享和适当的赞美，带来正面的宣传，并且很有说服力。

（2）参加论坛举办的试吃活动。让众多吃友不仅在论坛上发帖谈吃后感受，同时还激励他们在微信、微博上分享，扩大影响力。

（3）论坛发帖。在美食论坛长期发帖，以传播川菜文化为主，引导消费者去老三江店铺体验，从而保持该店在消费者中的影响力。

（4）“马甲”号灌水。相互讨论老三江江湖菜味道如何等，制造话题，引起更多人的关注。

（二）论坛营销的价值

论坛营销是现在主流的网络营销手段之一，是实现事件营销、精准营销、口碑营销、病毒营销的重要手段之一。现在无论是网络营销的公司还是各大厂商，都非常热衷于论坛营销，大家之所以如此热爱它是因为它具有以下几个特征。

1. 论坛营销针对性强

论坛是互联网上最早的产品形态之一，现在互联网上至少有几十万个论坛，随着Web 2.0概念的兴起和发展，网络论坛也遍地开花。如今的论坛种类十分丰富，既有综合性大众化社区，也有专注于各个领域的垂直论坛。论坛的细化程度高，用户群也非常集中，这就意味着可以通过这个平台进行有针对性的营销。论坛营销的适应性非常强，既可以作为普通宣传活动手段使用，也可以针对特定目标群体进行重点宣传活动。

2. 论坛营销氛围好

论坛最大的特点就是互动，一个好的论坛里面的交流氛围是十分浓厚的，用户之间的感情也很深。在这样交流氛围十分浓厚的论坛里做宣传，效果会很好。

3. 口碑宣传比例高

论坛是大家交流的一个平台，论坛里面所有的内容都是由用户的言论产生的。公司传递的信息与产品如果能够成功激起用户的讨论，那么大家就会一传十、十传百，在大家口口相传下产生很好的口碑效应。

4. 投入少，见效快

论坛具有即时发布信息的特点，所以论坛推广的周期性非常短，甚至可以达到马上实施、马上见效的效果。论坛的低投入是有目共睹的，所以深受论坛营销者的喜爱。

5. 即时掌握用户反馈的信息

在论坛发表文章，用户会快速做出反应，因此可以即时掌握用户的反馈信息，第一时间了解用户的需求和心理，这也是论坛营销的优点。以网络广告为例，我们根本统计不了有多少个用户看过这些广告，无法知道用户看完这些广告的想法和意见。论坛营销就不会这样，当掌握并且得到用户的信息时，论坛营销可以即时做出战略调整，让计划执行得更加通畅，效果更好。

（三）论坛的分类

1. 综合性论坛

门户类网站社区的论坛就是将社会、人文、娱乐、体育、经济、军事、历史、汽车、健康、旅游、城市、科技、校园、公益、房产、视频、图片等专业性板块融合在一起。例如，百度贴吧、新浪论坛、凯迪社区、华声论坛、强国论坛、凤凰论坛、网易论坛等。

2. 专题类论坛

专题类论坛是相对于综合性论坛而言的，专题类论坛能够吸引真正志同道合的人一起来交流探讨，有利于信息的分类整合和收集。专题类论坛对学术科研、教学都能起到重要的作用。例如，购物类论坛、军事类论坛、情感倾诉类论坛、计算机爱好者论坛、动漫论坛、城市论坛、摄影论坛、音乐论坛等。

二、论坛营销的注意事项

（一）要找到目标市场高度集中的行业论坛

论坛一般都是按行业或兴趣来建立的，有一些主题高度集中，有一些主题相对松散。在进行论坛营销时，主题越集中，效果越好。在一些主题相对较弱的地方，往往不容易建立专家地位。所以要花一些时间，搞清楚你所在的行业在网上有哪些著名的论坛，不必大海捞针似地去很多论坛浪费时间。

论坛的选择除了考虑专业性，还应考虑论坛的活跃度，活跃度高的论坛人气较高，自然较有营销价值。论坛的活跃度可以用日发帖量来衡量。

（二）不要发广告，也不要发软文

论坛里的用户对发广告、软文已经司空见惯了，不要期望广告或软文能引起他们的注意。在论坛中不发广告是基本的礼节，很多论坛会员都排斥发广告、软文的行为。另外，也要注意每个论坛的规章制度，如果违反论坛的规章，不仅会被删除帖子，还有可能被封号。

（三）论坛营销，发帖是核心

大多数论坛是禁止“一帖多灌”的，一般一个帖子出现的版面不能超过两个。所以一个论坛主题帖应控制在两个以内，而且建议使用不同的标题及内容来表现。为达到最佳的宣传效果，以及防止版主认为该帖为广告帖、灌水帖将其删除的可能，建议主题帖回复应控制在 4～8 个。

（四）参与论坛，帮助会员，建立权威

多在论坛中积极参与讨论，注意看其他会员有什么疑难问题，如果你能解决，就积极回答。你的努力其他的会员都会看在眼里，久而久之，大家通过你的帖子看到你有相应的专业知识，又热心助人，在大家心中自然会建立起一个权威形象。这时你所推广的任何产品或服务，也会被大家所信任。

（五）论坛签名是推广的场所

如果论坛规定不能发广告，也不能谈论自己的产品或服务，唯一可以推广产品服务或网站的地方，就是论坛签名。所以论坛签名要有个性，让人记得住，也可留下 QQ 号或联系电话。

（六）在签名中促销

主题集中的论坛比较容易做促销，如春节大优惠、开张优惠等。在你的签名中应清楚简洁地写出服务和产品是什么、优惠多少元。或者在你的网站上专为某个论坛的会员做一个网页，上面注明“欢迎某某论坛的会员来到我们的网站，我们有专为某某论坛会员的特殊优惠”，等等，然后在你的签名链接中指向这个特意为论坛制作的网页。论坛会员来到你的网站，会觉得很贴心。

案例

铁将军冠名赞助热帖——论坛广告位的精确投放

现在很多论坛的广告位价格越来越高，特别是一些大的门户网站，这些费用不是一般的小企业承受得起的，所以很多企业的方法是对热帖冠名赞助。

铁将军是汽车用品公司，它投放的网站渠道是一家足球知名论坛——虎扑网。这个网站的群体是学生、白领等，是汽车、汽车用品的主要消费群体。该网站生活类板块中有一个日更帖的阅读量平均每天有近 5 万人次，相对投入的成本来说，这个人数的点击量是相当不错的。

铁将军取得了该帖的冠名权，对增加其产品的曝光度和知名度有很大作用。此外，该论坛的人群以青年为主，思维活跃，论坛的门槛相对较低，而铁将军的代言人是一个著名演员，所以很容易引起话题讨论。

三、论坛营销的操作步骤

那么论坛营销具体如何操作，以及相关的步骤是什么？接下来为大家一一讲解。

（一）前期准备

在进行论坛营销之前，先要弄清楚几个问题：我们要推广什么产品？它有什么特点？此次推广的目的是什么？是增加流量、增加注册量，还是增加品牌知名度？竞争对手或同类网站有没有做过类似推广？情况如何？只有搞清楚了这些问题，后面的推广就会容易很多。

（二）锁定目标论坛

目标论坛，不一定越多越好，要量力而行，视自身的人力、物力而定。否则太多的论坛，反而应付不过来。同时，目标论坛也不一定越大越好，最关键的是用户群要精准，比如要推广手机，那就只找手机论坛。

（三）了解目标论坛

目标论坛确定后，先不要急于发广告，先了解一下论坛的规则、用户特点等。比如说哪些板块最火、各板块的主题特色是什么、论坛用户的特点是什么、喜欢什么样的内容、哪些板块适合发广告、论坛对广告的管理态度和管理尺度有多大等。所谓知己知彼，百战不殆，先花点时间充分了解论坛是相当值得的。有些论坛会有专门的广告版，或者某些板块是允许发论坛帖的。

（四）巧妙运用“马甲”策略

前面几点做好以后，就要巧妙地运用“马甲”策略了。所谓“马甲”策略包含以下要点：首先，在同一个论坛，多注册一些“马甲”。并且尽可能多地通过系统漏洞或是人脉关系，获取论坛里的资深 ID 用户。需注意以下事项：第一，“马甲”尽量用中文，要有特色。一个有特色、有亲和力的名字，会让人印象深刻，因为要记住英文名字是很难的。第二，要及时更新个人资料。“马甲”的个人资料越丰富，就越容易让人产生好感及信任感。第三，要在论坛里积极发言，增加“马甲”的活跃度和提升论坛等级。切记，不能注册完“马甲”就立刻发广告。而是要多和会员互动，特别是和老会员、版主互动。第四，“马甲”要适当地与人争论，让人印象深刻。这是快速融入一个新论坛的最好方法。不要处处顺着别人顶帖说好话，而要多发表自己原创的、独特的看法和见解。争议越大、观点越独特，别人才会越关注。但是，要把控好尺度，言辞不要过分激烈。

（五）结合特点准备内容

经过前一阶段的充分准备，“马甲”等硬件设施都已经准备就绪，接下来就进入最重要的环节：内容。主要有三点注意事项：

1. 标题

标题是吸引点击率的基础。标题不能太死板，要形象生动，吸引眼球。但值得注意的是在美化标题的时候，一定不能脱离内容，不能让用户点击了标题之后有文不对题的感觉。

2. 内容

内容最好包含多个相关论坛中坛友们关注的热点问题、社会时事新闻等。具体来说有以下六个方面的策划。

（1）娱乐：娱乐方面的内容是最吸引眼球的，一般来说，发布或者评论最新的演员的动态消息、新片上映的情况、电影首映式等内容是很有吸引力的。

（2）名人：在撰写帖子的时候，恰当地提及或者引用名人名言，或者与名人有关的新闻可增强帖子内容的可读性。

（3）热点：借力热点事件效果是最明显的，但也存在风险。通常事件的热度过去，帖子的关注度也会随之下降，因此该方法要慎用。

（4）争议：争议是最能触动用户的神经，最容易吸引用户参与的内容。但是在操作的时候也要把握好度，争议太大，或者争议过于激烈就会适得其反。

（5）共鸣：发布相似的感受或经历的内容，也会触动部分用户的心灵。比如很多“80 后”的怀旧帖子，经久不衰。

（6）感人：用户一旦被感动，是很乐于参与和分享的。比如网络版的感动中国人物，流传甚广。

要注意：不能脱离要推广的产品而撰写内容，帖子的最后一定要与产品卖点结合，而且结合要自然，不留痕迹。

3. 形式

在做论坛营销时，帖子内容要多融入图片、视频、文字、故事、游戏等多方面元素。

（六）马甲“热炒”

撰写完帖子，并且发布到目标论坛，这不算结束，还要让帖子被关注、有人参与回复甚至成为热帖才行。这个阶段，之前准备的“马甲”就派上用场。如果没有用户参与讨论或回复，就用自己的“马甲”回复关注，自行制造话题。值得注意的是，“马甲”不要只是一味地简单回复，应提前设计有内涵、有深度的回复内容，最好能够犀利一些，这样才能够有看点，吸引更多的用户参与讨论。即使帖子有用户参与讨论，也不能松懈，这时“马甲”的作用就是推波助澜，提升用户的参与热度，从而打造热门帖子。

（七）无缝推广

无缝推广就是利用论坛的“马甲”在与坛友互动时巧妙地融入广告，并且除了有组织、有计划地推广外，平时在论坛里正常交流时，也要有推广的意识。只要在不破坏正常交流、不影响论坛形象的情况下，就可以做适当推广，比如运用论坛的一些功能，如头像、签名等。

四、论坛营销的方法与技巧

（一）选论坛

选择的论坛要满足以下三个要求：第一，所选论坛和所要推广的内容最好相关。第二，所选论坛的人气和流量要高。第三，所选论坛比较容易注册“马甲”，并且发超链接所做的限制越少越好。有的需要积分达到多少才能发，如果要求太高，那么花费的时间就多，而且效果也不一定理想，这样的论坛如果版主一旦封号，损失就很大了。

（二）注册“马甲”

注册账号的时候，最好不要含有广告、“马甲”等让版主看到就反感的词。最好用中文、中文＋其他字符，首先让版主不会因为只看到 ID 就有想删帖子的冲动。

（三）仔细阅读版区规则

很多论坛的板块都有版区规则，在发帖的时候标题有一个固定的格式，凡是不按照格式发就有被删帖的危险。

（四）内容选择

推广的内容一定要选比较新的、比较火的。看大家最近都在关注什么，或者是最近发生了什么事情。对于做推广来说，内容的选择是很重要的。

（五）精编标题

标题是网友们看见帖子的第一印象，如果想让更多的人看发出去的帖子，那么标题一定要做得够显眼。在版区规则范围内，可以在标题里增加一些相应的特殊符号，让你的标题在帖子列表里很突出。内容的选择上一定要做到新、快，吸引网友点击。根据内容分析哪些人会来看，再根据这些人的一些习惯来编辑帖子标题。

（六）内容相关

推广帖的链接以及标题一定要和发出去的内容相关，虽然是去做推广，主要目的是带流量，但是也要注意口碑问题以及注意用户感受，不要为了标题劲爆而不管内容。

（七）顶帖技巧

顶帖不要一味地回复“不错”“很好”“看了很不错”等，一定要结合上面人的回帖内容去顶帖。

另外顶帖的时间频率一定要根据该版区的刷新频率来，而且不要发了主题内容，马上换“马甲”回复，这样也是不好的，容易被看出是自己在顶帖。

（八）顶别人帖子并加链接

选人气高、回复少、主题内容没有链接的帖子，进行顶帖加推广链接。当然内容上一定要选择和别人帖子内容有关联的帖子进行推广。

（九）看形势

如果该论坛管理人员只要一见到发的网站链接就马上删除，或者直接屏蔽域名，可以选择域名跳转的方式。如果这样都不行，那继续在这个板块待下去也没什么意义了。

（十）查看流量统计结果

经过一段时间的推广后可以看到在哪里推广的效果最好、哪个论坛推广来的流量多，那么可以重点在那几个论坛里做推广。效果不好的就直接放弃，另外选择更好做推广的论坛。

（十一）版主关系维护

和版主建立关系，遇到节日或版主生日，发消息祝贺，多与版主沟通也是提升帖子“存活率”的关键之一。

任务二 论坛营销的写帖技巧

扫一扫

配套微课

随着网络营销的不断发展，论坛营销的需求量与日俱增，其中对论坛帖子的质量要求也变得越来越重视。一篇好的论坛营销帖子，能够达到推广的目的。那么如何把论坛帖的作用发挥得淋漓尽致？如何让论坛营销达到最好的效果？这归根到底，还要从如何写出一篇好的论坛帖说起。

一、写论坛帖的流程

（一）选择有吸引力的主题

首先，要保证创作的论坛帖是有灵魂的，而不是零碎的文字加条广告链接进去，这样的论坛帖与“Ctrl+C”“Ctrl+V”的简单操作没有区别。其次，话题要具有独创性。坚持用独特创意的话题创作。不可否认，只要对读者有帮助的、有一定意义的，这样的内容读者看了有反应，就会得到读者的认同，就会有效果。

（二）吸引人的标题

确定论坛帖的主题后，就要为其想一个让人感兴趣的标题。好的标题也是成功的一半。要把握网民的心理和习惯，同时整合、锤炼文章的主要内容和亮点来拟标题。但是最好避免成为“标题党”，否则论坛帖再好，读者也会有被欺骗的心理，不会认同文章。

关于标题的拟法，主要就是把标题简洁化、清晰化、关联化。站在专业的角度，把标题用简洁干练的语言清晰、全面地诠释出来，感兴趣的读者自然会点击。真实、不做假，读者才会接受，读者接受就让论坛帖成功一半了。

（三）流畅的阅读感受

要达到流畅的阅读感受，需要一定的文字功底和用符合网民浏览习惯的排版方式。一篇文章如果排版是乱七八糟的，阅读时要打起十二分精神的话，估计不会有多少人会看下去。现在是读图时代，建议排版可以采用图文结合的形式。论坛帖文字需要把握读者的阅读习惯，简单明了，表达有连贯性，符合网络快速阅读的习惯。语言的表达方式可以根据论坛帖的内容需要，可幽默可严谨。需要注意的是，不要一开始就让人一眼看出这是个广告。把握好阅读的节奏，当读者有兴趣读下去时，自然地衔接或者插入关键的名称和链接，既可以让读者看完又能达到论坛营销的目的。

综上所述，一篇好的论坛帖需要好的话题和一个有吸引力的标题，内容有独特的见解、有趣味性，对受众有实际价值，能够留住读者。那么接下来，就重点分析论坛帖每个部分的创作方法和撰写技巧。

二、论坛帖标题创作的原则

撰写论坛帖的重要环节就是一个好的标题。一个好的标题往往影响着你的论坛帖是不是吸引人、是不是可以被人们记住、是不是可以流传得很广，标题在这里起到了非常大的作用。要拟出好的标题，需遵循以下原则。

（一）主题鲜明

标题是对论坛帖内容的高度概括，要使人们看到标题就能理解论坛帖的具体信息内容是什么，因此，标题必须结合论坛帖主题且要鲜明，而不能与内容毫无关联，或者目标受众看了半天不知道内容的主题，那就没有兴趣去看内文了。

（二）简明扼要

从记忆规律来看，论坛帖标题以 7～15 字为宜，虽不能作硬性规定，但要坚持简洁明快的原则。

（三）远离“标题党”

论坛帖标题的内容应是具体实在的而不能含糊其词或过于抽象，或者为了博眼球而故作离奇，那是“标题党”的作为，客户体验非常不好。即使吸引了大量关注那也不是目标受众，是无效流量，“标题党”是网民最痛恨的行为。

（四）个性独特

标题具有个性，且有独到之处，才有刺激性和吸引力，因此，论坛帖标题要有创意。

（五）引人注目

标题的内容只有与消费者的心理需求联系起来，诱发他们的关心、好奇、喜悦等情绪，才能够充分地发挥宣传效果。因此，标题在字体、字形和位置等各方面，都应考虑视觉化和艺术化，要能引起人的注意。同时，对不同的宣传对象，标题的拟写也要有针对性，不可离题。

（六）契合网络文化

网络具有自己独特的文化特性，比如娱乐化、聚众性、平民化、互动性等。论坛帖尤其是网络推广传播文案更需要契合网络文化和网民心理特征。

（七）契合 SEO

在搜索为王的网络时代，搜索引擎营销成为主流方式，而 SEO 作为免费的 SEM 手段更是重要。有时候论坛帖主要就是为了 SEO 服务的，所以就需要考虑 SEO 对于论坛帖标题的一些标准。首先是字数不要超过 30 个字，其次是标题含有要优化的关键词，这样才能被搜索到。当然高级技巧就需要考虑搜索引擎的中文分词技术。

三、论坛帖标题创作的技巧

（一）宣事式标题

如实地将论坛帖正文的要点简要地摆明，使人一目了然，这是目前采用较多的形式，如《网络推广技巧之京东自然排名优化揭秘》。

（二）新闻式标题

新闻式标题直截了当地告知消费者新近发生的某些事实，多用于介绍新上市产品或生产企业的新措施，目的在于引起大众关心而转读正文。它也是宣事式的一种。例如《房酷网与新鸥鹏地产达成战略合作伙伴协议》，就是最典型的新闻式标题。

（三）颂扬式标题

颂扬式标题在网络中并不常见，因为用正面的方法来积极地称赞广告商品的优点，在网络中不太合适。所以，可以优化为评论式标题，以事实为根据，以第三方身份和口吻来评论，切忌夸大，否则，易招人反感。

例如《酷！被疯抢的报纸》这类标题，在门户新闻站上很多。总的来说，企业要用这类标题，可以从消费者角度，以消费者的身份和口吻来表述。

（四）号召式标题

号召式标题是用带有鼓动性的词句作标题，号召人们从速做出购买决定。此类标题多用于鼓吹时尚流行的或即时性的广告，文字很有力量，能起暗示作用，且易于记忆，使消费者易于接受广告宣传的鼓动，产生购买行为。在文学修辞上，文字应力求婉转，以回避一般人都不愿受他人支配的心理特点。例如王老吉的论坛营销案例，就有《买光超市的王老吉，上一罐买一罐》这类帖子，很有号召力。

（五）提问式标题

提问式标题通过提出问题来引起关注，从而促使目标受众发生兴趣、产生共鸣、留下印象，如《如何让你更加有“女神”范？》《如何摆脱失眠的烦恼？》。

（六）悬念式标题

悬念式标题用令人感兴趣而一时又难以答复的话作为标题，使读者由于惊讶、猜想而读正文。此类标题具有趣味性、启发性和制造悬念的特点，并能引发正文作答，如《你所不知的三星内幕》《不得不说的秘密——苹果的秘密》。

（七）对比式标题

对比式标题通过对同类商品的对比，突出该产品的独到之处，使消费者加深对产品的认识。但有关广告条例规定，不能直接指对方名作对比，因此，对比时采用泛比为宜。例如，某百货公司的平面海报广告《思想的天使，肉体的魔鬼》，用的就是这种形式，虽然不是网络文案标题，但是也给我们很大启发。

（八）寓意式标题

寓意式标题主要是利用比喻的修辞方法，使标题增加新意，加深人们的印象。这种标题形式上处处为消费者着想，容易引起消费者的好感。

（九）热门式标题

热门式标题契合网络文化，联系网络热门事件、热点话题或者网络流行语。现在流行的网络用语都可以借用，但是要记住的是一定要关联文章主题，否则就是“标题党”了。

四、论坛帖内容创作的形式

标题设计好之后，重点就要打造论坛帖的内容了。在网络传播中应以内容为王，具体如何操作，接下来进行阐述。

（一）故事式

故事具有比一般帖子更好的可读性，故事情节跌宕起伏就更好了。从情节中引出想要推广的产品，然后围绕产品进行一系列的描述，语言注意不要过于夸张，也要与故事环境一致。

（二）体验式

通过发帖人自身的经历，引出想要推广的产品。鉴于论坛帖的篇幅，中等篇幅就可以，重点突出要推广的产品。

（三）新闻式

新闻式被不少商家运用，主旨是利用人们对当前热点新闻和人物的关注，将产品融入其中，进行推广。人们关注这种热点，就可能“爱屋及乌”，关注相关事物。

五、论坛帖内容创作的技巧

（一）抓住热点、按需写帖

论坛上的跟帖最疯狂的莫过于三类：经验篇、创业财富篇、教程篇。所以写帖要抓住读者需求，注重引起共鸣的内容，做到有针对性、指向性地写。

（二）用查漏补缺法，变旧为新

对于那些陈词滥调、老生常谈的内容，不要人云亦云，要从别人忽略的细节出发，寻找差异化或新的突破点。

（三）用独特的视角变冷为热、变废为宝

关于美国淘金的故事有这样一种说法，多数淘金人没有淘到真金，然而卖水人却发了大财。所以要用心去发掘一些实用冷门题材，用独特的视觉来变冷为热、变废为宝。

（四）运用好拿来主义

在网络写作中有一种称为伪原创的方法，当然不是照搬原文，即以参照、模仿为主，用自己的语言和图片来组织文章，事实上是一种半原创。此法需注意把握好尺度，特别是涉及知识版权方面的问题。

知识链接

论坛帖的三种写作方法

一、软文帖

软文之所以叫作软文，精妙之处就在于一个“软”，好似绵里藏针，收而不露，克敌于无形，等到你发现这是一篇软文的时候，你已经掉入被精心设计过的“软文广告”陷阱。它追求的是一种春风化雨、润物无声的传播效果。

软文帖比硬广帖子的效果要好得多，通常以第三人的口吻写一篇帖子，然后在帖子中植入广告，可以推产品也可以推人。

二、发掘潜在客户帖

经常逛论坛的人就会知道，曾经有一段时间出现很多要求留邮箱的帖子（这种帖子至今也有人在操作），我们把这样的操作方式叫作发掘潜在客户帖。具体做法是先分析潜在客户需求，然后收集解决方法。

（1）帖子内留下载地址。发帖，帖子文案不要太长，内容也不要夸大，一定要真实，然后配一张截图，图片就是你自己整合的客户需求资源截图，最后贴一个下载地址。

（2）让潜在客户留下邮箱等联系方式。在最后注明“需要的可以留下邮箱”，你再用邮件方式发送给他。

（3）利用自动回复功能。现在使用的很多邮箱都是可以设置自动回复的，还有一些版本的 QQ 也是可以设置自动回复的。

（4）加 QQ 号、QQ 群、邮件列表、微信获取。加这些联系方式就属于数据库营销了，条件是要求潜在客户进你的数据库才能获取资源（如加 QQ、QQ 群、邮件列表、微信才能获取），当然，这种方式也是目前操作最广泛、最好用的。

三、直播帖

直播帖就是以论坛发帖的形式写些精彩的故事、个人生活经历或一个事件，从而引起大家的关注和讨论。当然，除了写故事、描述个人生活经历外还有一些其他的内容，如经验总结、产品评测等。

直播帖相比前面的那些论坛推广方法难度要大得多，不过效果也很好，这种帖子非常适合品牌推广，详细操作方法如下。

（1）找帖子素材。先确定帖子的类型，如经验分享、行业内幕爆料、事件讲述或跟踪、产品评测等。

经验分享类帖子的做法：先分析潜在客户共同的需求，然后找解决方法。举个例子，假如你是做中医脱发产品的，那么你可以从脱发的原因开始写起，然后根据原因再写出不同的治疗方法，其中需要植入产品信息。

产品评测类帖子的做法：还是以脱发产品为例，把产品和一些知名品牌的脱发产品放在一起做评测，评测时可以从产品成分、价格、客户使用感受等方面入手。

（2）发帖。一般直播帖就是把你准备好的帖子内容一段一段发出去，也就是一楼只有一段，目前在百度贴吧经常会看到这样的直播帖。

任务三 论坛营销的发帖技巧

扫一扫

配套微课

一、发帖论坛的选择原则

（一）目标精准

不同的论坛，不同的板块，访问的人群是不一样的。想让目标人群看到所推的内容，那么一定要选择与所要推广的内容或产品匹配的论坛，比如奶粉可以选择母婴、育儿类论坛，这样才能少花钱，办好事。当然有的企业预算高的话，可以扩大论坛范围，比如奶粉还可以投放到女性、生活、营养健康等论坛。但不是每个论坛都去推广，要有针对性。

（二）高人气和流量

体现论坛人气的数据有很多，如在线人数、帖子访问量、回复量、更新频率等，而且不同的论坛板块流量也不一样。

（三）论坛的 PR 值要高

在 PR 值越高的论坛里发的帖子，被搜索引擎抓取并排名在前的概率越大。如在网易等 PR 值高的大型门户发帖，被搜索引擎抓取并排名在前的概率就要比 PR 值低的小网站要高很多。网上有很多查询 PR 值的工具，当然也有简单的判断方法，比如知名度高的网站，一般 PR 值不会低。

二、发帖首期工作

发帖首先要注册账号。

（1）论坛注册账号时，注册时间要有间隔，不要一口气注册 10 多个账号，也不要用相同类型的账号，比 CC1、CC2 这种很容易辨识的账号。如果需要注册很多账号的话，申请的时候注意账号的区别性，要换过 IP 地址之后再重新在同一网站注册。

（2）论坛发帖推广的首要要求就是一定要注册一定量的论坛账号（比如 200 个论坛，每个论坛 3 个账号），防止被站长封号。另外，注册账号尽量是不同论坛，账号、密码要记牢。

（3）注册时尽可能地完善资料（事先用一个文档把企业的简介等材料准备好，便于注册），同时可以适当地上传一些企业信息，这样便于客户查阅。

（4）注册时一定要留联系方式。

三、发帖时期工作

（一）发帖的时间

总的来说，发帖的最佳时间是在大部分人都在上网的时间，故早上早会后、下午上班后一段时间、晚上这些时间段是网民浏览最多的时间，发帖可能会短暂地出现在首页。发帖的同时也要考虑到抓取和收录的时间。

（二）发帖的标题

论坛发帖要把标题设置好，一个好标题方便网民更容易搜到帖子。标题中一定要有关键词，如重庆400电话办理、重庆400电话申请（其中重庆是前缀，400电话办理申请是关键词）。并且，标题同时能体现文章的内容。

（三）发帖的内容

（1）有的帖子会被删，其原因可能有两种：一是文章含有敏感词；二是帖子一看就像是广告，论坛最讨厌的就是广告，所以言语要低调。有的论坛管理松，有的论坛管理严，所以发帖时要多加注意。帖子写好了，要经常去回复或者把主题页面网址复制下来发到群里让大家回复，找几个主题质量比较好的天天回复，时间长了就有效果。

（2）文章形成段落，段落里最好能体现关键词。另外，文章不能虎头蛇尾，头重脚轻，要平衡。不能二三十个字就是一个段落，要形成一篇完整的小文章。

（3）文章内容里面的关键词，重点内容可用加粗，或用其他颜色体现。

（4）文章的内容最好是原创。

（四）发帖后期工作

发表一篇帖子后，后期的工作就是要经常刷新。

四、论坛发帖的技巧

（一）帖子加快收录的技巧

我们经常说的“秒收”，即收录很快，其实都是有技巧在内的。一些自然收录的论坛基本都是10分钟左右收录，但是更多的论坛不会自然收录。为了追求效率，做好帖子后一般都是拿去“推广”。所谓的“推广”，就是拿帖子的链接去百度贴吧或新浪博客当一篇文章来发表，基本上发出去就会被收录了。做法就是，如在百度贴吧推广，就是写一篇文章，标题随意，内容是自己帖子的链接（地址），发表即可。

（二）一些人气高、比较正规的论坛

新浪、腾讯、网易、百度贴吧等发广告帖比其他论坛困难，就需要在发帖时注意

一些技巧。每个论坛需要的技巧不太一样，但都大同小异。

（三）定位论坛以及网站

发帖宣传的目的是推广产品的信息，不能盲目地在任何网站上或板块上发帖，根据所推广信息的类型选择具有相关性的网站或者板块发帖才能达到效果。例如，推广一个科学的资源，去一个购物或者小说类型网站发帖的话，相关性太弱，很容易导致论坛版主的删帖及封号处罚。

（四）发帖内容多样

一个论坛不必短时间内大量出现相关链接和帖子，关键是长时间持续所发的帖子出现在首页。这就需要对发帖进行有计划性的统筹安排。

（五）了解发帖规则

每个论坛的发帖规则都大同小异，不要违反论坛版主的发帖规则，违反了的后果只有被删。发帖前先了解规则很重要。

（六）中转地址的运用

中转地址，简单来说就是把要推广的域名转换成适合在某个特定论坛发布的地址。很多地方放链接的形式不一样，比如百度贴吧最好放百度短地址中转，还有新浪微博、网易微博等，中转地址的作用很大，需要大家灵活利用。

（七）掌握论坛区域性差别

全国性综合论坛跟地方性论坛是有区别的，板块多、版主多，责任明确，管理到位。但是也为论坛发帖推广提供了便利，板块版主不同，那么不同板块就可以重复发帖，一般不会被删除，当然也得注意发帖量。

（八）及时总结

发帖一小段时间后一定要及时总结，总结哪些论坛、板块对发帖管理相对宽松，哪些论坛删帖力度大，以后再在论坛发帖推广时，有比较明确的目标，会提高帖子的存活率。

案例

小米社区官方论坛

论坛的传播属性是一对多，但论坛的即时性没有像微博那样快，同时在信息编辑推荐上类似门户网站，但有版主的人工介入，更容易沉淀信息。小米社区官方论坛的作用更多的是沉淀老用户，通过小米社区官方论坛将“米粉”进行整合，交流小米手机使用心得，发布各类小米手机的信息，举办各类活动，从而提升用户的黏性，培养大批的小米手机忠实用户。

该论坛身为小米粉丝交互的主要平台，是小米企业进行顾客维护的保障，用户可以围绕小米手机写出大量的内容：可以吐槽小米手机的某些缺点；可以分享小米手机的刷机历程；寻找小米手机应用技巧以及相关问题解答；可以发起酷玩小米手机的种种活动。针对复杂问题，小米论坛也有强大的技术团队予以处理，米粉能够分享应用感受、参与商品优化与设计等，当客户能够从消费者转变为设计者，则潜存米粉也就转换成主体粉丝。

多年迭代发展，小米论坛从最初的一个工程师发展到现在庞大的工程师团队，从几十个用户发展到几千万的注册用户，从几百条的发帖量增加到现在超过两亿条的发帖量。

任务四　论坛营销的回帖技巧

扫一扫

配套微课

一、回帖的含义

回帖指的是对论坛上已经发布的帖子进行回复，也是对对方发帖的一种尊重和支持。好的回帖主要包括把对方的帖子以一种客观的方式表达出来，这种评价要中肯、真实，能够指出发帖者所发帖子的一些不足和缺陷。往往回帖者比发帖者更加令人尊重，因为无论是善意的批评还是真心的赞美，都是对发帖者辛苦发帖的一种无形的支持，是一股动力。

二、回帖的方法

回帖是论坛营销中非常重要的工作，不当的回复就有可能毁掉前面精心撰写和发布的帖子，下面就来谈谈回复帖子的基本方法和原则。

（一）遵守规则

核心板块也是规定最多的板块，一不小心就会被删帖，所以要非常小心。版主不会怜惜区区一个小帖子，因为对于这种热板块来说，版主的工作几乎就是删帖。所以，在回复帖子之前一定要认真阅读每个论坛板块的规则。

（二）常发原创帖

常发高质量的原创帖的好处是不仅用户喜欢，而且搜索引擎也喜欢，所以对于大型论坛里面的原创文章和帖子，搜索引擎很快就能收录，里面的网址也会很快被收录，对于 SEO 也有一定的帮助。举个例子，论坛里面的帖子，只要是原创帖，在半个小时内肯定能被百度收录，这样加大了被用户看到的可能性。

（三）回复别人的帖子

回复别人的帖子也是有技巧的，首先要看那篇帖子有没有意义。如果是垃圾帖，看都不看就回复“好帖”，效果一定很糟糕。对质量高的帖子或者论坛管理人员发的帖子认真回复，并且回复的内容中加一些赞扬的话语，一定会收到意想不到的效果，这也是建立良好人际关系的基础。

三、回帖的技巧

很多人只重视对发帖技巧的研究，而忽视了对回帖技巧的探究。这可能是对发帖和回帖所能带来的效果理解偏差造成的。其实，发帖和回帖在论坛上都同等重要，下面对回帖技巧进行了总结。

（一）放正心态

回帖首先要有一个良好的心态，这同时也是展现自我的平台，千万不要心浮气躁草草了之，一定要认真看帖、好好回帖，经典的回帖会引起更多人的关注。

（二）回复热门帖

论坛的帖子多如牛毛，选择回复的时候最好选择热门的。热门的东西本身就具有较强的社会影响力，人们打心底里更爱关注和接受这些东西。在这里回帖能增加曝光率，同时更能增强效果。

（三）内容相关性

回帖一定要注重内容相关性，如帖子说的是买衣服，回帖讲吃饭，驴唇不对马嘴，这肯定是不行的。为了提高推广效果，必须选择相关论坛下内容相关的板块，相关板块下相关的文章，相关的文章下回复相关的帖子。只有在这样一一对应的情况下才能起到更好的传播效果。

（四）回复有价值的内容

从回帖的内容来看，有很多像“顶”“好”“路过”“支持”“来学习一下”等，这些没有内容价值的回复根本就不会起到很好的作用。网友对这样的回复是比较反感的，不会把时间浪费在这些无用的信息上。提供有价值且富有可读性的内容，不仅能增加客户的兴趣，还会引起网友们的更大关注，对推广能起到双赢的效果。

（五）多培养几个高级账号

多培养几个高级账号，这样回帖时出现需要审核的情况会比较少，而且账号级别越高越能在论坛各板块中进行回帖，更能起到自如回帖推广的效果。

（六）抢楼主风头

大部分回帖都是“沙发”永远在上，因此最好能抢到“沙发”或者“板凳”。如果不是，回复的时候只回复有一定主题意义的帖子，最好能根据楼主的帖子为自己的推广产品巧妙地打广告，引发关注，可谓是“站在别人的肩膀上”宣传自己。

（七）自己顶帖技巧

所谓自己顶帖，就是自己回复自己的帖子。顶帖的两个作用：其一是把自己沉下去的帖子，顶到首页，让更多网民看见；其二，自己跟自己对话，在网友面前唱独角戏，起到一些独特的效果。

顶帖比发帖更讲究经验和实践。特别是热门板块，所有的帖子都想占据前10位。一般的论坛都是按照发布时间和回复时间进行排序，如果两天前的帖子，现在被顶一下，仍然可以到第一位，所以很多论坛营销的高手大多数时间不是在发帖而是在回帖。但是回帖最好不要用发帖账号来回复，回一次两次没关系，回多了就被认为是作弊了。最好的方法是换几个“马甲”或换一个IP，每当帖子下来的时候，可以适当地顶一下。不要以为顶帖就是把简单地把帖子顶起来就行了，讲究的是怎么有效率地顶帖。首先要知道不同板块的刷屏的时间段，不同刷屏时间段的板块的帖子需顶帖的次数也不同。一般来说，热门板块的帖子一天顶3～5次，普通板块的一天顶1～2次就够了。

众所周知，很多网友怕发的帖子是病毒，而不敢去点，很多帖子也因此被版主删除了。所以发了新的宣传帖，最好用另外的“马甲”去回复，说这个帖子里面宣传的素材是可以看的，如很精彩啊、谢谢楼主等。这样其他网民再进来看时，看到已经有人看过了，而且评价还这么高，大多数人就会放心地点击了。

素养课堂

营造清朗自媒体平台网络空间

2023年3月，中央网信办发布《关于开展“清朗·从严整治‘自媒体’乱象”专项行动的通知》，按照2023年“清朗”系列专项行动计划，中央网信办开展了为期两个月的“清朗·从严整治‘自媒体’乱象”专项行动。聚焦社交、短视频、网络直播等类型重点平台，针对“自媒体”造谣传谣、假冒仿冒、违规营利等突出问题，坚决打击，从严处置，营造清朗网络空间。

（一）坚决打击“自媒体”发布传播谣言信息、有害信息和虚假消息

1. 打击“自媒体”造谣传谣

一是编造虚假事件、离奇故事，臆造案事件原因、细节、进展或结果，无中生有制造谣言。二是集纳旧闻旧事冷饭热炒，使用异地新闻嫁接拼凑，选取无关人物、图片、音视频恶意关联，移花接木制造虚假消息。三是打着“国学经典”“红色文摘”等旗号，杜撰老一辈革命家诗词或者言论。

2. 打击“自媒体”炮制有害信息

重点是搭蹭公共政策、宏观经济形势、重大灾难事故、社会热点事件等，断章取义歪曲解读、颠倒是非抹黑攻击、渲染悲情煽动对立，制造损害党和政府形象、干扰经济社会发展的有害信息。

3. 打击“自媒体”恶意炒作

通过搬运倒灌、“标题党”炒作、集中发布相似文案、多账号联动发文等手段，对明知或应知为谣言、虚假消息、有害信息仍肆意传播的行为。在谣言、虚假消息已被澄清，有害信息已被查实的情况下，仍盲目跟风、人云亦云，搬运散播谣言、虚假消息、有害信息的行为。

（二）坚决取缔假冒仿冒官方机构、新闻媒体和特定人员的“自媒体”

1. 取缔利用账号名称信息假冒仿冒的“自媒体”

一是在名称、头像、简介等账号名称信息中，使用相同或相似名称、标识等，假冒仿冒党政军机关、事业单位、新闻媒体的“自媒体”。二是在账号名称信息中擅自使用县级以上行政区划地理名称、误导公众的“自媒体”。三是通过更改账号名称、修改个性签名、新设用户头像等方式，冒充官方机构、新闻媒体工作人员及其他特定人员的“自媒体”。

2. 取缔利用信息内容假冒仿冒的“自媒体”

一是谎称所谓热点事件当事人、亲友或相关人员爆料案事件线索细节、求救信息等内容的“自媒体”。二是篡改、截取官方新闻发布会、通报等部分内容，制作发布假通报等信息的“自媒体”。三是在直播间或短视频背景中假借与电视新闻节目相同或相似布景的“自媒体”。

3. 取缔无专业资质假冒仿冒的“自媒体”

无教育、司法、医疗卫生等领域资质，擅自使用“教师”“教授”“律师”“医生”“医师”等称谓假冒仿冒专业人士，发布育儿、教育心理学、法条解读、案件剖析、医学知识科普、疫情形势解读等专业领域信息的“自媒体”。

（三）全面整治“自媒体”违规营利行为

1. 从严整治“自媒体”蹭炒热点吸粉引流

重点是“自媒体”通过不当评议、胡乱解读、片面曲解公共政策、社会热点事件获取热度，借机推销售卖商品、课程或服务，接受用户打赏，开通付费咨询，在直播间带货；打着探访、追踪、帮扶、救助等旗号，在灾难或事故现场、热点事件发生地、热点人物相关地等场地开设直播、拍摄视频，消费灾难，借势引流。

2. 从严整治“自媒体”造热点博流量

一是在重大案事件发生后以恶意揣测、散播阴谋论、关联集纳等方式挑动公众情绪、制造次生舆情。二是刻意选取民营经济、家庭矛盾、婚恋生育等高关注度话题，发布争议性、误导性言论煽动对立、撕裂社会共识。三是打造违背公序良俗的“励志网红”、低俗人设等，哗众取宠收割流量。

3. 从严整治“自媒体”利用弱势群体进行流量变现

一是哄骗、利诱老年人摆拍视频、开设直播，骗取网民点赞、打赏、捐赠等。二是欺骗、引诱残障人士，通过卖惨、恶搞、虐待等违法失德方式博取流量。三是罔顾未成年人身心健康，利用未成年人牟利。

自媒体平台不是法外之地，不允许自媒体平台成为某些人、某些企业违法牟取暴利的手段，广大用户、媒体和社会各界应该共同维护网络传播秩序，营造风清气正，积极向上健康有序的网络空间。

任务实训

论坛营销的实施

一、实训场景

一天，阿霞的好朋友阿雅突然在 QQ 上求助，她幸运地被聘为某商城的运营主管，但老板要求她在一个月内提高该商城的美誉度，将商城的有效注册用户由 100 人提升到 10 000 人。阿霞立刻想到了“论坛营销”，QQ 另一端的阿雅立刻行动了起来。

二、实训内容

（1）论坛互动与话题制造：需熟练掌握如何在论坛上注册多个账号并使用不同的 IP 地址进行操作，以模拟真实的用户环境；制造有吸引力的话题帖子；及时发现并处理负面信息，维护品牌形象。

（2）数据监测与分析：学会使用论坛提供的数据分析工具或第三方工具，实时监测帖子的点击量、回复量、参与 ID 数及传播量等关键数据；对收集到的数据进行分析评估，并根据数据反馈调整发帖策略。

（3）问答平台营销：在问答平台上注册多个账号，并模拟真实用户进行提问和回答；设计问答页面，传递产品信息和品牌价值，提高品牌曝光度和用户参与度。

三、实训目的

（1）掌握论坛营销的操作。

（2）掌握问答类平台营销的操作。

（3）提升诚信意识。

四、成果形式

（1）实训报告：概括实训过程中的主要活动，包括论坛发帖、问答平台互动等；总结实训的收获、遇到的问题及解决方案。

（2）数据报表：提供论坛帖子的关键数据，如点击量、回复量等；展示问答平台的互动数据，如问答的参与度、点赞数等。

（3）案例展示：挑选几个成功的论坛帖子和问答实例，展示其实施效果和用户反馈。

五、实训方法

任务驱动。

六、实训准备

联网计算机。

七、实训步骤

进行营销的需求分析，在确定卖点信息之后采取下列步骤开展工作。

步骤 1：打开 IE 浏览器，进入论坛，并用不同的 IP 地址注册成为多个会员。

步骤 2：选择“鞋帽箱包”板块，制造话题帖子，进行发帖。

步骤 3：通过发帖团队，进行互动设计，并及时处理一些负面的信息。

步骤 4：设计不同阶段的发帖方案及相应的手段。

步骤 5：监测数据，重点是点击量、回复量、参与 ID 数、传播量，做好记录。

步骤 6：打开 IE 浏览器，登录百度知道网，用不同的 IP 地址注册成为多个会员，至少 10 个；登录知乎网，用不同的 IP 地址注册成为多个会员，至少 10 个。

步骤 7：在搜索框中直接搜索防震箱包的关键词。

步骤 8：找到最新待解决的问题。

步骤 9：先用 A 账号提问，问题应该符合用户的搜索引擎，然后换其他账号换个问法。

步骤 10：团队合作，用其他账号进行回答问题，并在一周内将其中一个账号的答案设置为最佳答案。至少制造 10 个问答页面。

步骤 11：记录好地址，进行顶帖。

步骤 12：撰写项目总结。

八、实训评价

填写论坛营销实训评价表，见表 7-1。

表 7-1 论坛营销实训评价表

评价项目	主题帖的回复数（20%）	参与 ID 数（20%）	制作的问答页面数（20%）	转载量（20%）	职业素养（20%）
评价标准	A.100 条以上 B.70 条左右 C.50 条以下	A.40 个以上 B.25 个左右 C.15 个以下	A.20 个以上 B.10 个左右 C.7 个以下	A.100 条以上 B.70 条左右 C.50 条以下	A. 大有提升 B. 略有提升 C. 没有提升
分项得分					
总分					

说明：

1. 表格内按百分制打分。
2. 可以请合作企业专业人员、电商协会等机构专业人士担当第三方参与评分。
3. 各标准对应的分数范围：A.80～100 分；B.60～79 分；C.60 分以下。

任务测评

一、判断题

1. 论坛营销找到最佳卖点就是找到商品的亮点和特色。(　　)

2. 论坛的超高人气，可以有效地为企业提供营销传播服务。(　　)

3. 论坛营销的平台是论坛这种互联网产品，所以论坛营销的第一个要点就是选择恰当的推广平台。(　　)

4. 确定论坛帖的主题后，就要为其想一个让人感兴趣的标题。(　　)

5. 可通过发帖人自身的经历，引出想要推广的产品。(　　)

二、多选题

1. 论坛营销的操作步骤有（　　）。

A. 前期准备　　B. 锁定目标论坛

C. 了解目标论坛　　D. 结合特点准备内容

2. 发帖论坛的选择原则有（　　）。

A. 目标精准　　B. 高人气和流量

C. 论坛的 PR 值要高　　D. 知名度高的网站

3. 发帖的最佳时间是在大部分人都在上网的时间，(　　）这段时间是网民浏览最多的时间。

A. 早上早会后　　B. 下午上班后一段时间

C. 晚上　　D. 中午

三、简答题

1. 简述论坛营销的注意事项。

2. 论坛营销的回帖有哪些技巧？

3. 论坛帖标题创作有哪些原则？

4. 论坛营销有哪些方法与技巧？

5. 论坛营销有哪些操作步骤？

项目八 微信营销

学习目标

知识目标：

1. 了解微信营销的相关知识。
2. 熟悉微信营销的主要模式。
3. 掌握朋友圈的营销活动。
4. 掌握微信群的营销活动。

技能目标：

能够熟练进行微信公众平台的推广。

素养目标：

1. 培养学生尊重法律和消费者的意识，严格遵守社会道德与法律底线，促进学生成为模范的社会公民。
2. 通过微信公众号新媒体手段传播文化的便利性，培养学生创新设计思维。

案例导入

“小农女送菜”的故事

“小农女”是深圳的一个创业团队，一共有3个成员。成员们经过一番市场考察后，认为如果能把新鲜的蔬菜和微信营销结合起来，辅以奇特的创意和新颖的营销模式，一定能取得先声夺人的效果，生意肯定会红红火火。

既然是借助微信这个自媒体进行营销，那么绝对不能像传统的卖菜方式那样，租一处店面或者摆摊，而要转变观念，利用网络开展营销。同时，考虑到目标群体（白领阶层）的聚集地以及物流运输的便利，把送菜地点选择在深圳科技园附近。

为了能够迅速地打开局面，“小农女”团队成员进行了一系列的创意营销。首先在传单上下功夫。这是宣传的第一步，只有让人们记住，才能为下一步营销打下良好的基础。团队成员在二维码传单上别出心裁地印上“微信卖菜”四个字，标题是“小农女”网络服务团队。许多白领人士看到后认为很新奇、有想法，尤其在得知团队成员都是年轻有朝气的小伙子时，更是对“小农女”三个字的创意拍手叫绝，纷纷不由自主地拿出手机进行了扫描。

在公司刚开始运营时，为了扩大销售渠道，“小农女”团队成员决定每天推出 30 个特价单，采取零利润经营的方式让客户得到实惠，但前提是这些客户要把“小农女”卖菜的图文信息分享到微信朋友圈。这样操作一段时间后，公司的知名度大大增强。

为了能让客户愿意阅读自己的产品推介内容，“小农女”团队成员还在每日的菜品信息之外加入了保健养生、饮食人文的内容，这样一种不像广告的广告深受客户的喜爱，大家每天收到团队发送的广告信息也没有抵触情绪。可以看出，团队成员把广告宣传活动运营得天衣无缝。

“小农女”团队成员在蔬菜运输这一环节也下足了功夫。他们把新鲜的蔬菜送到客户的公司或者家里，这样省却了客户以往专程去买菜的时间，受到了众多白领人士的热烈欢迎。

如今的“小农女”卖菜团队每天都沉浸在忙碌的工作中，手机一天 24 个小时都保持开机状态。他们的微信用户在前一天晚上用微信预订下单，团队成员会在早上 5 点左右开始采购菜品，在下午 3 点以前完成对食材的装配包装，最后通过自建物流完成下午 4 点到 6 点的配送，方便客户下班后的使用。

任务一 微信营销概述

扫一扫

配套微课

一、微信的定义

微信是腾讯公司于 2011 年 1 月 21 日推出的一款通过网络快速发送语音短信、视频、图片和文字，支持多人群聊的聊天软件。

从微信用户的角度上看，微信是可以通过手机、平板、网页等跨通信运营商、跨操作系统平台的方式，快速发送免费的语音短信、视频、图片和文字的即时通信服务工具。同时，微信用户通过使用“朋友圈”“公众平台”等基于位置的社交服务插件就可以实现资源的分享；还可以通过“红包”“转账”等微支付功能快速完成支付、提现等资金交易流程。微信软件本身完全免费，信息通过网络传送，所以微信不存在距离的限制，即使是在国外的好友，也可以使用微信与其对讲。

从企业的角度来看，微信是可以进行组建微信群、分享朋友圈、二维码扫一扫等多样化的互动分享沟通功能，开展创意的营销推广、产品销售、粉丝群体构建和维护等活动，最终实现强化客户关系管理，提升用户参与体验的新媒体营销平台。

无论是作为应用程序还是作为服务工具、营销平台，微信以沟通为基础形成互动关系，并且通过互相交流来满足客户需求，微信显然成为移动互联网业态下的一种新的生活方式。

知识链接

微信平台相比传统网络媒介的优势

微信作为一款手机软件，与个人信息紧密相关，而智能手机能够随时随地上网，这是 PC（个人电脑）所做不到的。此外微信平台相比于其他网络平台在传播方面也具有显著优势。

1. 熟人网络，小众传播。作为一款手机社交软件能在短时间被大众所接受，一个主要原因就是其用户来源于已有的腾讯用户，同时微信还可以进行跨平台的好友添加，微信用户可以通过访问手机通讯录来添加已开通微信业务的朋友和家人。微信不同于其他类似社交平台的特点就在于其建立的好友圈中均是已经认识的人，建立起来的人际网络是一种熟人网络。微信的内部传播是一种基于熟人网络的小众传播，信度和到达率是传统媒介无法达到的。

2. 富媒体内容，便于分享。新媒体相比传统媒体的一个显著特点就是移动互联网技术的应用，通过手机等终端可以随时随地浏览资讯、传递消息，碎片化的时间得以充分利用，而微信在这方面可谓做到了极致。微信特有的对讲功能，使得社交不再限于文本传输，而是图片、文字、声音、视频的富媒体传播形式，更加便于分享用户的所见所闻。同时用户除了使用聊天功能，还可以通过微信的朋友圈功能，运用转载、转发及“@”功能来将内容分享给好友。

3. 微信公众平台，一对多传播。微信公众平台于 2012 年 8 月 17 日正式上线，通过这一平台，个人和企业都可以打造一个微信公众号，并实现和特定群体的文字、图片、语音的全方位沟通与互动。微信公众平台的传播方式是一对多的传播，直接将消息推送到手机，因此达到率几乎是 100%。已有许多个人或企业微信公众号因其优质的推送内容而拥有数量庞大的粉丝群体，借助于微信公众号进行植入式的广告推广，由于粉丝和用户对微信公众号的高度认可，不易引起用户的抵触，所以微信公众平台是企业进行业务推广的一种有力途径。

4.LBS（Location Based Services），基于地理位置的服务。与定位相关的各类服务系统，简称“定位服务”，它包括两层含义：首先是确定移动设备或用户所在的地理位置；其次是提供与该位置相关的各类信息服务。较于传统网络媒体，微信的地理位置服务是一大特色，“查找附近的人”“摇一摇”等功能均是以 LBS 为基础。微信可通过手机 GPS 服务获取用户的地理位置信息，用户在分享最新动态时勾选地理位置，好友便能看到其所在地，而地理位置是商家进行精准营销的重要信息。

5. 便利的互动性，信息推送迅速。微信作为一款社交软件，其便利的互动性是区别于其他网络媒介的优势所在，尤其是微信公众平台中，用户可以像与好友沟通一样来与企业公众号进行沟通互动。企业通过微信公众号可以即时向公众推送信息，迅速更新。如微信公众号中做得比较成功的“艺龙旅行网”会根据季节和天气状况向用户推送适合前往的旅游地区，用户可以直接回复，咨询旅游区的酒店预订情况，这些在其他网络媒介中是难以做到的。

二、微信的功能

（一）添加好友

既然微信是一款社交软件，首先要做的就是找到志趣相投或是有缘分的好友，为此，微信提供了非常丰富的添加好友的功能。点击“通讯录”中“新的朋友”的选项，接着点击“添加朋友”选项，就能看到多种找朋友方式。

如果你已经知道对方的微信号、QQ 号或者是手机号，那么就可以直接输入号码添加好友。当然，如果你想批量将好友加入联系列表，则可以使用“从 QQ 好友列表添加”和“从手机通讯录列表添加”，这样 QQ 好友和手机通讯录中的开通了微信的好友就能被成功加为微信好友了。

为了更广泛地交友，微信还准备了“附近的人”和“摇一摇”功能，通过前者可以搜索到你附近正在使用微信的人，通过后者所查找的人则是与你一同摇晃手机的微信用户，你可以申请加他们为好友。

如果想关闭通过“附近的人”查找，首先点击“我”，接着点击“设置”，点击“通用”打开通用界面，点击“发现页管理”，可以看到“附近的人”处于打开状态，这里选择关闭即可。

（二）聊天功能

微信聊天功能包括私聊和群聊。私聊是与某一位好友之间的聊天；群聊就是多个好友在一起聊天。在微信“通讯录”窗口点“群聊”，然后点击右上角的“+”号，进入通讯录添加多个好友进行聊天。在聊天过程中，点击聊天窗口的右上角，还可以随时添加新的好友来一起聊天。

不管私聊还是群聊，在聊天过程中，除了可以发送最基本的文字信息，按住话筒能发送语音信息，还可以发送表情、图片、视频、地理位置和名片，多媒体的互动非常丰富。微信还支持视频聊天功能。在与好友聊天时，在“+”号里就能找到“视频通话”的选项，点开它就可以进行视频聊天了。

（三）微信支付与提现

微信支付是集成在微信客户端的支付功能，用户可以通过手机快速完成支付流程。微信支付以绑定银行卡的快捷支付为基础，向用户提供安全、快捷、高效的支付服务。

用户只需在微信中关联一张银行卡，并完成身份认证，即可将装有微信 App 的智能手机变成一个全能钱包，之后即可购买合作商户的商品及服务。用户在支付时只需在自己的智能手机上输入密码，无须任何刷卡步骤即可完成支付，整个过程简便流畅。

微信还可以将微信钱包里的零钱转到银行卡，依次点击“支付”“钱包”“零钱”，在“我的零钱”界面可以看到“充值”和“提现”功能，点击“提现”，选择提现的银行卡，输入提现金额即可完成。

（四）朋友圈分享

在微信“发现”中有一个叫作“朋友圈”的功能，其实它是一个分享平台，大家可以把自己喜欢的图片上传，并配上文字，这样你的好友就都可以看到你分享的内容了，你也可以对别人的图片或文字进行点赞和评论。

（五）公众平台

微信公众平台是腾讯公司在微信基础平台上新增的功能模块。通过这个平台，每个人都可以用一个 QQ 号码，打造自己的一个微信公众号，并在微信平台上实现和特定群体的文字、图片、语音的全方位沟通、互动。微信公众平台分订阅号、服务号和企业微信，利用公众账号平台进行自媒体活动，简单来说就是进行一对多的媒体行为活动，如商家通过申请微信公众服务号的方式，利用平台二次开发接入微信会员云营销系统，实现展示商家微官网、微社区、微会员、微推送、微支付、微活动、微报名、微分享、微名片等功能，还可以实现部分轻应用功能。

（六）微信网页版

微信网页版指通过手机微信的二维码识别功能在电脑网页上登录微信。微信网页版能实现和好友聊天、传输文件等功能，但不支持查看“附近的人”以及“摇一摇”等功能。

QQ 浏览器微信版的登录方式保留了网页版微信通过二维码登录的方式，但是微信界面将不再占用单独的浏览器标签页，而是变成左侧的边栏，这样方便用户在浏览网页的同时使用微信。

（七）其他功能

（1）购物：微信购物里有京东商城、拼多多等。点击微信中的“服务”，就能看到购物消费的页面。

（2）游戏中心：可以进入微信玩游戏。

（3）QQ 邮箱提醒：开启后可接收来自 QQ 邮箱的邮件，收到邮件后可直接回复或转发。

（4）群发助手：通过群发助手把消息发给多个人。

（5）流量查询：微信自身带有流量统计的功能，可以在设置里随时查看微信的流量动态。

（6）账号保护：在“我”的栏目里进入“设置”，点击“账号与安全”，可进行安全设置，启动账号保护机制。

三、微信营销的概念和特点

（一）微信营销的概念

微信营销是网络经济时代企业对营销模式的创新，是伴随着微信的迅猛发展产生的一种网络营销方式，是社会化媒体营销中运用非常广泛的手段之一。

具体来说，微信营销是基于微信进行的营销，包括销售、公共关系维护、品牌形象塑造、客户服务等一系列营销形式。只要注册有微信账号的用户都可以进行微信营销，因为一旦成为微信用户，就意味着与所有已经注册的人形成某种联系。这种联系就犹如一张大网，一方面可以在他人的平台上订阅自己所需的信息、享用自己所需的服务，另一方面也可以为对方提供相关的信息和服务，从而实现互动式的双向营销。

案例

从伏牛堂看餐饮人如何玩转微信营销

湖南米粉作为湖南人的最爱，在过去的100年间一直存在散、小、乱和走不出湖南的问题。2014年，伏牛堂一改过去的问题，在北京仅用2年时间，就从一个4人团队发展到拥有10家门店，年营业收入近亿元的企业。这些都是如何做到的？

1. 用微信精准定位人群

在伏牛堂开业前期，张天一找了大约50个朋友，要他们通过微博搜索“湖南＋北京”这样的关键词并关注40～50个这样的用户，目的是找寻在北京的湖南人。然后再找他们线下见面，内测米粉。花了两个月的时间，他们共建了7个以湖南人为核心的微信群，积攒了近2 000个高质量顾客。有了这批初始顾客，也便有了30多平方米的小店，用4天卖出14 362碗米粉的壮举。

2. 微信群要有自己的符号

微信营销如果没有一个能够激发共鸣的情感符号，建立的微信群就会变得毫无意义。所以在建立微信群时，要树立一个能够吸引你想吸引的目标用户的价值符号，而且这种价值观还得代表一种正能量。伏牛堂设计了一个以湖南人乡土情结为核心的“霸蛮”符号，试图将“霸蛮”打造成年轻人信仰的一种“图腾”，让年轻人内心充满不服输、做自己的信念，成为最有力量感、最“霸蛮”的人。

3. 要懂得分析顾客结构

当微信人数达到一定数量的时候，就要对顾客进行定性分析和定量统计。伏牛堂的主体顾客是湖南人，女性占到70%以上，“85后”也占到70%，还有大部分是学习者、白领社群。张天一据此将社群成员分成若干兴趣小组，对接了1 000个志愿者，让他们每周开展线下活动。

此外，伏牛堂开展了直播、软文、微信发布会、校园“牛肉粉创业”等促销活动，2014年张天一写了《我硕士毕业为什么卖米粉》的软文，发到2 000人的微信群里，半小时微信朋友圈转发量达到了1 350次。这2 000个初始顾客不仅为张天一带来了客流，还为其品牌传播起到了功不可没的作用。

2018年4月8日，品牌由“伏牛堂”更名为“霸蛮”，品类名称为“牛肉粉”，并配合新品牌名称启用全新Logo 。2020年，霸蛮凭借“线上电商＋新零售＋外卖O2O+线下连锁体验店”的无界餐饮模式，成为首个入选哈佛大学商业案例研究库的中国快餐品牌。2021年，霸蛮在抖音开“创客计划”发布会，宣布开启餐饮扩张2.0时代。2021年7月，霸蛮完成亿元C轮融资 。

伏牛堂（霸蛮）通过聚焦微信，强化粉丝群体的维护与经营为业务导流，为业绩“刷单”，从而使得一个地方的饮食文化，在没有任何积累的情况下，凭借微信的力量，在餐饮界刮起了一场龙卷风。它不仅解决了学习者创业难的问题，也帮助中小企业营销走出了困境。

（二）微信营销的特点

微信营销作为一种新型的营销方式，有很多自身的特点，是以往纸媒、传统网络营销方式所不具备的。这些特点集中体现在以下四个方面。

1. 营销形式灵活多样

微信是一个可以实现多功能营销的平台，且不同的功能各具特色，能达到不同的营销效果。如通过朋友圈发布文字、图片，通过微信群实现一对一或一对多的互动，通过二维码添加朋友，通过公众号发布文章等。

2. 传播更精准

微信沟通模式是点对点的沟通，从社会学角度看，代表着一对一的强关系，具有私密性，可使每条信息都能一对一推送，这对营销而言就意味着可以获得大批的精准客户。微信营销的精准性还表现在：作为连接一切的入口，可使相关产品和服务能直接与客户需求对接，直接或间接地带动多行业的升级。

3. 互动更及时

互动的双方可进行文字、图片、音频等多种形式的沟通，有利于信息的高效传递。之前的微博、博客其实也具有较强的互动性，但缺点是无法即时送达。大多数时候只是一方向另一方的延时传递，如果不天天守在计算机面前很难做到即时反馈。而微信就不一样了，无论对方在哪里，只要带着手机就能够轻松地收到信息，完成整个沟通过程。

4. 强有力的关系网

微信点对点的产品形态注定了其能够通过多层面的互动将人与人之间的关系拉得更近，与用户建立起牢固的联系，形成强有力的关系网，从而带动产品更大范围、更快速度地传播、推广与销售，为用户答疑解惑，提供信息和服务，甚至娱乐。微信让企业和更多的消费者逐步形成了一种强关系。企业用一切形式与消费者形成朋友关系，因为谁都可以不相信陌生人，但不会不信任自己的“朋友”。当朋友越来越多，越来越稳固时，传播面就会越来越广。

随着微信的普及，微信用户的增多，微信用户之间的关系越来越紧密，这也为微信营销奠定了坚实的用户基础。

四、微信营销的价值

（一）刺激产品销售

这是微信营销最基本的价值。不论是基于熟人经济的微商，还是基于个人品牌效应的微店，“人”都成了新的商业入口。通过个人微信的朋友圈发布产品信息，用微信聊天为买家提供咨询沟通服务，用微信支付功能完成付款……就这样实现了“社交电商”。

（二）输出个人品牌

以微信为代表的社交软件的出现，让个人可以成为传播载体。人们能够在社交软件上展示自己鲜明的个性和情感特征，在符合大众的消费心理或审美需求下，成为可转化为商业价值的一种注意力资源。

（三）维护客户关系

微信是人与人之间便捷沟通的一种手段。如果由于业务关系添加了很多客户的微信好友，通过聊天联系或朋友圈互动，就有了与客户加深情感连接、让客户有进一步了解你的机会。

五、微信营销的优势和劣势

（一）微信营销的优势

不少企业和个人都从微信营销中尝到了甜头，微信营销的发展前景也非常广阔。相对于一些传统的网络营销，微信营销具有下列优势。

1. 微信营销具有庞大的用户基数

根据腾讯财报披露的数据，2023 年微信月活跃用户数已突破 13 亿；2023 年第三季度微信小程序单季交易额达到 1.5 万亿元。以 13 亿社交用户为基础，以小程序为载体，加之支付、广告营销、视频等各类内容流量互动，直播乃至搜索入口等服务功能完善，微信商业化步伐明显提速。伴随着微信商业化生态的发展，广告、支付等业务受到了直接的拉动作用。毫无疑问，微信已经成了当下最火热的互联网聊天工具与商业圈。

2. 信息交流的互动性更加突出

虽然前些年火热的博客营销也有和粉丝的互动，但是并不及时，微信具有很强的互动及时性。无论你在哪里，只要带着手机，就能够很轻松地同客户进行很好的互动。小程序的发展趋势是越来越智能，提供更多个性化服务，如人工智能聊天机器人、智能客服等；涵盖更多行业和领域，如教育、医疗、金融等；提供更多社交功能，如社群、评论、点赞等；提供更多数字化服务，如数字商品、数字化会员卡等；与其他平台和应用程序进行整合和对接，如与第三方支付平台对接等。

3. 稳定的人际关系

有这样一种说法："微信 1 万个听众相当于新浪微博的 100 万粉丝。"这种说法虽有点夸张，但仍然有一定代表性。在微博中，僵尸粉丝和无关粉丝很多，而微信的用户却一定是真实的、私密的、有价值的。微信关注的是人，人与人之间的交流才是这个平台的价值所在。微信是基于信任的朋友圈强关系营销，能够使营销转化率更高。

4. 方便的信息推送

微信公众账号可以经过后台的用户分组和地域操控，完成精准的信息推送。一般公众号可以群发文字、图片、语音、视频内容，认证的账号则有更高的权限，不仅能推送单条图文信息，还能推送专题信息。

（二）微信营销的劣势

1. 微信二维码安全问题值得关注

二维码安全问题越来越成为关注的焦点。如果二维码被有心之人利用，加入一些有害的东西，甚至是病毒进去，那么将对用户手机安全和隐私带来极大的隐患。

2. 形成“骚扰”式垃圾信息

微信虽然推出了分组分地等功能，但实际上公众平台账号无法针对每个用户提供个性化推送。由此衍生的问题是，微信推送的“精选”消息，能在一定程度上满足部分用户的差异化要求，而对于另一部分用户而言，商户发来的消息，有可能成为“骚扰”式的垃圾信息。

3. 缺乏可量化的数据指标

在可量化的数据指标上，微信缺乏微博“转发”“评论”“热度”“影响力”等指标。

任务二　微信营销模式

扫一扫

配套微课

一、微信朋友圈营销

在微信朋友圈经常会看到朋友分享的内容，所以有的人就通过加好友在朋友圈发软性文章做推广。微信目前限制好友数量的上限是 5 000 人，假如你拥有 5 000 个好友的话，就相当于拥有了一个活跃度很高的微信账户。朋友圈营销倾向于个人，用来向朋友卖货，因为通过“熟人”关系的购买率十分高，也被称为“熟人经济”。微信可以将手机应用、PC 客户端和网站中的精彩内容快速分享到朋友圈中，并支持网页链接方式打开。优点在于交流比较封闭，口碑营销会更加具备效果；缺点是圈子的人数不够。这种方式适合于口碑类产品或者私密性小产品。

二、微信群营销

当前，很多企业都会将老客户按照一定的属性组建微信群，然后在群里发送营销活动海报、链接等相关信息，开展定期或不定期的营销活动推广，同时回答客户的咨询和疑问，处理售后相关事宜，增强老客户的体验感和满意度。

三、微信公众号营销

不管是企业还是个人都可以开通微信公众账户，通过微信公众号推送文章和提供用户需要的服务。微信公众号营销模式更倾向于企业，用来做品牌和推广，维护老客户，吸引粉丝，发掘新客户。对于大众化媒体以及企业而言，如果微信开放平台＋朋友圈的社交分享功能的开放，已经使得微信作为一种移动互联网上不可忽视的营销渠道，那么微信公众平台的上线，则使这种营销渠道更加细化和直接。

企业通过微信公众平台，可以实现大量微信群发，有利于扩展品牌的影响力。微信公众平台主要功能体现在：消息群发、自动回复、一对一交流、运营数据采集分析和用户管理。企业通过后台对用户进行分组和地域控制，可以实现精准的消息推送。普通的公众账号，可以群发文字、图片、语音三个类别的内容，并能通过后台页面，根据“被添加”“消息”“关键字”三种情景设置自动回复内容。在推送信息内容时可以进行引导式的信息回复，通过设定好的信息内容回复给用户，实现针对性地解决顾客需求；也可以通过电子用户姓名，跳转到与这个用户一对一沟通的页面，从而实现实时地与用户互动。微信公众平台还可以实现对数据的采集分析，通过首页显示的过去 7 天平台的曲线图概况，包括订阅人数的变化、接收信息的数量，实现对用户的管理。根据客户的不同，可以将客户分为“默认组”“屏蔽组”“星标组”三个固定分组，不能删改，但可以按照个人需要创建不同的组别，在推送信息时根据不同的分组进行消息群发。在运营公众平台的时候，建议进行微信认证，因为经过认证的微信公众账号优先排名。

企业通过在微信公众平台上建设企业的网站进行互动和品牌推广，微网站可以将企业信息、产品服务、促销信息、市场活动等通过微信直接展示给用户。微网站完全打通微信个人账号、公众平台的互动交流、客户管理，能够实现病毒式增加精准粉丝，甚至可以实现自动成交系统。作为标准的手机网站，微网站优先被百度收录，能优化在手机搜索引擎的排位，从而引来更多的精准客户，这些客户又可以通过加微信实现微信交流。微网站符合手机操作浏览习惯，实现一键拨打、一键关注微信、一键分享、一键地图、一键询价、一键留言等功能。这些能给用户带来优惠或者利益的互动活动，还能引导用户到线下实体店进行消费，从而达到营销的最终目的。

四、微信广告营销

微信针对中小企业推出了广点通业务，即开通账户后，可以在微信公众号文章底部插入用户的产品广告链接（见图 8-1）。对于有实力的企业来说还可以尝试投放朋友圈广告（见图 8-2）、微信群广告等。

五、其他微信营销模式

（一）查看附近的人

微信中基于 LBS 的功能插件“查看附近的人”可以使更多陌生人看到这种强制性广告。用户点击“查看附近的人”后，可以根据自己的地理位置查找到周围的微信用户。在这些附近的微信用户中，除了显示用户姓名等基本信息外，还会显示用户签名档的内容，所以用户可以利用这个免费的广告位为自己的产品打广告。

营销人员在人流最旺盛的地方后台 24 小时运行微信，如果“查看附近的人”使用者足够多，这个广告效果也会不错。随着微信用户数量的上升，可能这个简单的签名栏会变成移动的“黄金广告位”。

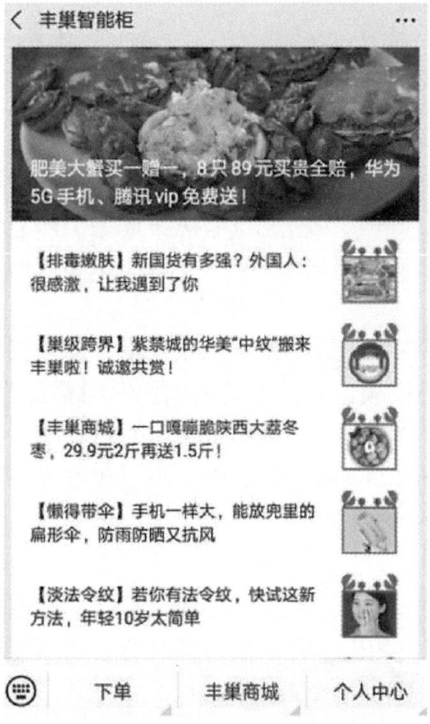

图 8-1　企业微信公众号广告

图 8-2　微信朋友圈广告

（二）扫一扫

二维码是企业的标志性象征，就如同企业签名一样，如果能够很好地利用起来一定会有好的效果。对于扫二维码的方式，粉丝们普遍比较认可，不仅时尚，也更方便，用手机扫一扫就能够出现产品的相关信息。商家们大可以利用这一点来做文章，让粉丝主动地把二维码分享到朋友圈里，吸引更多的粉丝参与，造成一传十、十传百的口碑效应。二维码发展至今，其商业用途越来越多，所以微信也就顺应潮流结合 O2O 展开商业活动。如将二维码图案置于取景框内，微信会帮你找到好友企业的二维码，然后你就可以获得成员折扣、商家优惠或者一些新闻资讯。

任务三　微信朋友圈营销

扫一扫

配套微课

微信朋友圈指的是腾讯微信上的一个社交功能，用户可以通过朋友圈发表文字和图片，同时可通过其他软件将文章或者音乐分享到朋友圈。用户可以对好友新发的照片进行“评论”或点“赞”，用户只能看到好友的评论或赞。

一、朋友圈的功能

（一）基础功能

1. 图片动态

微信朋友圈可直接发布图片动态。图片可以选择拍照或者从相册中选取，一次最多可以分享 9 张图片。但图片发布出来后会有压缩，不同平台的压缩比率不同。通常来说，iOS 下发布的图片清晰度高于其他平台。发布图片的同时可以配上文字说明。

2. 小视频

微信朋友圈可以在选择发布内容的时候，选择拍摄小视频发布分享。朋友圈中显示的小视频默认自动播放，但无声音。点击小视频进入单独播放画面时可播放声音。在微信设置中可以关闭小视频的自动播放以节省流量。小视频也可以通过在聊天列表界面下拉直接拍摄发布，以达到快捷分享的目的。最新版微信中，小视频已支持拍摄后暂时保存稍后发送，但发布后的小视频无法转发或收藏。

3. 纯文字信息

长按发布朋友圈的相机图标，可以进入发布纯文字动态的界面。纯文字动态支持保存最近一次的草稿，上次编辑未发送或者清空的内容在下次打开时会自动恢复。纯文字动态无法被转发或收藏，不支持位置标示、分组查看和 @ 某人。

4. 网页和链接

微信朋友圈支持其他应用的分享。其他应用可以通过接入微信的分享端口，在应用内部直接分享内容到朋友圈中。分享到朋友圈中的内容以链接形式存在。音乐类应用分享的歌曲可以在朋友圈中点击播放图标直接播放而无须打开链接。

5. 评论和点赞

朋友圈分享可以评论和点赞。自己发表的评论可以随时删除，点赞再点击一次可以取消。每条消息只能进行一次点赞操作。朋友的朋友圈下的评论只有共同好友时才可以看到。

（二）高级功能编辑

自己的朋友圈分享可以随时删除；图片和链接可以收藏和转发；收藏支持标签管理。图片还可以编辑权限为“仅自己可见”。

1. 拉黑

朋友圈支持“不看他”与“不让他看我”。

iOS 版本中的设置方法如下：

（1）点击底部栏中的“通讯录”图标。

（2）点击想拉黑的人。

（3）这时候就会弹出菜单，选择“朋友权限”命令。

（4）之后就可以进行设置了。可以选择“仅聊天”（他将无法看到你的朋友圈内容）和“不看他”（你将无法看到他的朋友圈信息）。

可以在联系人资料页点击右上角的“…”按钮进入拉黑设置，添加新好友时也可以直接设置。

2. 分组

朋友圈支持分组分享。在发送图片和小视频时可以选择“谁可以看”，其中可以选择已经创建的分组，将朋友圈消息发送给指定分组好友，或者指定分组好友不可查看，也可在此页面中管理分组。

3. 地点和 @

发送图片和小视频时支持添加地点信息，需要手机打开“允许应用使用位置信息”。位置可以选择已有地标，也可以创建新地标。

目前对于地标的创建无审核，通过创建个性化的地标可以起到为朋友圈分享添加“小尾巴”的效果，如风靡一时的“来自八星八箭 64G 纯金镶钻 iPhone 6 Plus”即是通过创建个性地名达成的。发送图片和小视频时同时可以 @ 某人，被 @ 的联系人会收到提示查看该条朋友圈的消息。

二、朋友圈营销技巧与注意事项

（一）朋友圈营销技巧

先给自己一个明确的定位，然后围绕定位展开一系列的产品运营和营销。

1. 产品定位

如果想要通过朋友圈销售产品，那么就要弄清楚要卖的产品针对什么样的消费群体，应该怎样根据这些消费群体的需求来提供产品。

2. 产品选择

卖什么不重要，关键是怎样卖，怎样在卖的过程中不断地优化运营方式。产品宜精不宜多，不要选择代理已经成熟的品牌，也不要选择代理全新的小品牌，而要选择有潜力和发展空间的品牌去代理，既能保证自己现有的生存空间，又能保证未来的发展空间。

3. 营销有节操

防止微信朋友圈为了提高自己产品的曝光率，无节制地推送产品信息，严重骚扰用户。这样做的后果只有一个，就是被拉黑。朋友圈营销是“熟人社交经济”，要做的是建立信任，在这个基础上达到营销目的。

（二）朋友圈营销注意事项

微信朋友圈营销是一种很典型的强关系营销。强关系营销中的“强关系”一词是指个人的社会网络同质性较强（即交往的人群从事的工作、掌握的信息都是趋同的），人与人的关系紧密，有很强的情感因素维系着人际关系。在强关系营销中，营销活动能够使用户免去购买环节中“考虑”与“比较”的环节，而直接进入“体验”与“购买”的环节，从而大大减少营销的传播时间，能够更好地达到营销目的。

在朋友圈中进行营销信息发布时，对于发布的营销信息的内容必须谨慎，如果不进行思考就随意发送内容，只会引起朋友的反感而造成不好的效果。

1. 信息内容不宜过长

在朋友圈中发布的信息内容如果太长，朋友圈默认会将多余的字自动收起，而且移动端用户在看朋友圈内容的时候，也懒得点开查看黑压压一片的文字内容。所以在发送内容的时候，需要考虑好发送内容的字数。

2. 内容表达尽量图文并茂

网络上流行一句话“有图有真相”。在朋友圈进行营销活动，图片是极为重要的“道具”。在朋友圈中发送的内容最好配合使用产品图片或者其他相关图片，这样可以增加信服感，并且好的图片也可以对营销内容进行更好的说明。

3. 信息发送不宜太频繁

如果发送朋友圈营销消息的频率过高，那么往往会因为信息太过冗杂而被直接忽略，更有甚者，会选择直接屏蔽这些朋友圈信息或举报。一般发送营销消息一天不要超过 4 次，再多就会给别人留下不好的印象。

4. 产品种类不宜过多

如果在朋友圈中发送的产品种类过多，就没办法给用户留下主体印象，很难产生记忆点。最好发送几个精品商品，并且是处于同一类别的商品。

三、开展朋友圈营销活动

以在朋友圈推广服装为例，叙述朋友圈营销活动的流程。

（一）编辑个人信息

开展微信朋友圈营销活动之前，首先要做的是编辑好个人信息。

完善的资料信息和一个清晰的产品诉求，是任何一种营销方式必备的基础。做微信朋友圈营销，至少让添加的朋友看到你的头像、名称和签名等能直接意识到你是做什么的，然后才会看你朋友圈发送的内容对他们有没有帮助。头像的设置要具有特色，用自己的真人头像或者设置成销售的商品。名字越排在前面，越方便客户快速寻找到你；也可以用真实名字，显得更加具有信任感。个性签名处能让好友清晰地了解你的业务范畴。

登录微信，点击“我”模块，然后点击个人信息设置栏。在个人信息设置页面中，将头像替换成一张商品图片。然后依次设置名字、性别、地区和个性签名等项目。

（二）添加好友

虽然微信的用户很多，但是如果不将别人添加为自己的好友，那么再高的人气也与你无关。因此在编辑好个人信息之后，还要为自己添加尽可能多的好友，这些好友就是营销的对象。其具体步骤如下。

（1）使用“添加朋友”功能。可点击“通讯录”模块，然后点击屏幕右上角的“添加好友”按钮，也可以采用“微信”模块右上角的快捷方式。

（2）进入“添加朋友”页面，可以在文字框中输入账号直接进行账号查找。除此之外，还可以通过“雷达加朋友”“面对面建群”“扫一扫”“手机联系人”来获取微信好友。最后还可以通过点击“公众号”按钮来搜索想要关注的公众平台账号。

（3）在搜索框中输入朋友的账号或手机号码以后，点击下方的“搜索”按钮，打开“详细资料”页面，页面中会显示好友的基本资料，点击“添加到通讯录”按钮。

（4）进入“朋友验证”页面，在此页面中可添加问候语和设置查看朋友圈的权限。

设置完成后，点击“发送”按钮。对方同意后，可在“微信”模块接收到对方消息，点击“消息”按钮进入对话框，确认添加好友即可。

（三）撰写信息内容

在利用朋友圈营销宣传的时候，首先要搞清楚微信好友的偏好，或者自己要达到什么样的宣传目的，再来定位发布内容。

信息内容应该主要是和商品相关的，也可以偶尔发布一些无关的（一些段子或生活情景），内容最好是你的目标好友感兴趣的东西，或者是能够给他们带来一定帮助的话题。尽量将自己塑造成一个积极向上的、幽默的、鲜活的、有个性的人，而不是一个消极的、负面的、低级趣味的人。具体发布步骤如下：

（1）点击“发现”模块，进入朋友圈。

（2）点击右上角的“相机”按钮后，点击选择“从相册选择”按钮，从手机相册中选择准备好的广告素材图片并预览（见图 8-3），点击完成。

（3）回到编辑页面，编写“品牌折扣女装，时尚与优雅并存！”（见图 8-4），点击“发表”按钮。

图 8-3　选择图片并预览

图 8-4　编辑朋友圈信息

（四）规划信息发布时间

信息发送的时间选择上也有技巧。发送信息需要利用不同的时间段，不能同时发送六七条信息。信息发送的时间可以选择在早上 8 点左右、中午 11 点半到 12 点半、晚上 7 点到 9 点这几个时间段。

对于自己编写的内容每天都可发送，转发链接文章则控制在一条，毕竟没有人喜欢一个刷屏的微信好友。

（五）信息的群发

当我们要推送一些需要很多好友知道，但又不太方便推送到朋友圈的消息时，可以用到微信的群发消息功能。具体步骤如下：

（1）在“我”模块中，依次点击“设置”“通用”“辅助功能”，在已启用的功能区域中点击“群发助手”栏目，然后点击“开始群发”按钮，进入群发助手页面。

（2）在群发助手页面底部，点击“新建群发”按钮，进入选择收信人页面，选中需要发送消息的联系人，然后点击“下一步”按钮。

（3）在群发编辑页面中的文字输入框中输入消息内容，点击“发表”按钮即可。

任务四 微信群营销

扫一扫

配套微课

一、微信群增粉技巧

开展微信群营销的前提是要添加对方为好友，微信群增粉的方式主要有自建群和加入群两种。

（一）自建群增粉技巧

自建微信群增粉，即通过组建微信群，将具有相同属性和需求的消费者聚集到一起，开展营销活动的方式。因为微信群都是基于某一个共同的兴趣、关系、特征而聚集在一起的，如妈妈群、旅游群等，因此通过组建精准的微信群，所加的好友都是精准的目标客户。

1. 雷达加好友

当一群好友在一起时，使用“雷达加朋友”将会事半功倍。只要在场的人同时点击“雷达加朋友”，就会扫描出此刻一定距离内打开雷达的好友，有绿色对勾标志的表示已经是好友状态，没有绿色对勾标志的表示还没有加为好友，然后只需要单击头像即可批量添加。

2. 面对面建群

“面对面建群”也是一个非常快速建群的方法。只要在现场的人打开“面对面建群”，输入同样的四个数字，就会进入同一个微信群中，非常方便快捷。

3. 线下活动建群

上述两种方法需要目标群在同一个现场，因此，需要开展线下活动吸引目标人群参与，在活动开展过程中自然建立群组关系。通过已入群的目标人群口碑传播，还可以吸引更多的目标消费者。如：汽车销售公司通过组织车友会线下自驾游活动，自然地就形成了车友微信群圈子，树立了良好的品牌形象。

4. 多平台引流

可以在 QQ、微博、论坛、美拍等社交平台上留下自己的微信号，只要你乐于互动、喜欢分享、与目标群的偏好一致、能够为用户提供有用的资源，就一定会有人通过搜索微信号将你加为好友。

电子邮件落款处留下微信号或者二维码方便别人添加，也是一个非常好的方法。可以精心设计一个落款模板，在电子邮箱的功能中设置好，之后每次写邮件都会添加上微信号或者二维码，非常省事省力。

写文章或者引用他人的文章，在分享过程中加入自己的微信号或二维码，然后发布到自己的微信公众平台、博客、各大与产品相关的论坛和贴吧等，这种方法是效果最快，所加好友最精准、黏度最高的一种方法。

此外，还可以将带有微信号或者二维码的软文推广到百度系列产品里，如百度知道、百度经验、百度文库等，方便利用百度检索相关产品信息的用户搜索到。

5. 线下送礼品

可以通过线下送小礼品的方式吸引目标用户关注个人微信。例如，在微信做面膜生意的一个微商，就是通过与外卖小哥、肯德基、麦当劳、快餐店合作，在女性客户订餐时送一张面膜，并通过要求这些拿到面膜的用户，扫描面膜上贴的该微商的二维码加为好友，领取更多礼品的申领流程，一个月时间积累了 5 万好友，而且绝大部分都是精准用户。

线下送礼品活动的前提条件是：一定要找准目标群体，及时转化加入微信的目标群体，否则会出现一些为了领取礼品加入的用户，这样微信粉丝流失率会比较高。

（二）加入群增粉技巧

1. 搜索社群

（1）可以直接使用 QQ 群搜索相关关键词查找相关的群。

（2）在百度搜索“×××QQ 群”“××× 交流群”等关键词。

（3）使用 QQ 的“附近的群”“兴趣部落”等功能进行检索。

（4）搜索相关演艺人员、核心人物的微博、论坛等社交平台信息，从中找寻线索。

2. 口碑式推广

借助一定的名气、有威望的人的推荐，或者借助朋友的口碑推广，通过建立良好的信任关系，也能快速吸引粉丝。

口碑式推广的前提是：个人微信一定要有专业性，在某一个方面是有价值的信息的提供，否则尽管加了很多好友，也不能提升转化，反而还伤害了朋友的信誉。

3. 参加交流会

参加一些交流会、线下论坛、行业交流等线下活动，多与客户进行交流，建立关系，拿到他们的微信。这种方式添加的人黏度很高，信任度也很高。

二、微信群粉丝转化技巧

在组建起微信群以后，需要对群内粉丝进行商业变现，将客户锁定在一个封闭的群空间内进行一对多的服务和理念灌输，让客户感受到企业的诚意和态度，最终转化为忠实粉丝。

（一）设置欢迎语

当用户刚加入微信群时，往往会有陌生感和紧张感。这时，可以设置欢迎语，如“欢迎 ×× 进入我们这个大家庭”等。这样，一来可以消除新用户的紧张感；二来可以增加新用户对微信群的好感度，提升微信群的活跃度。

（二）制定群规则

无规矩不成方圆，制定一定的微信群规则，并使群成员遵守规则，有利于微信群的健康发展。制定群规则时，既要在用户加入时就告知规则，还要每隔一段时间在群里发布规则，以巩固用户对群规则的印象。

（三）打造群文化

当前的微信群，仅仅靠共同利益来连接和维护是不够的，还应该树立群成员的共同理念和追求，打造积极向上的群文化，这样才能让微信群长久存在下去。群文化包括：共同的目标、共同梦想、正面品质。

（四）增加实用性

用户在加入微信群时，往往是抱着学习知识、拓展社交关系、了解新鲜资讯的目的。因此，微信群若想变得壮大起来，就需要尽量满足群成员的这三种需求，为群成员提供详细的资料、互动活动、新闻资讯等内容。

（五）更改群名称

微信群的名称如果长期不变，容易造成群成员的审美疲劳，使微信群的活跃度降低。所以每隔一段时间，可以将群名称进行更换，使群名称更符合自己现有的特点。这样可以激发群成员的兴趣，提高微信群的活跃度。

（六）制造新噱头

在微信群营销活动中，可以适当制造一些新噱头，以达到吸引眼球的目的。这样可以激发群成员的兴趣，引起群成员的广泛议论和关注，从而提高群的活跃度。

（七）删除无效成员

在微信群中，具有东拉西扯、万年潜水、传播负能量等属性的成员，属于无效成员。需要定期清理无效成员，维持群内氛围的活跃、积极、向上。

三、微信群互动营销活动

微信群重新定义了品牌与用户间的互动方式，传统的营销推广方式是通过各种媒体把产品以广告的形式推出去，推送者并不知道自己的产品被谁关注、关注多少、什么时间被关注、什么地方被关注，也无法与用户进行交流；而通过微信群进行产品营销推广，当产品得到目标用户关注后，便可与用户达到几乎 100% 的交流，用户的黏性与精准的营销数据远远超过了传统的推广方式。下面以某社区水果店微信群营销为例，具体说明微信群互动营销活动的开展。

（一）用户需求定位

微信群营销的关键点在于抓住用户需求的“痛点”，用户才会心甘情愿加入微信群，并且不会屏蔽。社区水果店在开展微信群营销之前，首先对所在小区房价、楼龄、入住率、竞争度等方面进行具体调研分析，了解该小区住户群体类型。例如某小区的住户都是精英人士，这类人群对日常生活品质有较高要求，但缺乏时间外出采购，既有一定的经济基础，又有开展微信群营销的条件，且在调研中发现，采购水果等食材，基本以女性为主。

（二）拉群裂变

建微信群就是在建立自己的圈子，要深耕这个圈子，让这个圈子的人都有信任感。在定位了用户需求以后，水果店建立了自己微信群，并取名为“欢乐时光美味团”，将微信群的二维码打印出来，写明：新店开张，邀请 3 人加群，可 1 元领水果一份，分发到小区住户手中。在分发传单过程中，特别注意选择年龄在 30～40 岁的女性客户。女性消费者本身具有爱热闹的特点，因此，通过每人拉 3 人进群的方式，在短短 1 天时间内群成员增加到 500 人。

（三）目标人群筛选

加群的不一定都是精准的目标客户。因此，水果店对群成员进行了仔细的筛选，不做图便宜、高要求的客户的生意，用价格把非目标人群挡在门外，重点满足高端客户需求。该水果店只做精品水果，且品类控制在 20 种以下，低单价的常规品类一般不做。

（四）群互动

微信群是一个增加互动的入口，要想用户产生信任感还需要经营好自己的朋友圈。在朋友圈要不定期晒采购水果的过程、撰写水果营养知识的推文，使微信群目标客户相信所有的水果都是最新鲜的，慢慢与客户形成朋友关系。在微信群少打广告，可以通过做互动小游戏进一步增粉。

任务五 微信公众号营销

扫一扫

配套微课

一、订阅号、服务号和企业号

微信用户可以申请适合自己的微信公众号，通过各种途径吸引粉丝，然后与粉丝积极互动或展开营销活动以达到宣传产品、树立品牌形象等推广目的；除此之外，企业用户还可以通过直接在微信公众平台上开设微店，增加网上销售渠道。目前，微信公众平台有四种账号分类，分别是订阅号、服务号、企业号和小程序。其中，前三者在微信营销中被应用得最为广泛。

（一）订阅号、服务号、企业号概述

1. 订阅号

订阅号是为用户提供信息的一种新传播方式，功能类似报纸杂志，提供新闻信息或娱乐趣事，主要适用于个人、媒体、企业、政府或其他组织等。在订阅用户（粉丝）的通讯录中，订阅号被放入“订阅号”文件夹中，每个订阅号中会显示发给订阅用户（粉丝）的消息，认证前后都是每天可以群发一条消息。

2. 服务号

服务号为企业和组织提供更强大的业务服务与用户管理能力，旨在为用户提供服务，功能类似114、银行，提供绑定信息、交互服务，主要适用于媒体、企业、政府或其他组织等群体。发给订阅用户（粉丝）的消息，会显示在对方的聊天列表中，相对应微信的首页，认证前后都是每个月可以群发4条消息。

微信服务号多适用于大企业和商户，利用服务号的展现能力和功能开发优势来进行企业所需要的在线客服、在线商城、在线支付等服务。在服务号中开通微信支付权限后可开通微店。服务号在订阅用户（粉丝）的通讯录中。通讯录中有一个公众号的文件夹，打开可以查看所有服务号。

3. 企业号

微信企业号于2014年9月推出，是企业的专业办公管理工具。关注企业公众号时，需要先验证身份才可以关注成功。

企业号主要为企业提供移动应用入口，帮助企业、政府机关、学校、医院等事业单位和非政府组织建立员工、上下游合作伙伴及内部IT系统间的连接，并能有效地简化管理流程、提高信息的沟通和协同效率、提升对一线员工的服务及管理能力。企业号可以在手机上轻松实现打卡，自动核算出勤报表，支持固定班次、排班、自由上下班和外出打卡。

2017年微信官方宣布，微信企业号正式升级为企业微信了，但是，企业微信还是保留了原微信企业号的所有能力和相关数据，微信企业号的管理后台也将整合到企业微信管理后台统一管理。管理员登录企业微信管理后台，使用注册企业时所绑定的微信，扫码登录，找到微信插件二维码，将其发给员工，员工使用微信扫码关注即可。

（二）订阅号、服务号、企业号的比较

公众平台订阅号、服务号的功能有所区别，选择公众平台账号之初，需要将自身需求与账号类型进行匹配。比如想简单的发送消息，达到宣传效果，建议可选择订阅号；想进行商品售卖，建议申请服务号。另外需要注意的是，选择账号类型后，订阅号通过微信认证资质审核通过后有一次升级为服务号的入口，升级成功后类型不可再变；服务号则不可变更成订阅号。个人申请，只能申请订阅号。

企业微信预设了打卡、审批、日报等官方原生OA（办公自动化）应用。针对不同行业领域的不同企业需求，企业微信还作为聚合入口，提供了第三方应用和多种API（应用程序接口），覆盖移动办公、团队协同、客户关系、文化建设等，管理员前往管

理后台即可挑选安装。企业号已有的通讯录成员和部门，会自动同步到企业微信。在通讯录处，你可以：和原企业号类似添加成员或批量导入成员，同时可设置成员所在部门和删除成员。手动拖拽左侧部门进行部门排序，也可点击“更多”按钮进行添加子部门和修改部门名称等操作。点击“标签”，可修改已有标签和新增标签。与此同时，可点击“微信邀请”，使用微信扫码之后，分享邀请链接到微信，邀请同事加入。或点击“邀请”按钮，使用邮件或短信等方式邀请同事加入。在中大型企业里，可以通过“微信插件”打通员工内部、上下游供应商之间的关系：让供应商等松散组织关注微信插件，就能在微信中接收订单提醒，使用信息查询、服务跟进等应用，员工则可以在企业微信中进行迅速回应处理。

（三）订阅号和服务号的商务功能

在创建微信订阅号和微信服务号以后，可以获得以下商务功能：个人品牌营销宣传、首次关注图文推送、自动回复、在线客服、在线支付、微信开店、数据统计、客户管理等。其中，最常用的就是微信开店、在线服务和在线宣传功能。

1. 微信开店

微信公众号获得微信开店功能的前提是需要具备三点：账号类型必须是服务号；必须通过微信认证；必须获得微信支付功能。因此，微信订阅号和企业号无法获得微信开店的功能，在这种情况下，个人开店者多数会选择微商城等途径开店。

2. 在线服务

微信公众号在线服务功能的应用有两种形式：一种是使用自定义菜单设置一个超链接，在微信公众号中镶嵌一个普通的在线客服；另一种是和微信本身输入框实现对接的微客服（前提是账号已经通过微信认证）。

3. 在线宣传

微信公众号目前能够应用的广告形式多种多样，除了传统的软文广告、硬广文章之外，还有广点通、视频广告、昵称评论等。

（1）广点通。

广点通是微信为广告主开通的在公众号系统的广告位，也就是微信公众号末尾的Banner（横幅）。

（2）软文广告。

软文广告是目前公众号的主流广告形式，常见于故宫淘宝等优质公众号中。其最大优点是广告易于被粉丝接受，甚至会形成一种期待感，用户们或许也有兴趣一探究竟，看看广告会以什么形式出现在文章的什么地方。

（3）硬广文章。

这类广告“简单粗暴”，阅读体验差，转发率低，而且容易掉粉。

（4）视频广告。

视频广告较为少见，通常出现在视频推送内容中，一般是制作一个短片，融入品牌文化或者介绍产品优点。因为是口播 + 品牌露出，所以效果相对好于Banner广告，但这种广告形式要考虑成本问题。此广告类型仅适应于视频类公众号，比如一条等。

（5）昵称评论。

昵称评论就是将自己的昵称变成广告语，然后对热门微信文章进行评论。稍不留神可能就进入了精选评论中被置顶到评论区的上方，免费搭了一次“顺风车”。

当然，若想提高入选率，需要对相关文章有深刻的理解和独到的见解。

二、微信小程序

（一）认识微信小程序

1. 小程序的产生

微信的订阅号、服务号、企业号和小程序目前是并行的体系。微信方面强调，微信不应该只是停留在微信公众平台，停留在订阅和推送上，而应跳开微信公众号，提供更多新的服务，而这种新的能力更像是应用程序的能力，但又不是应用 App。2017 年 1 月 9 日，微信小程序正式上线。腾讯创始人在 2017 微信公开课中首次公开阐述微信小程序，表示小程序是微信的一种新应用形态，重在给优质服务提供一个开放的平台。简单来说，微信小程序就是将用户手机上的各种 App 集成到微信中去，不用下载，也不用安装，直接点开即可使用。

微信小程序的出现实际上是微信颠覆整个网络应用的一种尝试。它的出现使网站、App、实体商店，都变成了一个个即用即走、无须访问网站、无须下载软件的小程序，从而给人们带来更加便捷的上网体验。只是小程序要想完全取代甚至超过 App，还需要商家和顾客的配合。因为只有商家开通了微信小程序，顾客愿意使用小程序，小程序才能获得足够的流量，获得发展的动力。

2. 小程序的安全性

小程序作为微信的一个部分，受到微信的严格控制。一家公司要想成功开发小程序，就必须保证其制作符合微信的相关规范，并且小程序在上线之前还会面临微信的审核。

从信息保护的角度来看，开发商能拿到的信息仅仅为登录小程序者的昵称、头像、性别等公开资料，至于微信账号和密码等私密信息，开发商是无法获知的。另外，小程序不允许放链接，即无法实现小程序与其他网页的跳转。正是因为这些因素的保障，小程序的安全系数相对来说是比较高的。

（二）搜索和体验微信小程序

1. 激活小程序

在成功激活小程序的情况下，小程序的入口会出现在微信的“发现”界面。如果用户没有订阅任何小程序，那么即使进入微信的“发现”界面，也看不到小程序的入口。用户需要先将微信更新至最新版本，然后搜索或者随便点开朋友分享的任一小程序，进入后再次退出时，即可发现在“发现”界面下面出现了小程序入口（见图 8-5）。

2. 搜索小程序

搜索小程序最常见同时也是最简单的方法是在小程序的搜索栏中直接输入小程序的名称，其具体操作如下。

（1）点击进入微信“发现”界面中的“小程序”界面（见图 8-6）。

图 8-5　小程序入口

图 8-6　小程序界面

（2）点击小程序界面中的搜索栏，进入小程序搜索界面。在搜索框中输入小程序的名称，如“切图大师”，并点击“搜索”按钮，出现搜索结果。

（3）在搜索结果中点击需要进入的小程序。

3. 小程序的页面体验

小程序的页面体验可从流畅性和便利性这两个方面进行分析。

（1）流畅性。

从流畅性的角度来看，小程序的页面加载速度整体较快，甚至部分小程序的加载速度会超过原生 App，因此小程序的流畅性可以说是比较好的。

（2）便利性。

从便利性来看，小程序无须下载，可省去用于下载软件的时间和流量成本。并且，用户只要使用过某个小程序，该小程序便会自动出现在“小程序”界面的搜索栏下方。小程序的这种使用记录使用户下次再进入同一小程序时，只需在“小程序”界面进行选择。

（三）微信小程序的营销理念

要进行营销，运营者首先要做的就是制定合适的营销理念。小程序的营销理念可以从下列方面考虑。

1. 符合规则

任何平台的运营活动都有一定的规则，小程序自然也不例外。在“微信公众平台小程序”的“运营规范”界面，对小程序运营的相关规范进行了详细的介绍。比如，运营规范中明确指出：“微信小程序的页面内容中，不得存在诱导类行为，包括但不限于诱导分享、诱导关注、诱导下载等。”如果运营者为了获得更多用户，不顾该规范，多次诱导用户分享小程序，那么，微信发现之后，很可能会直接将小程序下架。

因此，运营者在进行营销活动之前，一定要仔细阅读微信官方发布的关于小程序的运营规范，并确保营销活动符合运营规范，否则，运营者不但无法让小程序获得更好的发展，反而可能会让小程序被下架。

2. 构建合适的场景

小程序的场景构建可以说是营销理念中非常重要的一环，因为只要场景构建得好，用户使用率高，小程序便可能借由庞大的用户群获得突破。小程序的场景构建大致可分为下列三步。

（1）调查市场了解需求。

构建场景的前提就是调查市场，了解用户的需求。因为只有满足了用户的特定需求，小程序才有被使用的可能。否则，如果小程序对用户来说并没有太多用处，那么用户用完之后很可能直接将小程序删除。当然，关于了解需求的具体方式，运营者可以根据自身情况选择，但进行调查和评估是必不可少的。对于市场需求强烈的领域，运营者只需开发对应的小程序即可。

（2）基于需求构建场景。

在了解了需求之后，接下来需要做的就是通过场景的构建满足用户的特定需求。这一点共享单车便是一个很好的例子。共享单车定位于解决用户“最后一公里”的问题，因此，如何让用户随时用上是最关键的一个问题。对于这个问题，它选择通过三种方式解决：一是增加共享单车的数量，让共享单车变得随处可见；二是简化租赁流程，用户只需扫描共享单车上的二维码并进行一些简单的操作，便可获得共享单车的使用权；三是提供低廉的租赁价格，保证人人都能够用得起。其实，运营者在基于需求构建场景时，也可以效仿共享单车的做法。比如，对于店铺类小程序，运营者可以通过在店铺内大量张贴二维码的方式，让用户进入小程序更方便。另外，在小程序中，运营者可以提供一些实用性功能，这样，即使仅仅是为了更方便地进行相关操作，用户也会增加小程序的使用率。

（3）通过连接由点成面。

经过上述两步之后，运营者构建小程序场景的工作可以说已经初步完成，而使用小程序的用户也可能有所增加。但是说到底，上述场景构建仍停留在一个或几个点上，用户只有在特定的情形下才能接触到运营者为小程序构建的场景。因此，除了针对某些点构建场景之外，运营者还需要采取一些措施将构建的场景与其他事物进行联系，使场景的影响范围由一个点变成一个面。比如，为小程序构建场景之后，运营者可以通过小程序与服务号、订阅号以及 App 等平台的联系，将构建的场景与自身甚至是他人的多个平台进行连接，让更多的人可以了解构建场景的相关信息，进而增加小程序的影响面。

3. 打造品牌

从用户的角度来看，大品牌的产品用着往往更让人放心，其实，小程序也是如此。面对各种小程序，用户会将更具知名度的品牌作为首选。以外卖为例，用户使用小程序点外卖时，一般都会选择“饿了么”“美团外卖”，这其中很重要的一个因素就是这些小程序知名度相对较高。小程序的知名度无疑是非常重要的，可以通过下列三种方式来打造小程序品牌。

（1）通过版面设计打造。

在开发和设计小程序时，运营者不仅可以让小程序所属的品牌尽可能多地出现在小程序信息介绍、菜单栏及相关的具体内容中，还可以通过与其他大品牌产生联系的方式，突出自身的品牌价值，让用户对品牌留有更深的印象。当然，在此过程中，运营者还需把握一个度，切不可为了一味宣传品牌而忽略用户的感受，否则，不但达不到预期的效果，还可能引起用户的反感。另外，运营者还可以通过规范化小程序页面的打造，给用户一种“有范儿”的页面设计体验。这样，即使小程序的知名度有所欠缺，用户也会由于独特的用户体验，记住小程序及其所属品牌。

（2）通过宣传推广打造。

品牌打造最直接的一种方式就是宣传推广。正所谓“酒香也怕巷子深”，如果没有一定的宣传推广，用户可能都不知道小程序的存在。因此，从一定程度上来说，只有进行必要的营销，才能更好地实现“赢销”。所以，在小程序的运营过程中，宣传推广是需要重点对待的工作之一。当然，在宣传推广小程序时，运营者也可以有意识地将小程序所属的品牌融入其中，进而实现小程序与品牌的共同宣传。

（3）通过产品质量打造。

一个品牌之所以可以获得用户的青睐，除了它的知名度之外，往往还有一个原因，那就是产品的质量好。如果一个产品质量好，那么用户一传十、十传百，产品的口碑和知名度自然也就提高了。也就是说，质量好的产品，用户会自动变成产品的推销员，由此不难看出，提升产品质量不失为一种有效的品牌打造方式。当然，在小程序中，产品质量不仅包括小程序中所有产品的质量，更包括相关的服务。而这些综合起来其实就是用户体验的打造。无论是小程序的产品，还是小程序的相关服务，只有让用户觉得满意，才能增加小程序的使用率，在良性循环中增加小程序的品牌效应。

4. 基于战略

战略是一种计划，更是一种定位，它是相关人员为达到某一目的所进行的谋划，对具体行动起着指示作用。小程序运营者在开发和设计小程序之前，对小程序的未来发展方向可能已有盘算，而这个盘算即可视为战略的一部分。当然，战略更多的只是指示某一段时间内的总体方向，具体细节可根据实际情况进行调整。但是，如果完全不顾战略，甚至朝着与战略相反的方向前行，那么，结果只能是越努力，与最初的目标相距越远。因此，运营者在制定小程序的营销理念时，一定要充分考虑当时的战略，根据战略进行针对性的营销，从而更快地获得阶段性的胜利。切不可与战略背道而驰，或者随意改动战略，否则，所取得的成果很可能难以达到预期。比如，当总体方向为获得更多用户时，运营者可以通过各种营销方式增加小程序及与小程序相关的事物对用户的吸引力，而不适合急于提供有偿服务，一味地将流量转化为收益。因为这样不仅起不到增加用户的效果，还有可能使原有用户因为无法方便地获得想要的服务而减少使用小程序，甚至直接删除小程序。

（四）微信小程序的运营平台

流量的多少直接关系到一个小程序的成败，而小程序要获得充足流量，抢占运营平台是运营工作的重中之重。

1. 微信平台

目前微信已经覆盖了中国 90% 以上的智能手机，庞大的用户群使它被互联网企业视为一座富矿。在微信被大力追捧的当下，微信营销成了网络营销中的热点，它突破了传统营销的渠道限制，很多传统企业通过它成功转型，也有很多互联网企业借助它取得了巨大成功。其实，微信营销对小程序推广同样适用。

微信平台可以说是小程序运营者必争的流量入口之一，这不仅是因为微信拥有众多用户，更是因为微信提供了多种小程序推广渠道，如果运营者营销得当，便可轻松地获得一定的流量。

借助微信平台的力量，小程序运营者可以通过扫码推广、分享推广、公众号推广等方式获取流量。

2. 微博平台

虽然微博的发展时间并不长，但它给企业或商家带来的营销力量是惊人的。在互联网与移动互联网快速发展的时代，微博凭借其庞大的用户规模以及操作的便利性，逐步发展成为企业微营销的利器，为企业创造了巨大的收益。由于网络营销的迅速发展，具有火爆人气的微博成了各大企业与商家营销推广的重要平台。简单来说，微博营销就是企业、商家或个人，为创造自身的价值利用微博平台进行营销的一种方式。通过微博营销，运营者可以对小程序进行适度宣传，并获得一定的流量。

在微博平台上，企业、商家或个人只需要用很短的文字就能表达自己的心情或者发布信息，这样便捷、快速的信息分享方式使得大多数企业与商家竞相抢占微博营销平台，利用微博“微营销”开启网络营销市场的新天地。值得一提的是，微博的每一个用户都是小程序运营者的潜在营销对象，运营者可以利用微博更新消息、向网友传播小程序的相关信息，以此增加小程序的曝光率。通常来说，在微博中推广微信小程序主要有三种方式，具体如下。

（1）硬广告。

硬广告是生活中最常见的一种营销方式，它指的是人们在报纸、杂志、电视、广播、网络等媒体上看到或听到的那些为宣传产品而制作出来的纯广告。其中，微博中的硬广告传播速度非常快，涉及的范围也比较广泛，常常以图文结合的方式出现，也常伴有视频或者链接。

从现实来看，微博用户对各种硬广告大都有排斥心理，所以，小程序运营者发布广告时，要尽量将硬广告软化，文字内容不要太直接，要学会将广告信息巧妙地设置在那些比较吸引人的软文里，只有这样，对用户才有吸引力，太过生硬的广告只会让用户产生反感的情绪。企业或商家发布的广告信息要能够让用户产生转发的欲望，这才是微博广告营销的王道。

小程序运营者在发布微博硬广告时，最常见也是最直接、有效的方式就是图文结合。除此之外，企业在优化关键词的时候，也应该多利用那些热门的关键词，或者是那些容易被搜索到的词条，只有这样才能够增加用户的搜索率。

（2）互动推广。

进行微博互动营销，最主要的一点就是要主动与别人进行互动。当别人点评了你的微博后，你就可以和他们进行对话。小程序运营者还可以利用微博举办一些具体的活动，以此来加强与粉丝的互动。在活动的互动中，运营者可以挖掘客户或者潜在的客户，以此来实现产品或服务的互动营销。

小程序运营者还可以举办一些抽奖活动或促销活动来吸引粉丝的眼球，进而增加与用户的互动。在抽奖活动中，小程序运营者可以设置一些条件，比如粉丝按照一定的格式转发或评论相关信息就有机会中奖。

如果在促销活动中，小程序运营者提供比较大的折扣和优惠，甚至还能使小程序获得病毒式传播。在微博中发布促销信息时，文字一定要有吸引力，图片一定要精美。小程序运营者还可以请各种人气博主帮忙转发，这样可以进一步扩大小程序的宣传力度。总之，小程序运营者只要不断地和粉丝保持互动，对粉丝发布的微博特别是与自身小程序相关的内容经常进行转发、评论，让粉丝感受到自己的诚意，就可以获得粉丝的信任。获得粉丝的信任是进行微博营销的第一步，只有与粉丝建立亲密的关系之后，才能让粉丝帮忙转发相关的营销信息。

（3）话题营销。

一般来说，微博用户在打开微博之后，大多会先选择浏览微博里的那些好玩的内容，然后查找热门微博或者是查看热门话题。因此，小程序运营者应抓住用户的这一习惯，借势进行话题营销。

在进行话题营销时，小程序运营者应该先了解用户对什么话题感兴趣，然后选取合适的话题，将小程序的相关信息嵌入其中，这样用户在搜索话题时，就可以搜索到你的内容了。小程序运营者在发微博的时候，应该对热门关键词加上“#”，如“# 热门关键词 #”，这样可以增加用户的搜索率。

3. 问答平台

问答平台在网络营销运营方面具有很好的信息传播和推广作用，如果企业能利用好问答平台，对快速、精准地定位客户有很大帮助。

问答平台在营销推广上具有两大优势：精准度和可信度高。这两种优势能形成口碑效应，对网络营销推广来说显得尤为重要。

通过问答平台来询问或作答的用户，通常对问题涉及的东西有很大兴趣。比如有的用户想要了解“有哪些购物类小程序比较好用”，有一定小程序使用经验的用户大多会积极推荐自己用过的满意的小程序，提问方通常也会接受推荐去试用。

提问方和回答方之间的交流很少涉及利益，用户通常是根据自己的直观感受来问答，这就使得问答的可信度很高，这对企业而言意味着较高的用户转化潜力，能帮助产品形成较好的口碑效应。

问答平台营销是网络营销的重要方式，因为它的引流效果是众多网络推广中较好的，能为企业带来直接的流量和有效的外部链接。基于问答平台而产生的问答营销，是一种新型的互联网互动营销方式。问答营销既能为商家植入软性广告，同时也能通过问答来引流潜在用户。

4. 视频平台

视频相比文字图片，在表达上更为直观、丰富，而随着移动互联网技术的发展，手机流量等因素的阻碍越来越少，视频成为时下最热门的领域。借助这股东风，爱奇艺、优酷、腾讯视频等视频网站获得了飞速发展。

随着各种视频平台的兴起与发展，视频营销也随之兴起，并成为广大企业进行网络营销较常采用的一种方式。小程序运营者可以借助视频营销，近距离接触自己的目标群体，进而将这些目标群体开发为自己的客户。

视频背后庞大的观看群体，对网络营销而言就是潜在用户群。将这些潜在用户转化为用户，是视频营销的关键。

视频营销是指企业以视频的形式宣传推广各种产品和活动等内容，因此，不仅要求有高水平的视频制作，还要有吸引人关注的亮点。

如今的视频营销主要往互联网方向发展，与传统电视广告相比，互联网视频营销的受众更加具有参与性，在感染力、表现形式、内容创新等方面更具优势。互联网视频营销的传播链通过用户自发的观看分享和传播，带动企业推广产生“自来水式”的传播效果。对于小程序运营者来说，最简单有效的视频营销方式便是在视频网站上传与小程序相关的短视频。

三、微信公众号注册与推送消息

（一）微信公众号注册

1. 登录微信公众号官网

利用搜索引擎搜索“微信公众平台”，进入微信公众平台官网（见图 8-7）。在页面顶部点击“立即注册”超链接，进入微信公众平台注册页面。

图 8-7　微信公众平台官网

2. 选择注册类型

在注册页面，根据需求，选择账号类型（见图 8-8）。如果不确定选择哪种类型账号，可以先查看页面下方不同账号类型区。服务号、企业号和小程序并不适用于个人，对于微商个体或者是自媒体创业者主要是创建订阅号，经营订阅号来吸引粉丝关注，从而进行相关营销活动。这里选择注册订阅号。

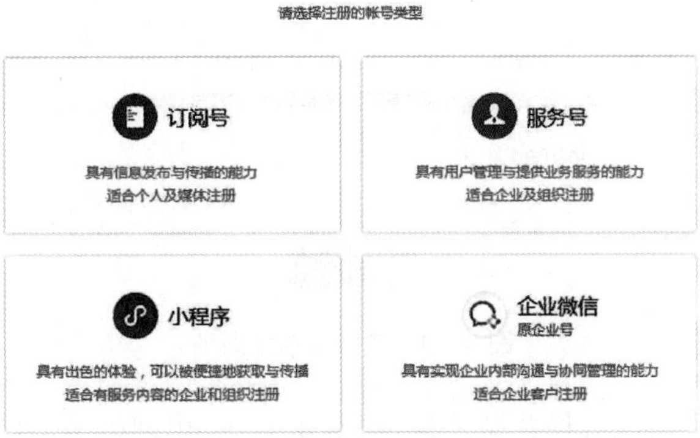

图 8-8　注册的账号类型

3. 填写基本信息

选择账号类型后进入基本信息填写步骤（见图 8-9），需要使用邮箱作为账号，系统会发送激活邮件到邮箱，在页面上填写邮件收到的验证码，并设置公众号的独立密码。

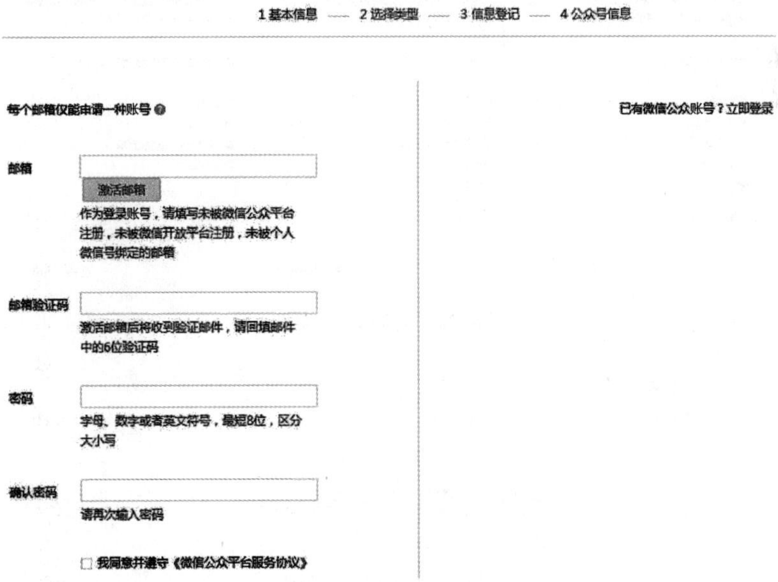

图 8-9　填写基本信息

注：注册公众号的邮箱是未绑定任何个人微信、公众号、小程序以及微信开放平台账号的邮箱。

4. 选择地区 / 国家以及类型

填写基本信息后，点击“注册”，进入选择类型。选择企业注册地（见图 8-10），点击“确定”，进入账号类型选择。

图 8-10　选择企业注册地

在订阅号处，点击“选择并继续”（见图 8-11），出现类型不可更改的提示（见图 8-12），点击“确定”，进入信息登记。

图 8-11　选择账号类型

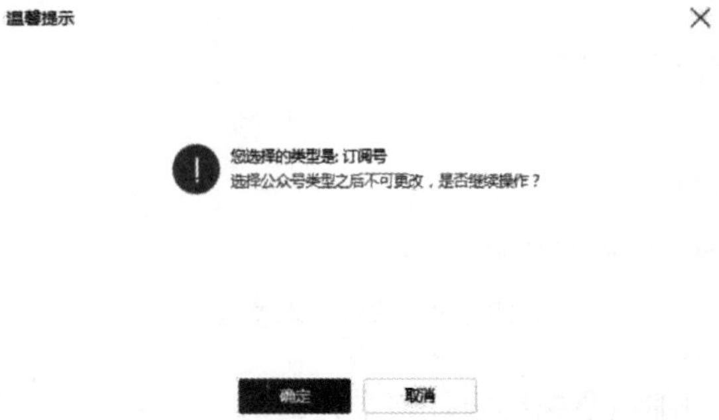

图 8-12　类型不可更改

5. 信息登记

在信息登记页面，需要选择主体类型（见图 8-13）。如果不确定如何选择主体类型，可以查看页面的指引。选择完主体类型后，需要填写注册信息以及选择验证方式，包括主体信息、管理员信息，并使用管理员实名的微信扫码验证。

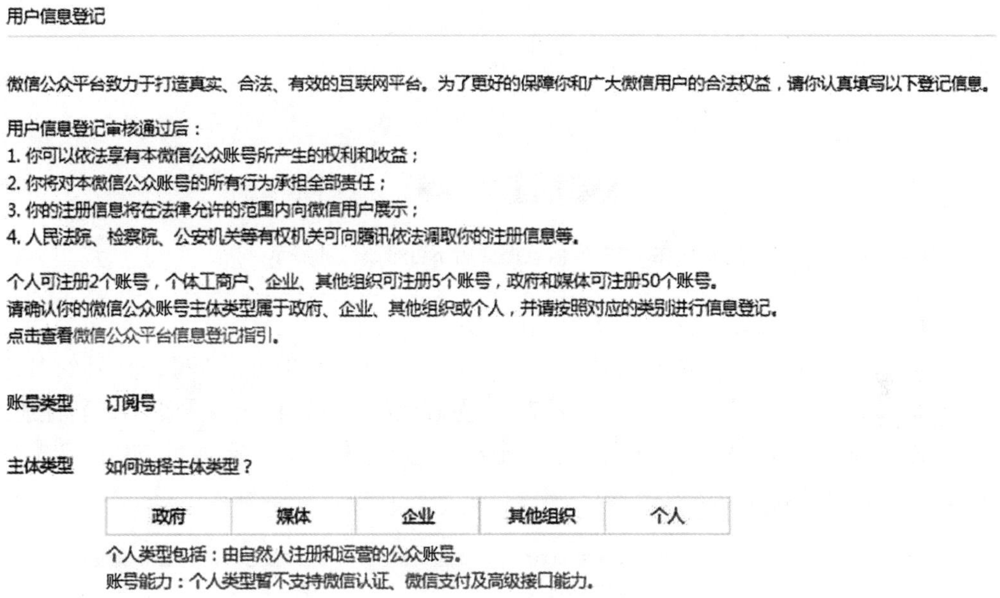

图 8-13　信息登记

注：不同主体类型的验证流程不同，所需填写的资料可能也会有所区别。这里选择个人主体类型，需要填写个人身份证姓名及身份证号码（见图 8-14），并进行管理员身份验证和登记。

图 8-14　个人主体信息登记

点击“继续”，出现“主体信息提交后不可修改”的提示（见图 8-15）。

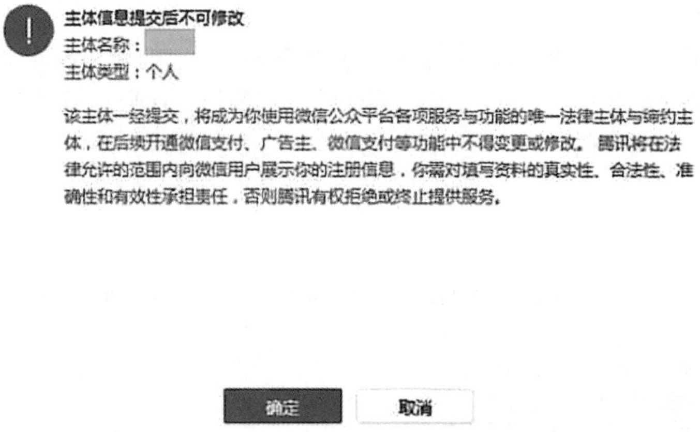

图 8-15 “主体信息提交后不可修改”的提示

6. 填写公众号信息

完成信息登记后，进入公众号信息填写页面（见图 8-16）。填写公众号的名称、功能介绍以及选择运营地区，点击“完成”。为避免与已认证的公众号重名，新注册的公众号需要等待平台审核。一般在 7 个工作日内完成审核。在没有通过审核的情况下，默认账号名称是“新注册公众号”。

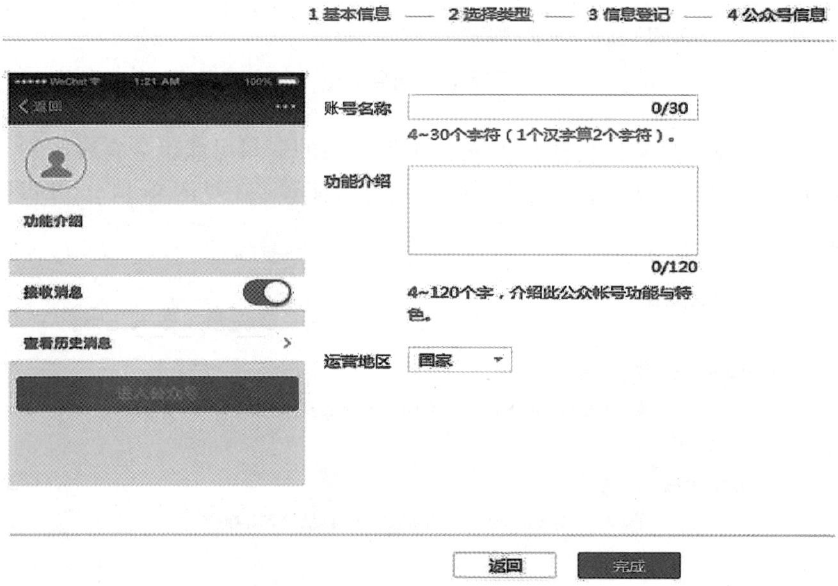

图 8-16 公众号信息填写页面

（二）群发消息

1. 电脑端群发消息

（1）在微信公众平台登录申请好的微信订阅号账号，进入微信订阅号的后台（见图 8-17）。点击“新建群发”按钮，进入群发界面。

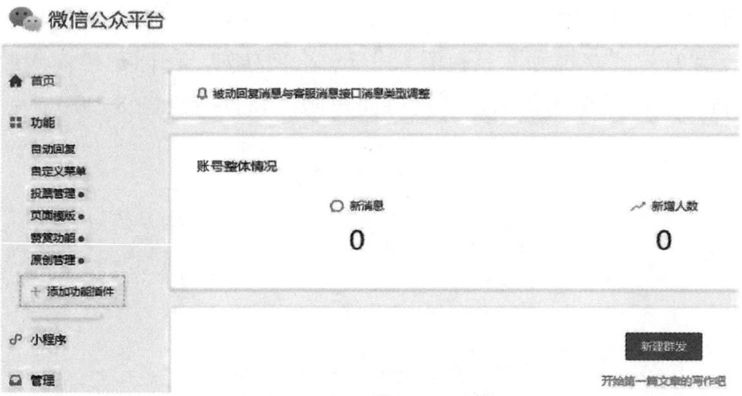

图 8-17　微信公众号后台

（2）在新建群发页面的编辑对话框中，可以选择信息的类型，包括图文消息、文字、图片、语音和视频等（见图 8-18）。

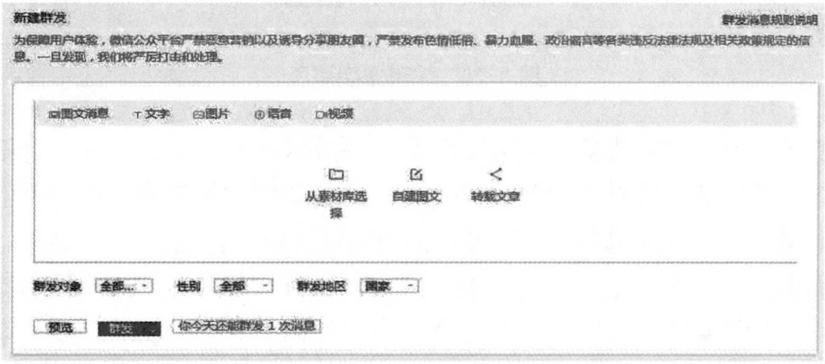

图 8-18　新建群发页面

（3）发送图文消息，对应着“从素材库选择”“自建图文”“转载文章”三种选择方式。这里选择“自建图文”，进入图文消息编辑区（见图 8-19）。

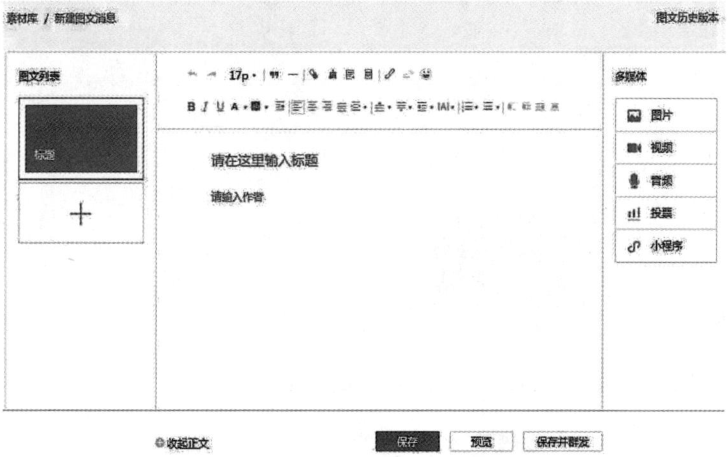

图 8-19　图文消息编辑区

（4）对图文消息的标题、作者、正文内容等进行编辑。根据品牌女装销售的定位，此处以推送一篇名为“女性穿衣搭配技巧”的文章为例，在标题栏输入此标题，作者一栏输入“品牌女装”，输入正文，并进行简单版式设计（见图 8-20）。

图 8-20　编辑文字消息

需要注意的是，编辑消息正文可以借助一些微信编辑器工具。一个合格的新媒体编辑必须掌握多种微信编辑器的常规操作。常用的微信编辑器有 135 编辑器、易点编辑器、96 编辑器、秀米编辑器等。通过微信编辑器可以为标题、正文文字、关注引导、图文布局等添加丰富的样式和特效。内容经过微信编辑器加工后再复制到编辑框中。

（5）信息正文编辑完成后，需要选择一张图片作为封面，填写摘要。设置完成后可点击“预览”按钮将图文信息发送给指定的微信账号进行手机端的预览，确定内容无误、排版无差错、是否美观等，如果不满意可重新编辑。

（6）点击“保存并群发”按钮，返回“新建群发”页面，对“群发对象”“性别”“群发地区”等进行设置（见图 8-21），点击“群发”按钮，出现“消息开始群发后无法撤销，是否确认群发？”的提示框，点击“继续群发”即可。

图 8-21　设置群发对象、性别、群发地区等内容

2. 手机端群发消息

（1）关注微信公众平台。

打开手机微信，进入主页面，依次点击“通讯录”“公众号”。进入公众号，点击屏幕上方的搜索，输入“公众平台”，出现“微信公众平台”（见图 8-22）。点击“微信公众平台”，然后再点击“关注”。

（2）登录微信公众号。

在公众号中找到“微信公众平台”，点击进入，再点击“我的账号”“群发”，进入微信公众平台登录主页（见图 8-23），输入账号和密码登录，进入个人微信公众号。

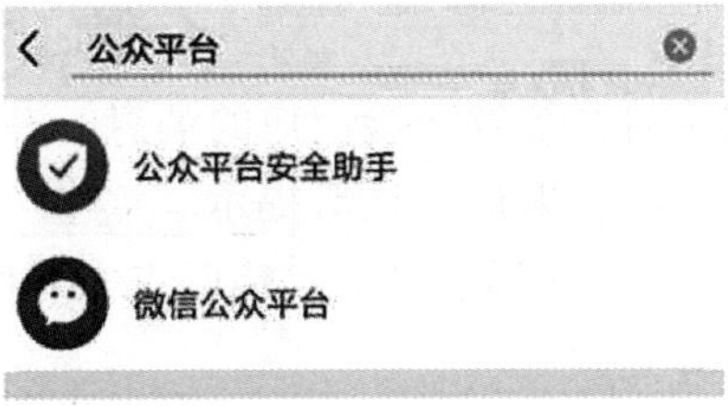

图 8-22　搜索公众平台

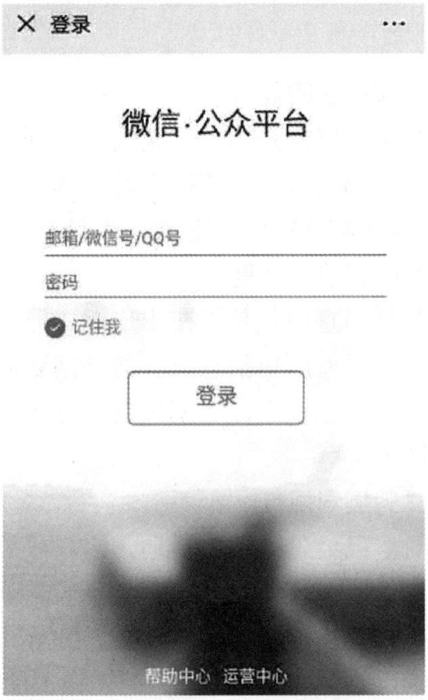

图 8-23　登录界面

（3）群发消息。

点击“群发”，进入“新建群发消息”页面，可从素材库中选择图文消息进行群发。目前只可以选择已经编辑好的图文消息，不支持手机端对图文消息进行修改，选择后确认即可发送。

（三）设置自动回复

订阅号的自动回复功能可以通过添加自动回复的内容及关键词来达到自助服务用户的目的，这一定程度上能够减少人工回复的工作量，提高服务的效率。在微信订阅号后台中，点击功能区域下的“自动回复”超链接，进入自动回复设置页面（见图 8-24）。目前微信订阅号的自动回复包括三个方面：被关注回复、收到消息回复和关键词回复。

图 8-24 自动回复页面

1. 被关注回复

被关注回复是用户首次关注订阅号后，系统自动发给用户的图文信息。一般是欢迎类的文字内容，会用拟人的口吻告诉用户自己能给用户提供的帮助。在“被关注回复”编辑框下输入“感谢您的关注！”，点击“保存”按钮即可。

2. 收到消息回复

收到消息回复是指在用户发送非关键词的文字时系统发送给用户的消息，一般为希望用户翻阅历史消息或者遇到问题时可以留言及拨打客服电话等提示。点击“收到消息回复”选项卡，在编辑框中输入“请您稍等，随后回复您！”，然后点击“保存”按钮即可。

3. 关键词回复

对于已经建立的关键词，用户只要回复关键词或者包含关键词的相关内容，系统就会自动回复已经设置好的内容。点击“关键词回复”选项卡，继续点击“添加规则”按钮，打开关键词回复编辑框。在编辑框中填写关键词的规则名、关键词、回复内容。关键词虽然可以填写多个，但是为了保证回复的准确性，一般只设置一个。

回复的内容可以是文字、图片、语音、视频，由运营者视内容而定。点击“图文消息”，进入“选择素材”页面，选择相应的链接素材，点击“确定”。填写完毕后点击“保存”按钮即可。

所有自动回复设置完成后，在微信公众号中可以看到不同的留言及回复情况。

（四）进行消息管理

微信公众平台最多为运营者保存最近 5 天客户发送过来的消息，所以一定要对未回复的消息尽快回复，不然很有可能漏掉用户的消息，造成用户的不满。

1. 进入消息管理页面

回到微信公众号后台，点击功能导航中的“消息管理”超链接，进入消息管理页面。在消息管理页面可以查看全部消息。

2. 消息查找、收藏与回复

系统设置了多种查找条件，有“时间排序”“赞赏总额排序”等。查看消息时，对于重要的消息可以点击“五角星”按钮进行收藏；对于需要回复的消息则点击“小箭头”按钮即可。

四、撰写微信公众号内容

微信公众号要想长期运营，尤其要重视公众号的内容，依靠高质量的内容来提升公众号的品质。只有做好内容，才能从根本上提升营销价值。

（一）分析内容价值

内容创造价值，内容管理和运营是微信营销最重要的一个环节。内容的管理和运营主要指对内容的策划、更新和推广，包括文案的策划、撰写，产品信息的植入等。推广则是需要对编撰好的内容通过各种渠道进行推广，以扩大商品的曝光度和影响力，让更多的人知道产品的存在。

在做内容之前，要弄清楚一个问题：微信公众号是为企业服务的还是为用户服务的？很多人认为答案是前者，微信一定要围绕企业利益、产品特色去做。其实恰恰相反，内容的定位一定要以用户为中心，从用户的角度着想，然后再结合企业的特点。千万不可只推送企业自己的内容，因为只有用户从你的微信中获得了想要的东西，他们才会更加忠实于企业和产品，接下来的销售才能水到渠成。

用户永远是因好的内容而来的，用户转发推荐也是因为觉得内容有价值，所以应遵循“内容为王”的原则。对于微信的内容，应采用“1+X”的模型，“1”是最能体现账号核心价值的内容，“X”则代表了内容的多样性，以迎合和满足用户的需求，增强内容的吸引力。微信营销对内容的要求比较高，因为只有持续地、高质量地输出好的内容，才能最大限度地展示自己，吸引用户关注。

（二）确定内容形式

从素材来看，微信内容主要有文字、图片、视频、音频等四类形式。这四类素材共同构成了微信最基本的内容。然而，在实际运用时，这些内容很少是以单一的形式出现的，不管是纯文字、纯图片，还是纯视频，效果都不是特别好。因此，最理想的方式是多种形式组合运用，如“文字 + 图片”“音频 + 视频”“图片 + 音频”等组合形式，或者三合一、四合一的组合形式。

（三）微信内容文案形式

微信内容文案通常可分为四种形式，分别为广告宣传式、情感诱导式、活动促销式、观点表达式等。

1. 广告宣传式

内容的最终目的是宣传、推广其中含有的品牌、产品或服务信息，让阅读到这篇文案的读者接受和认可。因此，软文策划人员、创作人员在写一篇软文时必须有这样的意识，即无论写什么样的软文，必须保证软文具有广告的作用，且便于宣传。因此，内容在某种程度上就是广告，只不过广告的潜入有的明显些，有的隐匿些。我们把带有明显广告特性、侧重于宣传的软文称作广告宣传式软文。

广告宣传式软文是软文“家族”中最重要的，也是运用最多的一个类型。纵观公众号、朋友圈的软文文案，这种类型最多。很多经典的软文也出于此类，它有着超强的宣传性，对企业品牌、企业形象的树立，产品和服务销量的扩大，消费者购买欲望的诱导都有很大的促进作用。美团、拼多多在其微信公众号上发布的文章，基本上都是这类软文，以直接推荐其产品、宣传促销活动为主。

2. 情感诱导式

有的软文向读者展示的不是一篇文章，而是一个观点或一种情感。感情是能真正触动读者心灵的。现在很多企业在进行营销和推广时讲究以人为本、体验至上，某种程度上突出了情感的因素。其实，情感体验是最容易深入人心的。做营销工作，如果能抓住消费者的情感，那就成功了一半。写软文也是同样的道理，只要抓住“情感”这个核心，以情感人、以情动人，就会很容易俘虏一部分读者的心。

3. 活动促销式

做营销关键在于调动消费者的参与感。软文营销也是同样的道理，所写的文字要有利于读者的互动和参与。而要做到这一点，软文撰写人员要构思创意，写一些有话题性的、容易展开互动的文章。

因此，可推出一些极具娱乐精神的活动，或赠送、抽奖、讲座等，这些活动一方面宣传了产品和服务，提升了企业的知名度和美誉度；另一方面也极大地调动了用户参与的积极性和主动性，增强用户对企业的忠诚度。

4. 观点表达式

从写作的角度看，软文就是一篇普通的文章，最基本的原则是可完整地表达一个信息、一种思想、一个观点，且能以最明确的语言来阐述文章的中心意思，解决读者的某些问题。也就是说，软文首先要能传达思想、表达观点、传递信息，让读者读后有所收获。某理财公众号上的一篇软文《过来人的买房建议》，从标题上看该文就是一篇观点表达性十分强的文案，就是告诉读者如何买房、在买房时应注意些什么。这类软文文案的写作在写之前要求策划者、写作者明确自己所表达的东西，想清楚“我想向读者传递什么”“让读者明白什么”。切忌为了追求华丽的文字，盲目迎合读者的需求而随意去写，这样往往会本末倒置，适得其反。

（四）积累写作素材

做内容运营，必须不断吸收最新的知识，信息累积一定要够，这样写起文章才能够信手拈来、有理有据。现在新媒体、自媒体很发达，获取信息的方式也非常多，通过以下途径可以获取大量的素材。

（1）关注相关的公众号，建议每天至少关注 30 个以上和你输出内容相关的微信公众号，看一下同行或者目标群体都在关注些什么内容。

（2）各种网站、社区（豆瓣等）、微博等每天也会产生大量的高质量内容，可以通过多浏览获取信息。

在获取大量的素材后，还需对其进行简单的分析，这时可以建立一个素材分析表格，将内容根据来源、类别、亮点、内容方向、专业度等进行分类以便于查找。

（五）了解用户需要什么样的内容

统计各项数据，并做适度的分析，即明确所输出的内容是否能为平台带来目标用户、判断这些内容是否对用户有吸引力。为了充分了解和挖掘用户需求，在做这方面的运营之前，需要明确三个问题：第一，思考产品的定位是什么，知道了产品的定位才能知道产品需要什么样的内容。第二，思考用户是谁、这些用户有什么样的特征，想想他们会需要什么样的内容。第三，想想同类型的产品都有哪些。知己知彼，百战不殆，了解到竞争对手都有谁，就能知道自己的战斗目标，找到了竞争对手其实也就找到了一条好的内容资源渠道。

（六）根据数据反馈结果调整推广策略

分析数据，找出其中可能存在的问题，并进行相应的调整。一篇文章发布后需要对效果进行反馈，并根据反馈结果进行推广策略的调整，如推广时间、推广方式等。

运营者在掌握了活动的策划、撰写技巧之后，还需要精准把握推送时间。由于所有的活动都需要通过微信端才能展示给受众，那么就必须兼顾到受众的阅读时间，也就是要抓住对方的阅读习惯。一般来说，我们应该按固定时间段定时发送，但是这也不是最科学的方法，正确的做法应该结合实际条件而定，在对阅读群体特殊需求的分析基础上，根据用户的实际情况及群体特征而定。

如阅读群体主要是学生族，则应集中在早 8:00 以前，或 16:00 以后；如果是朝九晚五的上班族，则应分段进行，早晨上班前、中午午休时间以及 18:00—22:00 是最佳的时间。再如为满足企业新品发布的需要或促销日期间，或者遇到有比较紧急的通知，有相关的重大社会热点事件等情况，如每年的“双 11”“双 12”都会引发一轮网购潮，这个时候几乎所有人都在时刻高度关注。可以说，这几天所有的时间段都是微信发送的黄金时期，即使是信息轰炸，用户也乐意刷新手机。

关于推送时机的把握，每个运营者各有不同。通过一系列的数据统计，定时对推送的内容进行调整，也是内容运营者的日常工作。内容运营者一定要明确自身的内容定位、用户需求、产品调性等因素，以此来确定自己的内容生产和流通机制，同时，不断监测运营数据的变化，在实践中迭代运营策略和手段。

五、微信公众号营销模式

微信公众号营销模式一直处在一个动态发展状态。最初微信公众号兴起时，人们热衷于“扫码有礼”“分享有礼”等简单的福利模式。随着微信公众号的不断发展以及用户粉丝的心理成长变化，商家已经开始了更多元化、更有趣、更有传播价值和营销价值的模式，比如有植入产品的游戏福利转发互动营销模式、“故事 + 产品优惠”的营销模式、热点事件的营销模式等。随着整个微信生态圈的不断发展和成熟，未来还将涌现更多有创意、创新的微信公众号营销模式。

（一）互动营销模式

微信公众号营销最被大家所熟知的，便是互动营销模式。这种营销模式之所以被很多商家热衷，恰恰是抓住了用户粉丝对于分享、表达意愿等“利己性＋利他性”的心理特点，达到了产品营销与互动的效果。

1. 主要的互动营销模式

（1）转发福利式。

转发福利式是将整个活动传播开去，再利用优惠券等转发形式促使用户消费，从而带动整个平台的销售额。这种活动可以长期进行，人们对经常使用的代金券有长期的需求，但是成本较高。

（2）测试表达式。

各种星座、性格的测试，用户转发时不仅是一种娱乐的体验，更是一种对自我的表达，体现的恰是一种认同感。不可否认，测试的确可以当成引爆点，但在用户的转化上是一个难点。

（3）投票福利式。

投票赢福利是许多微信公众号都尝试过的形式。往往商家会特别设置，通过关注微信号才能参与该活动，从而收获用户，同时也能造成用户的主动传播。

（4）评论点赞式。

在微信公众号运营一段时间之后，微信公众号官方将根据推送的内容，给予该公众号原创评论功能。这就意味着我们可以利用每篇文章内容之后的评论功能来进行互动，即根据用户留言评论后的点赞量进行人气排行，拥有高点赞量即可赢取相应的福利。

2. 互动营销模式中的福利

福利的分享是病毒式营销的极大助力。分享福利意味着接受分享者参与游戏也可以获取福利。主要有以下几种。

（1）红包、优惠券。

这是电商提升销售额的惯用手法，只要与传播方式结合得恰当，通常可有较好的传播效果。

（2）手机话费、电影票等。

手机话费、电影票等福利形式，也是目前微信用户乐于接受的形式，操作方便，又具有一定的实用性。

（3）体验活动的机会。

这类活动通常是用户自己无法实现的，或者需要很大代价或者精力才可以自己实现。这样才能体现出其福利的可贵价值。

（4）具有诱惑力的礼品。

礼品的选择一定要有特色，尽量在颜值上和产品价值上突出吸引力。

（二）“故事＋产品优惠”的营销模式

随着微信公众号营销传播形式的不断成熟，如今，最受到热捧的形式，当属“故事＋产品优惠”的营销模式。

什么是故事性的营销呢？

故事性广告就是借用文学创作的手法，将商品和服务的信息通过新颖、独特的情节设计展现给受众。深化受众对信息主体的感受认同，从而达到广而告之的目的。研究发现，优秀的故事性广告容易给受众留下深刻的印象，并且赢得相当高的点击率。在以往的故事性广告中，视频类居多。

“故事＋产品优惠”的营销模式就是通过故事性广告，文末带上营销产品的优惠福利，这样的形式更让受众容易接受，同时也赋予了产品更丰富的内容。

“故事＋产品优惠”的营销模式具有以下特点。

1. 可读性强

“故事＋产品优惠”的营销模式之所以会受到欢迎，在很大的程度上在于其可读性。通过阅读微信公众号中的故事性的内容我们可以发现，这类营销模式往往通过一个饶有趣味的话题或一个一波三折的故事引出要营销的商品，毫无违和感，在非常自然的情况下打动消费者，并产生较为理想的广告效果，甚至加深传播层次，产生“病毒式传播”效应。

赋予目标用户一种强烈的身份标签，让他们有社群归属感。当内容植入故事中，产品就成为一种实体化的社交工具。用户使用该社交工具，首先和产品产生了最直接的、第一道互动，然后和其他人因该产品碰撞出了各种故事。

2. 粉丝专享优惠

这种营销模式在讲完故事后，会带给粉丝微信专享的优惠特权。也就是让粉丝享受一些折扣优惠，这些折扣往往会比该产品官方销售更优惠。如此一来公众号平台既收获了粉丝，也实现了广告效应。粉丝既免费看了精彩故事，也知晓了产品。真正将公众号、粉丝、商家串联起来，形成三赢局面。

3. 渠道资源互换

“故事＋产品优惠”的营销模式，其内容推送的公众号往往不是商家本身的企业微信公众号，而是会和该产品领域中具有高人气、高粉丝量的微信公众号合作。因为这些人气公众号拥有长期稳定的粉丝群体，所以商家利用其粉丝传播资源。比如生产母婴类产品的商家，会寻找母婴类达人的微信公众号，让这些公众号主人通过他们口中讲述生动的故事，并融入这个公众号一贯的价值观与风格，再巧妙地结合商家的产品，最后，商家与这些高人气公众号实现了资源互换，达到双赢的效果。

（三）事件营销

事件营销是很多商家津津乐道的营销方式。在微信公众号营销出现之前，其就被很多企业营销大咖们所青睐。

事件营销是指企业通过策划、组织和利用具有新闻价值、社会影响以及名人效应的人物或事件，吸引媒体、社会团体和消费者的兴趣与关注，以求提高企业或产品的知名度、美誉度，树立良好的品牌形象，并最终促成产品或服务的销售手段和方式。

微信公众号营销中的事件营销又具有区别于其他媒体平台的特点。

1. 事件议程设置更为紧凑

微信平台本身的传播速度极为迅速，因此，微信公众号的事件营销议程设置的时间节点也变得更为紧凑。一旦事件营销成为微信朋友圈刷屏的热点，其事态走向就会变得极为微妙。商家需要及时、迅速地第一时间做出相应的内容推送，从而达到预期的营销效果。

2. 事件舆论导向影响大

当事件营销具有一定的争议性时，其社会舆论导向以及对于当事人的舆论压力影响是极为巨大的。因此，商家的微信公众号事件营销模式需要经过反复考量，谨慎对待，避免事件营销的最终走向对企业品牌形象产生负面影响。

商家需要根据自身的品牌情况和发展阶段，选择一个适合自身产品的模式，同时也需要灵活运营、结合多种模式并创新地进行操作，在一次次的尝试和试错的过程中找到匹配自身品牌营销的方式。

素养课堂

不信谣、不传谣、不造谣

六翅肯德基怪鸡、康师傅地沟油、娃哈哈肉毒杆菌……近年来网络上经常出现一些食品谣言，这些未经核实的内容被一些微信公众号推送和转发之后，给部分企业带来了较大的经济损失。对此，娃哈哈、康师傅、肯德基等企业曾联合将涉嫌传谣微信公众号背后的运营公司告上法庭，要求其赔偿经济损失。由此可见，新媒体运营者一定要遵守相关法律，核实信息来源，不乱发未经核实的信息，不能编造、散布谣言。广大微信用户也要保持冷静理性，通过权威新闻媒体了解真实信息，自觉做到不信谣、不传谣、不造谣，共同维护良好的网络环境。

任务实训

为某摄影店策划微信营销

一、实训场景

小文是某摄影店店长。目前，该摄影店迎来5周年庆典，5周年庆典活动包括线上和线下活动。线上活动通过微信平台展开，以扩大活动影响力。线上活动的具体内容安排如下。

· 活动时间为9月12日—9月20日。

· 参与活动的用户必须是微信公众号“亲恬摄影”的粉丝。

· 奖品包括价值1 999元儿童摄影套餐、价值2 999元情侣摄影套餐、价值5 999元家庭摄影套餐。

· 领奖人需持有效信息到门店领奖并进行摄影预约。

为此，小文一方面要通过自己的个人微信号发布活动信息，引导目标用户关注摄影店的微信公众号；另一方面要通过公众号群发活动详情，吸引更多用户参与活动。

二、实训内容

（1）管理微信好友，为好友分组，分组发布朋友圈内容。

（2）编辑活动推广文案，并群发消息。

三、实训目的

（1）提升微信营销能力：深入理解和掌握微信营销的基本策略和技巧。

（2）掌握好友管理与分组技巧：精准地定位目标受众，为不同类型的好友提供定制化的内容推送。

（3）提升文案编辑与群发技能：学会撰写具有吸引力和引导力的营销文案；掌握微信群发消息的技巧和规范。

四、成果形式

（1）分组好友列表：展示学员对微信好友进行分组管理的结果，包括各组的命名、人数以及分组依据。

（2）推广文案与数据报告：提交编辑好的活动推广文案，并附上群发消息后的数据统计报告，如阅读量、点赞数、转发数等，以量化文案的传播效果。

（3）活动效果分析报告：根据监测到的数据，撰写一份关于5周年庆典活动微信营销效果的分析报告，总结活动的成效与不足。

（4）经验总结与反思：学员对实训过程中学到的知识、技能以及遇到的问题进行书面总结，提出改进建议和自己的反思。

五、实训方法

任务驱动。

六、实训准备

联网计算机。

七、实训步骤

本实训分为在微信朋友圈发布活动信息和通过微信公众号群发活动推广文案两个部分。

（1）在微信朋友圈发布活动信息。

小文的微信好友数量众多，为了便于识别，小文首先为与摄影店建立联系或留有信息的用户设置分组，然后在朋友圈撰写活动信息并向该组发布信息，具体操作如下。

步骤1：打开微信App，点击底部的“通讯录”图标 ，打开“通讯录”界面，点击“标签”选项，如图8-25所示。

步骤2：打开“通讯录标签”界面，点击“新建标签”按钮，如图8-26所示。

步骤3：打开“选择联系人”界面，依次选择需要放置在同一标签下的好友，完成后点击“完成”按钮，如图8-27所示。

图8-25　点击“标签”选项

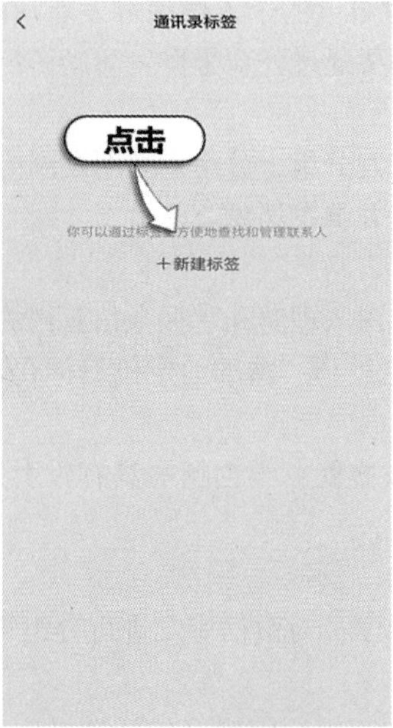

图8-26　新建标签

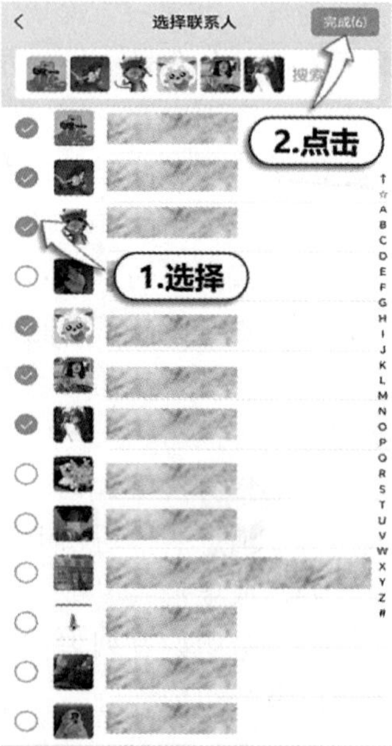

图8-27　选择好友

步骤4：在“标签名字”栏中输入标签名字，点击“保存”按钮，如图8-28所示。

步骤5：在微信主界面底部点击“发现”图标 ，打开“发现”界面，点击“朋友圈”选项，如图8-29所示。

步骤6：在打开的界面中点击右上角的 按钮，在打开的面板中点击“从手机相册选择”选项，如图8-30所示。

步骤7：在打开的界面中选择所需图片，点击“完成”按钮，如图8-31所示。

步骤8：在打开的界面中输入活动内容，点击下方“谁可以看”选项，如图8-32所示。

图 8-28　标签命名

图 8-29　点击“朋友圈”选项

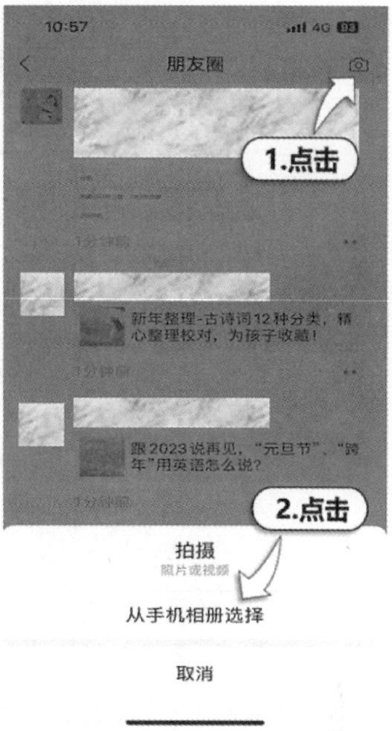

图 8-30　点击“从手机相册选择”选项

图 8-31　选择照片

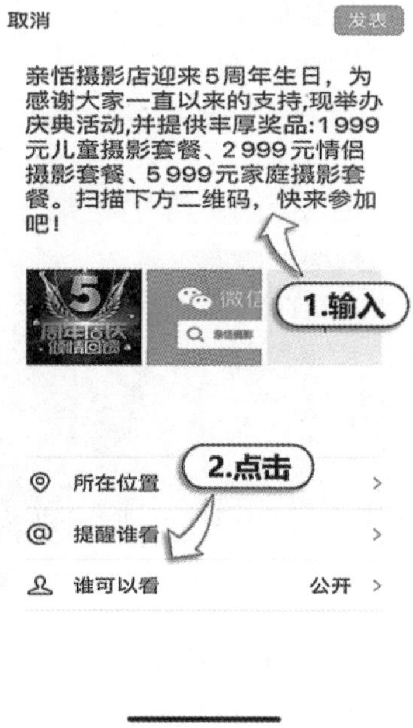

图 8-32　输入活动内容

步骤 9：在打开的界面中选中“部分可见”选项，点击选择标签，如图 8-33 所示。

步骤 10：在“选择标签”栏中勾选分组微信好友，点击“完成”按钮，如图 8-34 所示。返回朋友圈内容发布界面，点击“发表”按钮完成发布。

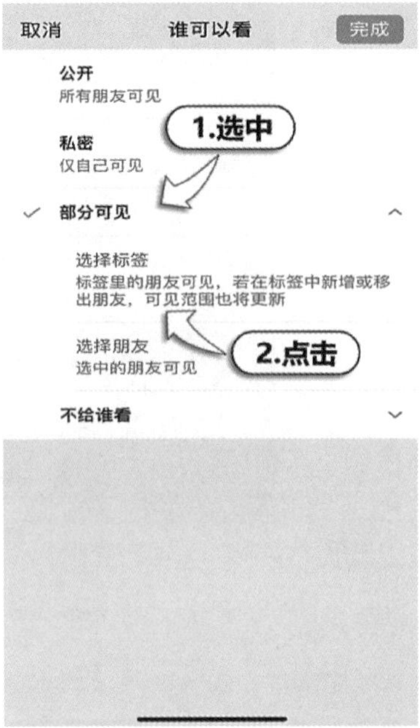

图 8-33　点击“部分可见”选项

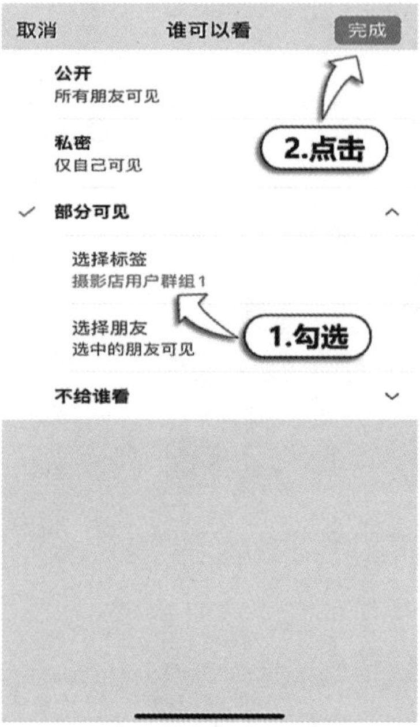

图 8-34　选择分组标签

（2）通过微信公众号群发活动推广文章。

登录微信公众号后，首先输入活动内容，然后插入图片，最后设置格式并群发文章，具体操作如下。

步骤 1：扫码登录微信公众号，如图 8-35 所示，进入微信公众号后台。

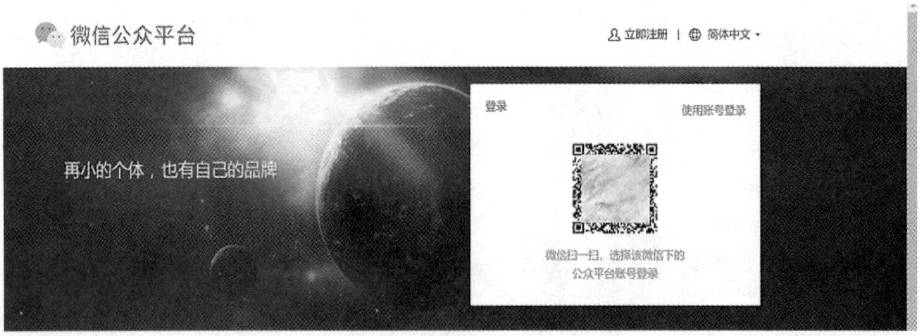

图 8-35　扫码登录公众号

步骤 2：在微信公众号后台首页“新的创作”面板中选择“图文消息”选项，打开后台编辑页面，输入文案标题、作者名称和正文，如图 8-36 所示。

步骤 3：在“【奖品 1】价值 1 999 元的儿童摄影套餐 30 名”末尾处按【Enter】键换行，单击“图片”按钮，在打开的下拉列表中选择“本地上传”选项，如图 8-37 所示。

步骤 4：打开“打开”对话框，选择需要上传的图片，然后单击“打开（O）”按钮，插入图片，如图 8-38 所示。

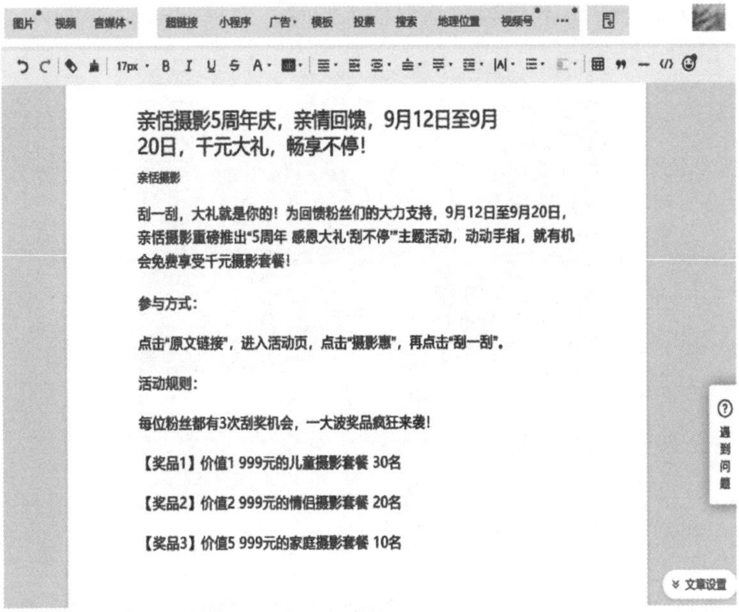

图 8-36　输入文案标题、作者名称和正文

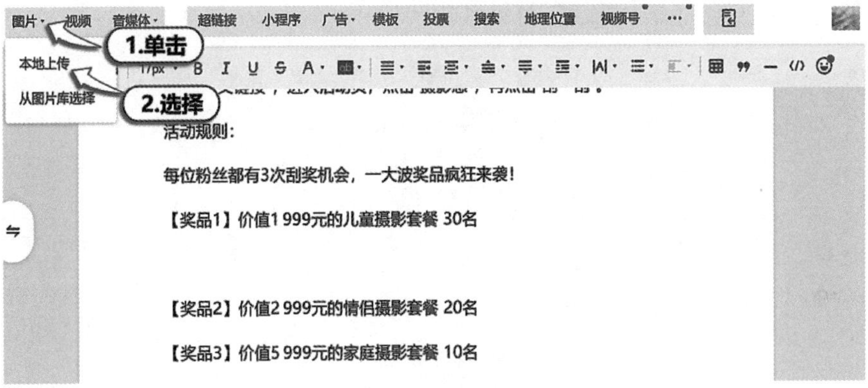

图 8-37　选择“本地上传”选项

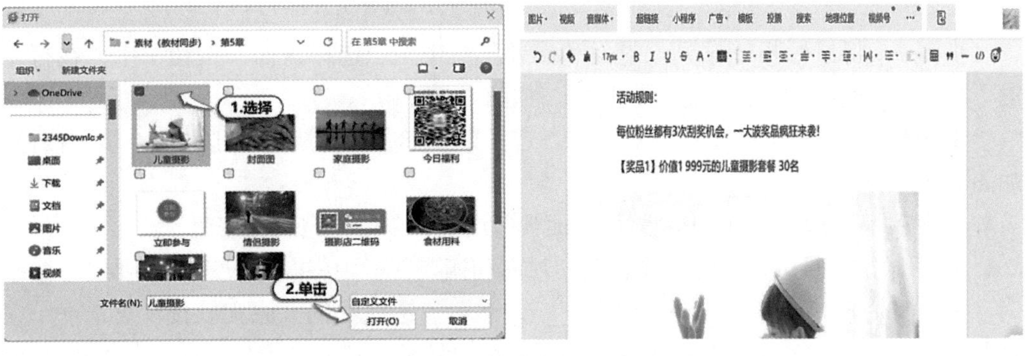

图 8-38　选择并插入图片

步骤 5：分别在“【奖品 2】价值 2 999 元的情侣摄影套餐 20 名”“【奖品 3】价值

5 999 元的家庭摄影套餐 10 名”段落下方插入图片，效果如图 8-39 所示。

图 8-39　插入其他图片的效果

步骤 6：选择“参与方式：”文字与符号，单击“加粗”按钮 B、“下划线”按钮 U，将文字与符号加粗显示并添加下划线，如图 8-40 所示。使用相同方法为“活动规则：”和“活动详情：”文字与符号设置相同格式。

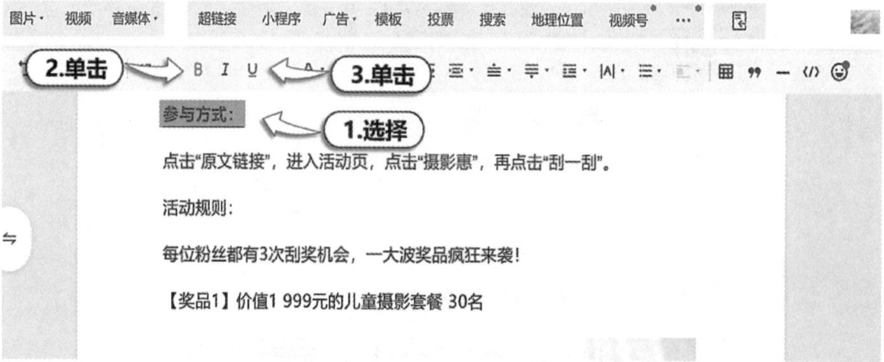

图 8-40　加粗显示并添加下划线

步骤 7：将鼠标指针移到“封面和摘要”栏中的“选择封面”按钮 + 上，在打开的下拉列表中选择“从正文选择”选项，如图 8-41 所示。

步骤 8：打开“选择图片”对话框，选择第 3 张图片，然后单击“下一步”按钮，如图 8-42 所示。

步骤 9：在打开的页面中，默认封面裁剪设置，单击“完成”按钮。

步骤 10：返回文案编辑页面，在“封面和摘要”栏中将默认设置的摘要内容修改为“可中奖用户多达 60 名，机不可失！”，然后勾选底部的“原文链接”复选框，在打开的“原文链接”对话框中输入活动页的网页地址，单击“确定”按钮，如图 8-43 所示。原文链接地址没有限制，既可以是公众号平台内部的文案地址，也可以是外部网站地址。

图 8-41　设置封面

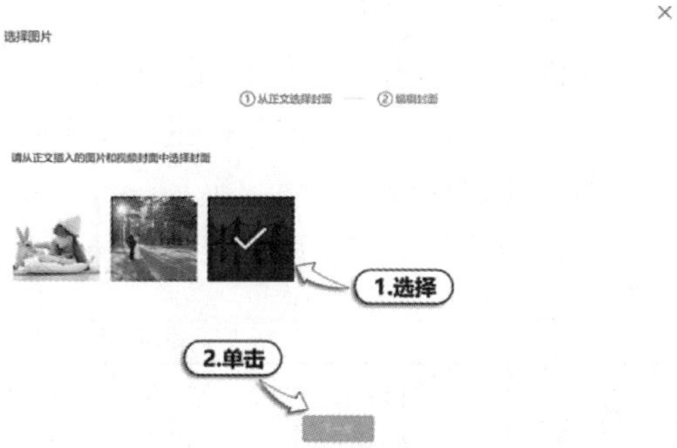

图 8-42　选择封面图片

图 8-43　设置摘要和原文链接

步骤 11：完成原文链接设置后，单击“发表”按钮，如图 8-44 所示，打开“群发通知”对话框，确认无误后单击“发表”按钮。

图 8-44　发表文案

步骤 12：打开提示对话框，其中显示“已开启群发通知”，单击“发表”按钮。

步骤 13：打开“微信验证”对话框，扫描二维码进行验证，此时微信 App 中将显示确认信息，点击“确定”按钮，完成微信公众号文案的发布。

八、实训评价

填写微信营销实训评价表，见表 8-1。

表 8-1 微信营销实训评价表

评价项目	好友管理与分组能力（25%）	文案编辑能力（25%）	群发消息操作（15%）	数据监测与分析（15%）	职业素养（20%）
评价标准	A. 分组合理且准确，每组属性清晰 B. 分组基本合理，但部分属性模糊 C. 分组不合理或未进行分组	A. 文案创意性强，吸引力大，阅读量和点赞量高 B. 文案一般，有一定的阅读量和点赞量 C. 文案缺乏创意，阅读量和点赞量低	A. 消息成功发送至大部分粉丝，打开率高 B. 消息发送有遗漏，但大部分成功，打开率一般 C. 消息发送失败或打开率极低	A. 提供完整数据报告，优化建议实用 B. 数据报告部分缺失，有基本分析 C. 无数据报告或分析不准确	A. 大有提升 B. 略有提升 C. 没有提升
分项得分					
总分					

说明：

1. 表格内按百分制打分。
2. 可以邀请合作企业专业人员、电商协会等机构专业人士担当第三方参与评分。
3. 各标准对应的分数范围：A.80～100 分；B.60～79 分；C.60 分以下。

小提示

如果公众号通过认证并开通微信支付，营销人员可以在文章编辑页面中单击超链接按钮，以文字或图片的方式插入外部链接，用户单击设置了链接的文字或图片可跳转到外部网站。如果公众号不具备在文章中插入链接的权限，营销人员除了采用原文链接的方式外，还可将外部网站的网页地址生成二维码，插入文章中，引导用户扫描二维码进入外部网站。

任务测评

一、单选题

1. 微信的本质是（　　）。

A. 媒体　　B. 即时通信工具　　C.CRM 工具　　D. 聊天软件

2. 微信公众平台服务号在内容发布上限定的，每个月只能推送（　　）群发消息。

A. 一次　　B. 两次　　C. 三次　　D. 四次

3. 微信营销之所以能在微博营销等一系列营销的“前辈”中露出头角，主要是因其具有更强效的（　　）。

A. 稳定性　　B. 时效性　　C. 实效性　　D. 互动性

4. 微信营销是一个低成本的营销方式，其是基于（　　）平台开展的。

A. 互联网　　B. 移动互联网　　C. 腾讯网　　D. 无线网络

二、多选题

1. 微信营销的营销方式是（　　）。

A. 一对多

B. 一对二

C. 多对多

D. 一对一

2. 微信营销可以根据客户需求来为客户提供（　　）服务。

A. 个性化

B. 创新化

C. 特殊化

D. 差异化

E. 品牌化

3. 微信公众平台为企业提供（　　）。

A. 服务号

B. 马甲号

C. 汇款号

D. 企业号

E. 操作号

4. 企业可利用微信平台通过（　　）的方式发放自身品牌的优惠信息推广。

A. 自拍广告

B. 图片

C. 宣传文字群发

D. 朋友圈分享

E. 二维码发送

三、简答题

1. 什么是微信营销？

2. 微信营销的四大特点是什么？
3. 什么是微信公众号？公众号有什么用？
4. 微信公众号是怎样认证的？认证有什么意义？
5. 服务号与订阅号有什么区别？

项目九　直播营销

学习目标

知识目标：

1. 掌握直播营销的定义，了解直播营销常用平台。
2. 学会设计直播话术，能够针对不同商品设计具有吸引力的话术。
3. 熟悉直播的工作流程，按照工作流程有序完成直播带货。
4. 掌握直播主播的打造方法。
5. 掌握不同品类商品的内容策划要点，能够写出整场直播脚本和单品直播脚本。
6. 掌握直播间突发事件的应对策略。

技能目标：

能够利用直播对产品进行营销推广。

素养目标：

1. 培育学生对数字中国、科技强国、网络强国的大国自信及民族自豪感。
2. 培养学生求真务实、敢为人先的创新精神。
3. 引导学生树立“正能量、守底线、有德行、守法纪”的直播电商职业价值观及直播电商风险防范意识。
4. 引导学生在社交电商行业中树立遵纪守法、规范经营的法治意识。

案例导入

公益直播，反哺家乡

在2023年99公益日到来之际，微信视频号的五位返乡青年创作者联合腾讯公益开展了多场公益直播，不仅化身“家乡好物推荐官”，积极为各类农产品和地方特产带货，还将大部分直播收益定向捐赠给乡村公益项目，并呼吁观众共同参与慈善事业、奉献爱心，为返乡青年投身公益、回馈家乡提供了新的探索。

此次视频号创作者发起的系列公益直播共吸引近20万人观看，观众互动点赞数突破400万，推动地方农产品、海产品及地方特产销量攀升，带动腾讯公益平台乡村教育、儿童素养、营养餐食等多个项目参与人数上涨。通过腾讯公益平台，直播收益定向捐给乡村公益项目。

近年来，随着数字技术的发展，越来越多青年群体返回家乡，通过微信等工具进行低门槛、低负担的创业，为个人及家乡带来高增长、高回报的空间。这些返乡青年在故土开创事业的同时，也衍生出大量就业、收入机会，带动地方经济和发展。曾经“回不去的家乡”，如今正悄然转变。

1. 卖农货、捐农村，开创公益新路径

赖某是此次开展公益直播的视频号创作者之一，早年经历过大城市的繁华，因一纸承诺毅然选择返乡教书，目前在广西北海市合浦县石湾镇任小学老师，并在视频号上拥有近百万粉丝。

平日，赖某会通过视频号分享自己与学生、家人互动的情景，并大力推荐家乡红薯、芒果、百香果等农产品。为了吸引学生家长返乡工作，赖某用“定种包销”的模式推广红薯种植。产品的热销带动种植户、上下游、周边产业等数万人收入提升。还有不少学生家长、村镇青年加入了赖某的队伍，为乡村振兴发光发热。

同样参与公益直播的还有山东青年邢某。邢某在威海荣成市的一个港口小镇长大，从北京某高校硕士毕业后，返乡与家人开启了视频号创作者的道路。不到一年时间，邢某旗下视频号小店的月销售额已突破百万元。

在邢某的带领下，小镇及周边地区的供应链、云仓、物流、销售、直播和运营体系等逐渐完备，吸引众多外出务工人员返乡工作和生活。目前，邢某所在的石岛镇在各大平台的视频播放量、关注度都在快速提升，渔业传统面貌焕然一新。

不同于前两位创作者，“3 支花果蔬”三兄弟走的是诙谐路线，他们也笑称自己是“乡村野模”。凭借在视频号创作、发布乡间走秀、水果时尚、原生态秀场视频，他们已累计为四川大凉山地区村民带货石榴、苹果、山核桃等农产品数十万单。

99 公益日期间，这些创作者通过公益直播不仅再次推高家乡农产品及地方特产销量，还唤起了广大网友一起做好事的善心。善款定向捐赠的公益项目，也都覆盖创作者所在的地区，开创返乡青年参与家乡建设、反哺家乡发展的公益新路径。

2. 数字生态焕新家乡面貌，吸引人才回流

无论是赖某、邢某，还是“3 支花果蔬”，他们都是万千返乡青年的缩影。随着 5G、人工智能等信息技术的发展，以及交通、物流等基础设施的完善，大量青年群体返回家乡，或创业、或工作。他们借由微信等低门槛的数字工具和在外掌握的数字技能，捕捉到藏在山村里的“生意经”，为人才回流、地方发展提供了新的机会与可能。

饮水思源。如今，返乡创业和就业的年轻人正通过自己的知识为故土注入新的活力，并通过公益直播的方式，再次感恩家乡、回馈家乡。相信在他们的呼吁和带动下，投身公益事业、关注乡村发展的力量会愈发澎湃。涓涓善意，终将汇成大海。

任务一　直播营销概述

扫一扫

配套微课

一、直播营销的定义

直播营销是指在现场随着事件的发生、发展同时制作和播出节目的营销方式。该营销方式以直播平台为载体，可帮助企业达到包装品牌或提升销量的目的。直播的核心价值在于它聚焦注意力的能力，未来直播营销将成为多数商品的营销方式。

直播营销之所以受到越来越多企业的青睐，主要是因为其具备以下 3 个优势。

（一）实时性

直播可以让用户同步看到事件的发生、发展过程和结果，第一时间反映现场的状态，无论是投票还是新闻资讯，直播都可以实时呈现其最新进展。

（二）真实性

企业可以把商品的生产过程，通过直播的形式展示出来，这样能够很容易获得用户的信任。

（三）互动性

直播能够帮助企业对商品和品牌进行深入、详细的讲解，同时企业可以安排专业人员针对互动区用户的提问进行回答，使用户的问题能够得到解决。用户也可以针对直播中发现的问题发言。直播真正实现了企业与用户、用户与用户之间的互动。

二、直播营销的常见形式

直播营销的特点之一是场景真实。直播团队为了吸引用户观看直播，需要根据实际销售商品的特点选择更能吸引用户的直播营销形式。常见的直播营销形式如表 9–1 所示。

表 9–1　常见的直播营销形式

直播营销的形式	直播方式及特点
商品分享式直播	商品分享式直播就是主播在直播间向用户分享和推荐商品，或者由用户在直播间的评论区留言，告诉主播自己需要的商品，然后主播按照用户需求推荐、讲解并展示商品
产地直销式直播	产地直销式直播是指主播在商品的原产地、生产车间等地，通过展示商品真实的生产环境、生产过程，让用户体会到真实感，从而吸引用户购买
基地走播式直播	基地走播式直播是指主播到直播基地进行直播。直播基地一般是由专业的直播机构建立的，不仅配置的直播设备比较优质，直播画面和效果更好，而且供应链一般也比较完善。主播可以根据自身需求在基地挑选商品，并在基地提供的直播场地中直播。此外，直播基地中的商品会在购物平台上架，主播在基地选好商品后，在直播时将商品链接导入自己的直播间即可

续表

直播营销的形式	直播方式及特点
现场体验式直播	现场体验式直播是指主播在直播间现场对商品进行使用、加工、制作，向用户展示商品的使用过程或者加工、制作过程和加工后的真实状态。一般对于食品、小家电和3C商品，主播会采用这种直播营销形式
砍价式直播	砍价式直播是指在直播中，主播先向用户分析商品的优缺点，并告诉用户商品的大概价格，待确定用户有购买意向后，主播再向品牌商砍价，为用户争取更优惠的价格，价格协商一致后即可成交
教学式直播	教学式直播是指主播以授课的方式在直播中分享一些有价值的知识或技巧，如化妆技巧、修图技巧、运动健身技巧等，让用户感受到主播的专业性，当用户对主播具有一定的信任度后，主播再推广相关商品或与所分享知识相关的教育培训服务
才艺表演式直播	才艺表演式直播是指主播直播表演舞蹈、瑜伽、脱口秀等，并在表演才艺的过程中推广使用的商品，如表演才艺穿着的服装、鞋或使用的道具等
测评式直播	测评式直播是指主播边拆箱边介绍箱子里面的商品。主播描述商品的特点和使用体验，让用户真实、全面地了解商品的性能，从而达到推广商品的目的
访谈式直播	访谈式直播是指围绕与商品相关的主题，主播与嘉宾通过互动访谈的方式阐述自己的观点和看法，并向用户介绍商品，吸引用户购买的一种直播形式
海淘式直播	海淘式直播是指主播在国外商场、免税店进行的直播，让用户有在国外商场、免税店购物的感觉，可以激发用户的购买欲望。用户可以选择购买在直播中看到的商品
展示日常式直播	展示日常式直播既可以展示个人日常，也可以展示企业日常。个人日常通常就是吃饭、购物等日常生活场景。而企业日常就是企业内一些日常的工作场景，如企业研发新品的过程、企业生产产品的过程、企业领导开会的情景，以及企业员工的工作环境、工作状态等。主播通过展示日常生活、工作场景，可以引导用户产生共鸣，提升用户的兴趣，增加用户黏性

三、直播营销常用平台及直播营销的账号设置

（一）直播营销常用平台

直播营销带来的巨大营销效果，使得各类平台纷纷布局直播，催生出了众多直播平台。目前，常见的直播平台有娱乐类直播平台、游戏类直播平台、电商类直播平台、短视频类直播平台、社交类直播平台和教育类直播平台等。

1. 娱乐类直播平台

娱乐类直播平台兴起于PC端的秀场直播，是直播行业中发展较早的平台类型，入驻门槛低、用户流量大、主播数量较多。娱乐类直播平台直播类目以休闲娱乐、社交互动为主，涵盖才艺展示、聊天互动、户外活动、美食、体育、科技等内容。映客直播、花椒直播是较为典型的娱乐类直播平台。

2. 游戏类直播平台

游戏类直播平台是以实时直播游戏为主要内容的平台类型。全球电竞业的发展促进了游戏直播行业的发展，游戏直播成为直播产业中不可忽视的力量。游戏类直播趣味性强，颇受游戏爱好者的喜爱，如哔哩哔哩、快手直播。

3. 电商类直播平台

电商类直播平台是由电商平台孵化出来的，作为电商平台吸引流量、提高转化率的工具，帮助实现企业边直播边销售、用户边观看边购买的营销目的。电商类直播平台的直播内容以直播带货为主。目前，主流的电商类直播平台有淘宝直播、京东直播等。

4. 短视频类直播平台

短视频平台以输出短视频为主，但随着直播行业的发展，很多短视频平台适时推出了直播功能，平台上的用户除了可以上传、发布短视频内容外，还可以直播。与电商类直播平台专注于直播带货不同，短视频类直播平台的直播场景更丰富、直播内容更多元。目前，具有代表性的短视频类直播平台有抖音、快手等。

5. 社交类直播平台

社交平台是互联网上基于用户关系的内容生产与交换平台，用户在社交平台可以分享各类信息。在直播营销飞速发展的形势下，微信、微博等社交平台也上线了直播功能，搭建起了社交直播营销内容生态。

6. 教育类直播平台

目前，教育类直播平台可以分为两类：一类是在传统教育平台的基础上增加直播功能的平台，如网易云课堂；另一类是独立的教育类直播平台，如小鹅通。除了支持实时互动、分享知识之外，教育类直播平台还提供教学服务，包括课后答疑、作业批改、出题考试，甚至就业帮助等。

不同类型的直播平台的目标用户不一样，输出的内容也不同。营销人员在开展直播营销时，应根据企业的营销目的、品牌的特征，并结合直播平台的类型、用户特征等选择直播平台。

（二）直播营销的账号设置

不同直播平台的账号设置板块略有差异，但基本都包含账号名称、账号简介、账号头像和头图（指账号头像上方的背景图片）、置顶视频（指账号主页视频列表中置于顶部的视频）等元素。

1. 账号名称

个人账号的名称应体现个人特色，便于理解、记忆和传播。有一定知名度的主播，其个人账号也常使用自己的真实名字。企业账号通常为企业名或店铺名，如“某某服饰”“某某旗舰店”，或者为能体现产品特色的名称。

2. 账号简介

个人账号一般通过简短的内容告诉用户该账号的定位，展示个人特色和专长。企业账号则多直接说明企业品牌和产品的特点，以及企业实力等。

3. 账号头像和头图

个人账号的头像一般为真人照片，企业账号的头像一般为企业的品牌标志。个人账号的头图一般为真人照片或生活场景图，也可为展示主播特长、联系方式等信息的图片。企业账号的头图一般为品牌标志或产品图片，或者为展示企业形象的创意图片。

4. 置顶视频

置顶视频可以是拍摄的短视频，或剪辑的往期直播片段。个人账号的置顶视频最好能体现出自己的人设，同时点赞数较多。企业账号的置顶视频一般是体现企业品牌和产品特色的视频或用于推广新产品的视频。

四、熟悉直播的工作流程

在整场直播中，用户直接接触到的对象是主播，所以，很多用户可能认为直播就是主播从开始直播到结束直播的整个过程。其实不然，完整的直播涉及直播筹备、直播执行、直播复盘等环节。

（一）直播筹备

直播筹备环节也就是直播的前期准备环节，该环节主要包括的事项如表 9–2 所示。

表 9–2　直播筹备环节的具体事项

事项	说明
明确直播目标	一场直播活动预期实现的目标，如品牌宣传、销售商品、增加粉丝等。同时，直播目标应当是可量化且切合实际的，如销售额突破 2 万元、新增粉丝 500 人等
确定直播团队成员	确定好直播团队成员的人员配置和职能分工，保证团队成员各司其职，协作完成直播。另外，主播要提前熟悉直播流程和商品，以饱满的情绪和状态面对用户
选择直播场地	根据直播的需要选择合适的直播场地，如办公室、种植基地等，并适当布置场地，为直播创造美观、真实的直播环境
准备直播设备	准备直播可能需要的软硬件设备，如手机、计算机、摄像头、补光灯等，并提前调试好直播设备，防止设备发生故障
准备直播物料	准备直播需要使用的商品样品和辅助道具（手写板、计算器等），以及直播封面图、直播标题、直播脚本等
做好直播宣传	提前在各大平台（如微信、微博、小红书等用户活跃度较高的平台）宣传直播，让更多用户知晓直播信息，吸引用户准时观看直播

（二）直播执行

直播执行环节就是直播正式开播到下播的整个环节。直播执行环节按照直播开展阶段的不同，可以拆解为直播开场、直播过程和直播结尾 3 个环节。

1. 直播开场

直播开场一般包含主播自我介绍和直播活动的主题介绍，让用户对本场直播活动产生兴趣，从而长时间停留在直播间，并将直播间分享给更多用户。

2. 直播过程

直播过程环节以商品的介绍和讲解为主，让用户了解商品、品牌，对商品产生兴趣。在该环节中，大多数主播会通过发放红包或优惠券、才艺表演、商品打折等方式，刺激用户产生购买行为。

3. 直播结尾

直播结尾环节主要是向用户表示感谢，以及预告下一次直播活动的内容，引导用户关注直播间账号，将用户转化为粉丝，进而引导用户加入粉丝群。

知识链接

主播下播后并不意味着直播结束了，直播团队可以将直播时的精彩片段制作成短视频，发布在各大社交平台中，吸引其他潜在用户观看，扩大直播的影响力。另外，如果直播过程中进行了抽奖，直播团队还需要与中奖者取得联系，及时公布中奖信息、奖品发放情况等。

（三）直播复盘

直播复盘是整场直播的最后一个流程。复盘是指在直播结束后，回顾、分析整个直播过程，总结相关经验。总体来说，直播复盘工作主要包括以下两个方面的内容。

1. 直播过程复盘

直播过程复盘，即组织直播团队开展讨论和总结，了解团队成员的工作是否执行到位、选品是否成功、遇到什么问题及如何解决问题等。在讨论后，直播团队可以整理讨论结果，以积累相关经验并形成标准化的执行流程，从而全面提升直播的执行效率。

2. 直播数据复盘

直播数据复盘，即组织直播团队统计与分析直播数据，一般需要统计直播间累积观看人数、平均在线人数、人气峰值、用户平均停留时长、累积订单量、销售额等直播数据，并与直播目标进行对比分析，判断直播的效果。

素养课堂

党的二十大精神在基层：直播为农产品插上“云翅膀”

党的二十大报告提出：“发展乡村特色产业，拓宽农民增收致富渠道。”文成县抢抓数字时代新机遇，培育带动大批本土主播，为本地农产品找到一条“出村进城”的新途径。

“今年的价格虽然只有去年（2022 年）的 1/3，但是品质是超过去年的。”在南田镇言山村杨梅采摘园，一颗颗鲜艳欲滴的杨梅挂满了枝头，文成本土主播手持手机和农户一起，穿梭在杨梅树林中，一边讲解杨梅的品种、生长环境和营养价值，一边品尝并向观众推荐。

正在直播的民食库主播赵燕燕便是文成县围绕“直播＋助农＋电商＋共享”理念，培育出的能播、会播、会卖的直播团队中的一员。

2022年以来，赵燕燕和她的团队一起走入田间地头，宣传推广文成优质农特产品，通过短视频制作、直播带货以及结合线下，带动文成的农产品销售量超过1.5万公斤，农户单户增收最多达到20多万元。

赵燕燕说：“我们这个团队从去年开始到现在为止，一直帮助文成的山区助农直播，比如赤松茸，帮忙销售了1万多斤。比如杨梅，去年销售了差不多5万斤。”

据悉，此次直播的言山村杨梅采摘园面积有300公顷，主要种植品种为东魁。由于东魁杨梅成熟期短、难以储存，再加上过去销售方式单一，如何让杨梅树变成“摇钱树”，是农户胡爱光急需解决的难题。在邀请民食库团队来基地直播后，胡爱光家的杨梅打开了销路：“直播过后，客人、收购商等都多起来了。”

直播销售打通了杨梅销售的“最后一公里”，而杨梅保鲜的“最初一公里”也很重要，为了把这个保鲜的难题解决好，民食库直播团队还和梅树村建造了一个杨梅保鲜冷库。统一收购的杨梅进入冷库，两个小时内打包发向全国各地。

除了田间地头的直播，文成县还在农业微创园内打造600多平方米，集仓储、培育、直播等于一体的农创客培育中心（农业电商）。在农创园的直播间里，电商主播通过直播平台向线上的观众介绍文成蜂蜜、高山杨梅等特色农产品。

“原来我们更多的是在田间地头进行直播。现在则采用田间地头加直播基地的组合模式来进行助农。”文成县农创客发展联合会会长刘钦华说，希望通过直播基地这个服务平台，凝聚一批有为有情怀的农播客。

如今，在全县相关部门的扶持下，越来越多的农播客、农创客返乡创业，用直播、短视频带货等电商技能，探索抱团创业和助农增收的途径。

任务二 直播主播的打造

扫一扫

配套微课

主播是直播团队的核心人物，对直播效果起着重要作用。在当下的直播电商环境下，人设鲜明独特、直播能力强的主播往往自带流量。而要想打造一个富有个人魅力的主播，可以从主播的人设定位、基本能力和专业能力3个方面入手。

一、主播的人设定位

人设即人物的设定。主播的人设是用户识别主播的依据，主播的人设定位要结合主播的自身特点，并适当放大其闪光点，展现自己的真实特质，以吸引和感染用户。对于新手主播而言，可以尝试根据行业热门主播的人设定位方向，结合自身特点来塑造人设。

（一）人设定位方向

直播电商行业的主播人设主要有 3 种定位方向，具体如下。

（1）泛娱乐达人。泛娱乐达人主要是通过展示才艺，如唱歌、跳舞或拍摄短视频等，建立独特的个人形象，进而打造出的一种人设。

（2）专业达人。专业达人是基于自己的兴趣爱好、特长、专业领域等打造的人设，如美妆教程达人、服饰穿搭达人等。

（3）专家学者。专家学者一般是基于自己的职业形成的人设定位，一般需要机构或职称认证，并有专业技术支持，所以很难批量复刻，但是这类人设可以在短时间内获取用户信任，更容易促成转化。

（二）明确人设定位

主播可以通过我是谁、目标用户是谁、提供什么等维度，准确、快速地找到符合自己的人设。

（1）我是谁。主播在打造人设时首先应明确身份，如创业者、职场人士、乐器爱好者等；其次要确定形象，增强识别性，如擅长美妆就可将人设确定为“美妆博主”。总的来说，主播身上的闪光点往往就是主播人设定位的突破口。

（2）目标用户是谁。主播在进行人设定位时，应充分考虑人设面向的目标用户，这样才能投其所好，打造出有针对性的人设。明确目标用户时，主播需了解用户的性别、年龄、性格、受教育程度、收入水平、消费能力等。

（3）提供什么。即内容的价值输出，如提供低价好货、分享生活技能等。

小提示

主播人设与实际个人形象不符的现象屡见不鲜，甚至有的主播为了博取眼球、赚取流量，打造虚假人设，最终被平台封禁、被用户抛弃。所以，主播的人设应该真实。主播需要不断提升自身素养，包括个人学识、见识、文学素养等，从而形成“人无我有”的个性风格，打造并树立独特的人设。

二、主播的基本能力

一名合格的直播带货主播应当具备较强的表达能力、形象管理能力、自我学习能力、应变能力、抗压能力和亲和力等基本能力。

（一）表达能力

主播在直播时需要讲解商品、及时与用户互动，因此主播应当具备较强的表达能力，保证发音准确、语速适中、思路清晰，能清楚地将实际想法传达给用户。

（二）形象管理能力

主播不需要很漂亮、帅气，但是一定要能管理好仪容、仪表和仪态，做到着装简洁大方，妆容清新、自然，言谈举止落落大方，以良好的形象为用户服务。

（三）自我学习能力

不管是个人主播还是达人主播，都需要具备基本的自我学习能力，包括学习计算机的使用、各平台直播功能的相关操作、商品知识，以及外语、天文地理等知识。

（四）应变能力

应变能力是指主播要能沉着、冷静地应对直播时发生的各种突发状况，有效化解直播危机。主播可以对直播带货工作进行预演，了解整个直播流程和直播商品，以降低直播突发事件的发生概率。

（五）抗压能力

直播带货大多会面临直播间人气不足、商品转化率低、用户评价负面等问题。因此，主播应当具备强大的心理承受能力，要能抵抗直播压力，在面临直播问题时要能快速调整情绪和状态，化解负面情绪。

（六）亲和力

亲和力在人际关系领域里是一个人愿意与其他人友好亲近、接触的动力，通常表现为其他人对其是否具有友好的表示、是否愿意与其进行亲近与接触。一个有亲和力的主播更容易受到用户的喜爱，更能让用户产生信任感。一般来说，主播的亲和力与外在形象、直播风格等相关。

三、主播的专业能力

主播的专业能力也就是业务能力，就直播带货而言，专业能力有助于主播销售更多的商品。主播应当具备的专业能力包括内容能力、互动能力和变现能力。

（一）内容能力

内容能力是指生产直播内容的能力，通俗地说，就是主播的直播内容要有看点。主播应当具备的内容能力和商品息息相关，需要掌握商品的特点、使用人群、功效、优惠信息等，并且能全面系统地讲解商品。一般来说，主播的内容能力与其自身的阅历、文学功底、口语表达等密不可分。要想提升内容能力，日常生活中，主播可以按照以下方法进行锻炼。

（1）朗诵。每天坚持朗诵美文，练习发音，保证口齿清晰。同时，朗诵时积累的优美语句也可以应用到口语表达中。

（2）速读。保持一定的语速朗读作品，让自己在快速表达的同时也能保证发音准确、吐字清晰。

（3）背诵。背诵直播时需要讲解的内容，增强对内容的熟悉度，提升自己的记忆力，便于快速记忆商品特性和卖点。

（4）对镜练习。对着镜子练习表情、眼神和肢体动作，培养镜头感。

（二）互动能力

就直播带货而言，互动能力主要体现在调动直播间气氛、控制直播节奏、引导用户点赞和分享直播间等。在直播间人气不足、热度不够时，主播要能及时引导用户分享直播间，引导用户互动并展开话题讨论。另外，在用户偏离讨论话题时，主播还应该及时引导，防止舆论失控。

（三）变现能力

主播直播带货最重要的目标是销售商品，促进变现。主播的变现能力主要表现在销售话术的掌握、用户购物心理的把控等方面。

（1）销售话术的掌握。主播应当熟练掌握销售话术，在恰当时机激发用户的购物欲望，促使用户下单购买商品。例如“我们这次活动的优惠力度非常大，现在下单能省 ×× 元，还赠送一个价值 ×× 元的赠品，这个赠品也非常好用，喜欢的朋友们赶紧下单吧”“这个商品我自己也在用，小伙伴们请放心购买”等。

（2）用户购物心理的把控。用户的购买行为与购物心理息息相关，主播要掌握不同用户的购物心理，如好奇心理、从众心理、实惠心理、比较心理等，然后针对不同的购物心理采取不同的应对策略。例如，针对拥有实惠心理的用户，主播可以在直播时通过展示或对比商品的效用和功能来表明商品可以解决的问题或达到的功效，或是在适当的时候进行有奖销售或赠送赠品。

素养课堂

新华社：直播带货不能跨越诚信“红线”

处于风口浪尖的直播带货又现信任危机，某知名主播推广销售的即食燕窝被质疑实为糖水。该主播提出了6 000多万元的先行赔付方案，并设立专项基金完善选品标准。人们也希望这种亡羊补牢的行为能为直播领域带来改善。

作为一种互联网经济新业态，直播带货迅速发展成为重要的营销及引流手段。粉丝们购买商品并非全都出于对商品的需要，还有对主播的喜爱；粉丝们信任一个并不了解的新商品的重要原因之一是主播的推荐。然而，一些浑水摸鱼的主播群体为获得人气和收益，不惜虚假宣传，夸大产品功效，导致直播带货变直播“带祸”的情况时有发生，各类侵害消费者权益问题也日益凸显。

在直播场景下，虽然买卖形式在发生变化，但公平的商业逻辑本质不会变，诚信的“红线”也不容跨越，欺骗、误导消费者的行为会损害互联网经济的长远健康发展。对于大批拿出真金白银的粉丝来说，也要擦亮双眼，注重维权。

任务三 直播营销内容策划

扫一扫

配套微课

直播内容是影响直播间流量和转化率的关键因素，为了最大限度地吸引用户观看直播，保证直播的顺利开展，主播及其直播团队需要提前做好直播内容策划。

一、不同品类商品的内容策划要点

不同品类的商品具有不同的特性，其直播内容的策划要点也不同。常见的服装类，农产品类、美妆护肤类、生活用品类商品的内容策划要点如下。

（一）服装类商品

就服装类商品的直播而言，用户会比较关注服装面料、实际上身效果、色差、尺码、价格等，那么直播内容的策划要点也应当侧重于这些方面，全面围绕服装的面料材质、尺码、版型和款式设计、风格、颜色、价格等展开。需要注意的是，服装的试穿效果是用户非常看重的一点，在策划直播内容时可以采用边讲解穿搭技巧，边真人展示服装的方式，直观地将服装试穿效果展示给用户，以真实的穿着效果吸引用户，激发用户的购买欲望（见图 9-1）。

图 9-1 服装类商品

（二）农产品类商品

在策划农产品类商品（见图 9-2）的直播内容时，可以侧重农产品的味道、产地、营养、价格、保质期、包装、食用方法等。与服装类、生活用品类等商品不同，许多农产品的味道无法通过直播展示出来，那么策划农产品类商品的直播内容时，还需要做好真实展示吃喝过程的策划，准备口感描述话术，让用户感受到农产品的色、香、味。

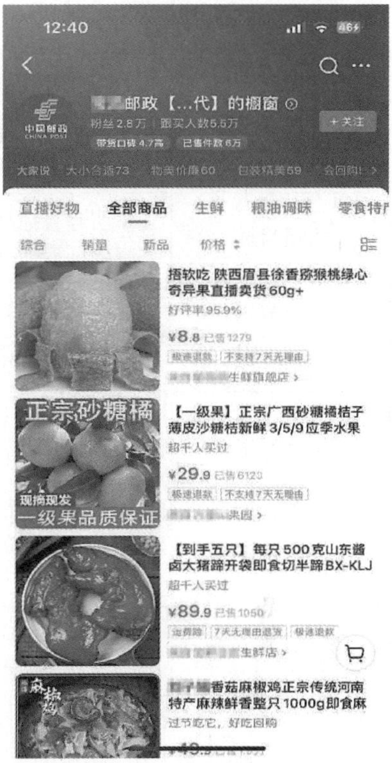

图 9-2　农产品类商品

（三）美妆护肤类商品

美妆护肤类商品的种类较多，包括口红、面膜、眼影、洗面奶等。总体来说，美妆护肤类商品的内容策划要点大多侧重于商品的功效、成分、质地、价格、容量、使用方法、试用感受等。需要注意的是，美妆护肤类商品大多会直接接触人体皮肤，因此在策划直播内容时，还要着重对商品的安全保证、质量认证等进行说明。

（四）生活用品类

生活用品类商品的内容策划要点主要包括材质、尺寸、颜色、价格，以及使用、清洁、保养和维护方法等。

小提示

商品的直播内容策划必须以保障用户权益为前提，不得对商品进行虚假宣传，不得欺骗、误导用户，在撰写直播话术、开展抽奖活动等各个方面都应进行专业合规的审查、业务流程把关与法律风险控制。

二、整场直播脚本写作

整场直播脚本是对直播流程和内容的细致说明，可以让直播团队各岗位人员根据工作职责实现默契配合。整场直播脚本通常以表格的形式呈现，主要内容如表 9-3 所示。

表 9-3　整场直播脚本的主要内容

直播脚本要素	内容说明
直播时间	明确直播开始到结束的时间，如 2023 年 11 月 27 日 15: 00—19: 00
直播地点	明确直播地点，如 ×× 直播室

续表

直播脚本要素	内容说明
直播主题	明确直播主题，使用户了解直播信息，如“×× 品牌秋装新品上市特卖”“×× 文具旗舰店开学大乐购”
直播目标	明确直播目标，是以积累粉丝为主，还是以提高销售额为主等。注意要将直播目标设定为可量化的指标，以便衡量直播效果
商品数量	注明商品的数量
主播介绍	介绍主播的名字、身份等
人员分工	明确直播参与人员的职责，如主播负责讲解商品、演示商品功能、引导用户关注、下单等；助理负责协助主播与用户互动、回复用户问题等；场控/客服负责商品上下架、修改商品价格、发货与售后等
注意事项	说明直播的注意事项，如多讲解 ×× 系列新品、×× 时间开展 ×× 活动等，提高用户活跃度，增加粉丝数量
直播流程	直播流程应规划详细的时间节点，并说明商品讲解、用户互动、结束预告等环节的具体内容

整场直播脚本中的直播时间、直播地点、直播主题、商品数量等应按实际的直播情况填写，直播流程则需详细具体，这样才便于主播把控直播节奏。表 9-4 所示为整场直播脚本示例。

表 9-4　整场直播脚本示例

×× 直播概述	
直播时间	2023 年 10 月 1 日（国庆节）20: 00—22: 00
直播地点	×× 直播室
直播主题	×× 品牌女装上新促销
直播目标	吸引 1 万人进入直播间，涨粉 1 000 人
商品数量	10 个
主播介绍	××，品牌主理人
预告文案	女装上新，独一无二的精心搭配！ ×× 直播间，×× 与您不见不散
注意事项	1. 丰富互动玩法，提高用户活跃度，增加粉丝量； 2. 直播讲解内容为商品讲解＋回复用户问题＋互动，直播讲解内容占比为商品讲解 60%+ 回复用户问题 30%+ 互动 10%； 3. 不同商品适合不同的应用场景

续表

直播流程				
时间段	流程规划	人员分工		
		主播	助理	场控 / 客服
20: 00—20: 10	开场预热	自我介绍，向进入直播间的用户问好，介绍开场直播截屏抽奖规则、强调开播时间，简单介绍今日主推款商品，引导进入直播间的用户关注直播间	演示直播截屏抽奖的方法、回答用户的问题	向各平台分享直播间链接，收集中奖信息
20: 11—20: 20	活动剧透	简单介绍本场直播的所有商品，说明直播间的优惠情况	商品配套展示，补充主播遗漏的内容	向各平台推送直播活动信息
20: 21—20: 25	商品推荐	讲解、试穿第一款商品，全方位展示商品外观，详细介绍商品特点，回复用户问题，引导用户下单	协助主播讲解商品，回复用户问题	回复用户关于订单的咨询，收集在线人数和转化数据
20: 26—20: 30	商品推荐	讲解、试穿第二款商品	同上	同上
20: 31—20: 35	红包活动	与用户互动，发放红包	提示发放红包的时间节点，介绍红包活动规则	发放红包，收集互动信息
20: 36—20: 40	商品推荐	讲解、试穿第三款商品	协助主播讲解商品，回复用户问题	发布商品链接，回复用户关于订单的咨询，收集在线人数和转化数据
20: 41—20: 45	商品推荐	讲解、试穿第四款商品	同上	同上
20: 46—20: 50	福利赠送	与用户互动，开展福利赠送活动	提示福利赠送的时间节点，介绍福利赠送活动规则	收集中奖信息，与中奖者取得联系
20: 51—20: 55	商品推荐	讲解、试穿第五款商品	协助主播讲解商品，回复用户问题	发布商品链接，回复用户关于订单的咨询，收集在线人数和转化数据
20: 56—21: 00	商品推荐	讲解、试穿第六款商品	同上	同上
21: 01—21: 05	商品推荐	讲解、试穿第七款商品	同上	同上
21: 06—21: 10	福利赠送	与用户互动，开展福利赠送活动	提示福利发放的时间节点，介绍福利赠送活动规则	收集中奖信息，与中奖者取得联系

续表

直播流程				
时间段	流程规划	人员分工		
		主播	助理	场控 / 客服
21: 11—21: 15	商品推荐	讲解、试穿第八款商品	协助主播讲解商品，回复用户问题	发布商品链接，回复用户关于订单的咨询，收集在线人数和转化数据
21: 16—21: 20	商品推荐	讲解、试穿第九款商品	同上	同上
21: 21—21: 25	商品推荐	讲解、试穿第十款商品	同上	同上
21: 26—21: 30	红包活动	与用户互动，发放红包	提示发放红包的时间节点，介绍红包活动规则	发放红包，收集互动信息
21: 31—21: 50	商品返场	对销售情况较好的商品进行返场讲解	协助场控向主播提示返场商品，协助主播回复用户问题	收集、分析每款商品的转化数据，向主播与助理提示返场商品，回复用户关于订单的咨询
21: 51—22: 00	直播预告	简单介绍下次直播的商品，引导用户关注直播间，强调开播时间和福利	协助主播引导用户关注直播间	回复用户关于订单的咨询

小提示

直播脚本的作用具体体现在四个方面：一是明确直播主题和目标；二是把控直播节奏；三是指导主播、助理、策划等直播团队人员的动作、行为、话术；四是控制直播预算成本，商家预算有限，脚本中可以提前确定优惠券面额、红包金额或赠品支出详情等。

三、单品直播脚本写作

单品直播脚本是基于单个商品的脚本设计，其核心是突出商品卖点，对应的是整场直播脚本的商品推荐部分。以服装为例，单品直播脚本设计可以围绕尺码、面料、颜色、款式、细节特点、适用场景、搭配方法等进行说明。单品直播脚本一般以表格的形式呈现，包含商品导入、商品卖点、商品利益点、引导转化等要素。表 9-5 所示为某款服装商品的单品直播脚本示例。

表 9-5　某款服装商品的单品直播脚本示例

直播脚本要素	内容说明
商品导入	相信大家都听说过 A 品牌，它的服装设计一向遵循“内敛”“高贵”“时尚”“年轻”的理念。A 品牌成立至今已有 30 年历史，虽然是一个大品牌，但价格很“亲民”，性价比很高，其他品牌的套装多为 6 000 元～7 000 元，但是这套丝绒套装的标价是 2 999 元
商品卖点	介绍商品属性，突出商品卖点。例如，这套 A 品牌的丝绒套装是今年很流行的风格，兼顾了时尚和舒适感，丝绒和羊毛成分的结合，穿起来真的很暖和。再来看看裤子，同样采用了高品质的丝绒和羊毛，而且腰头是加宽的弹力设计，穿起来不勒不紧，非常舒适，两边还有超大口袋
商品利益点	这套丝绒套装穿着暖和、舒适，不仅可以当休闲装来穿，还可以当运动装来实，在运动、做家务时，都毫无束缚感（可做伸展动作）
引导转化	这套丝绒套装的标价是 2 999 元，在直播间你们猜是多少钱？只要 899 元。 惊不惊喜？意不意外？再加 100 元，你们就可以把两套带回家。A 品牌的丝绒套装，999 元两套。大家准备好了吗？倒数 3 个数开拍，先到先得，3、2、1

任务四　直播营销话术设计

扫一扫

配套微课

一场完整的直播往往包含开场、引关注、商品推荐、促留存、促转化、下播等环节。每个环节都涉及相应的话术，话术表达是否恰当、是否有吸引力，将对直播效果产生直接影响。

一、开场话术

开场话术是直播开始时主播要说的话，多用于直播暖场。开播时，主播可以先进行自我介绍，或是讲一些具有个人特色的欢迎语，也可以向用户介绍本场直播活动的主要内容。一些新手主播由于欠缺经验，也没有资源优势，可以在开场时表达自己对用户的感谢和对做直播的坚持。好的开场能够增加新手主播的自信，缓解其紧张的情绪。表 9-6 所示为常用的开场话术示例。

表 9-6　常用的开场话术示例

序号	开场话术
1	大家好，我是 ××，欢迎大家来到 ×× 直播间！上次直播后品牌商给了我们直播间很多试用装，我打算在本次直播中送给大家，到时我会发口令，然后截图抽奖送给大家

续表

序号	开场话术
2	欢迎大家来到我的直播间，主播是直播行业的新人，希望大家多多支持、多多捧场哦
3	大家好，我是 ××，我是一名新手主播，今天是我直播的第 ×× 天，感谢大家对我的支持
4	大家好，我是主播 ××，我们是厂家自播，没有中间商赚差价，我们会给你想象不到的折扣哦
5	大家好，我是主播 ××，欢迎来到 ×× 直播间，我深耕 ×× 行业 ×× 年了，有着丰富的资源和直播经验，所有的商品都是试用后才推荐给大家的，请大家放心
6	大家好，我是 ××，欢迎大家来到我的直播间，今天直播间优惠多多，一定不要错过哟

二、引关注话术

引关注话术是引导用户关注直播间账号的话术。在直播过程中，主播要频繁使用引关注话术引导用户关注直播间，如开播后、推荐商品前。因为直播过程中随时都有用户进入直播间，所以主播要熟练、灵活地运用引关注话术，反复提醒用户关注直播间，这样有助于提升直播间的人气。表 9-7 所示为常用的引关注话术示例。

表 9-7 常用的引关注话术示例

序号	引关注话术
1	欢迎 ×× 来到我的直播间，喜欢主播点个关注哦
2	欢迎 ×× 来到我的直播间，想要更多福利请点个关注哦
3	刚进来的宝宝（对观看直播的用户的称呼，用以拉近与用户的距离）可以关注主播，以便领取更多福利哦
4	宝宝们，今天直播间会抽出 10 名幸运免单用户，一定要先关注我哦，我会不定时给大家发放惊喜福利
5	点赞 / 关注人数达到 ××，我就开始抽奖了！想要中奖的宝宝快动动手指关注起来
6	大家晚上好，喜欢我的宝宝们请动动你们的小手，点一下关注，这样就可以随时随地来看我啦！我每天都在这里等你们哦
7	感谢 ×× 的关注，还没关注我的宝宝抓紧关注哟，待会儿就给关注了直播间的宝宝们赠送惊喜福利哦

三、商品推荐话术

商品推荐话术是主播在介绍商品时要说的话，该话术的作用是让用户了解商品、产生购买商品的欲望。下面先介绍商品推荐话术的设计法则，然后再对不同类型直播商品的推荐话术进行详细介绍。

（一）商品推荐话术的设计法则

在设计商品推荐话术时，直播团队可以应用 FABE 法则来操作。FABE 法则是在设计商品推荐话术时常用的法则，即特征（Feature）、优势（Advantage）、利益（Benefit）和证据（Evidence）法则。表 9-8 所示为 FABE 法则的详细解释。

表 9-8　FABE 法则的详细解释

组成	解释
特征	商品的特征、特点，主要从商品的材质、体积、功能、成分等角度入手
优势	由商品特征、特点等所产生的优势，需要说明商品独特的卖点
利益	商品能带给用户的利返，需以用户利益为中心，包括价格、赠品等，要能激发其购买欲望
证据	包括商品成分列表、专利证书、商品实验、销量评价、行业对比、权威背书等

（二）不同类型直播商品的推荐话术

不同商品的特征不同、优势不同，因此推荐话术也不一样，下面主要介绍服装类、美妆类、农产品类、日用品类等商品推荐话术的设计思路和方法。

1. 服装类

在推荐服装类商品时，主播要先详细说明服装的风格、面料、颜色、版型等，如针对面料的“今天给宝宝们推荐一件非常好看的内搭服装，是纯棉的”；然后就服装的特征说明服装的卖点，如“这款纯棉内搭服装的吸湿抗热性比较好，穿着非常舒适、亲肤”；再说明商品能带给用户的利益，如“这件内搭服装的实体店售价是 99 元，今天直播间 59 元就可以买到”；最后列出证据，如展示服装的面料检测证书，或采用实验的方法证明服装的透气性、舒适度。

2. 美妆类

购买美妆类商品的用户大多比较关心商品的质地、包装、味道、成分、使用效果等。因此，主播要先详细说明美妆类面品的品牌、颜色、产地、成分、质地、包装、味道等基本特征；然后着重说明美妆类商品的独特卖点，如“成分安全、敏感肌可用”等；再介绍商品能带给用户的利益，如价格优惠、赠品、功效好等；最后列出证据，如通过前后对比的方式展示商品功效等。

3. 农产品类

在开始说明农产品类商品的特征时，可以先从口味、规格、数量等方面入手设计话术，如“下面给宝宝们推荐一款长粒香米，这款大米吃起来软糯香甜，是 5 斤装的”；然后在介绍农产品类商品的优势时，可以从种植地、加工方式等方面入手设计话术，如“这款大米产自黑龙江，种植地独特的土壤和气候环境，使得大米的品质非常高”；再介绍商品能带给用户的利益，如“拆开给大家看一看，大米颗颗饱满，闻起来非常香！今天直播间还有意想不到的优惠！拍 1 袋到手 2 袋！太划算了！”；最后列出证据，如展示大米在实体店或网店的日常售价或买家秀等。

4. 日用品类

就日用品类商品的推荐而言，主播可以先说明日用品类商品的尺寸、颜色、重量、材质等，如“今天再给宝宝们推荐一款牙刷杯，总共有黑、白、灰 3 个颜色，350mL 大容量，能放下电动牙刷和大容量牙膏”；然后介绍日用品类商品的优势，如美观、做工精细等；再介绍商品能带给用户的利益，如“这款牙刷杯日常售价为 9.9 元 1 个，今天只要关注我，9.9 元 3 个！”；最后列出证据，如将牙膏、电动牙刷等装入牙刷杯，证明其容量大。

小提示

无论是哪种类型的商品，在推荐时，主播最好一边说明，一边进行实物展示。特别是服装类商品，在推荐时还要试穿展示，展示时应注意走位，要让用户看到服装的整体搭配效果，同时也要突出展示服装设计的细节和亮点。另外，在推荐商品时，主播还应规范地描述商品的功效，不得虚假宣传或夸大商品的制法、成分、效果或者性能等，不得使用最新创作、最新发明、纯天然制品、无副作用等绝对化话术。

四、促留存话术

进入直播间的用户越多，直播间的人气就越高。此时，主播还要让用户留下来，使用户愿意持续观看直播，从而为直播带货创造更有利的条件。留存用户的方法有很多，常见的有发红包、抽奖等，或与用户进行良好的互动。主播采用不同留存用户的方法，需要配合相应的话术才能起到更好的效果。表 9-9 所示为常用的促留存话术示例。

表 9-9　常用的促留存话术示例

序号	促留存话术
1	下一次抽奖将在 ×× 分钟后进行，会送出 ×× 大礼！大家千万不要走开
2	宝宝们，20 点我们有发红包活动，21 点有抽奖活动哦！大家千万不要走开
3	恭喜 ×× 中奖了，太幸运了吧！赶紧联系客服领取奖品！没有抽中奖品的宝宝们也不要走开，直播最后会抽“0 元拍免单”大奖哦
4	待会儿主播会上新几款便宜又好看的商品，宝宝们一定不要走开哦
5	欢迎刚来的小伙伴，请大家给主播点点赞，点赞数达到 20 000 就开始发红包哦
6	再过 5 分钟就要开始抽奖了！大家千万不要走开

五、促转化话术

直播带货的最终目的是促使用户下单购买商品，促进商品转化。促转化话术的设计逻辑主要包括：打消用户的顾虑，取得用户的信任；制造稀缺感和紧迫感；提供优惠等。表 9-10 所示为常用的促转化话术示例。

表 9-10　常用的促转化话术示例

序号	促转化话术
1	这款商品我自己也在用，真的特别好用，情况跟我一样的小伙伴赶紧购买吧
2	这款商品的库存不多了，喜欢的小伙伴抓紧拍
3	这款商品之前在 ××（平台）已经卖了 10 万套
4	购买我家的商品，如果买贵了，15 天内可以退差价，退货时免运费
5	促销活动快结束啦，没有下单的小伙伴赶紧下单，直播结束后就没有优惠啦
6	这款商品在 ×× 旗舰店的价格是 99 元一瓶，今天在直播间买一送一，99 元可以买到两瓶

要想促进商品转化，一定要多多留意用户在直播间提出的问题。一般来说，用户的顾虑会通过其提出的问题显示出来。例如，某服装主播正在介绍连衣裙，用户可能会提问："这款连衣裙的实物颜色会不会有色差呢？"那么在设计促转化话术时，就应当打消用户关于色差的顾虑，如"××（用户名），我们直播间并没有使用滤镜和美颜，但是因为拍摄环境和显示器的原因，衣服可能有一些色差。不过，这种色差非常小，收到货后，如果你认为色差很大，我们可以为你免费退换的"。

六、下播话术

下播话术是主播下播时要说的话，既可以向用户表示感谢，也可以预告下一场直播，表 9-11 所示为常用的下播话术示例。

表 9-11　常用的下播话术示例

序号	下播话术
1	又到下播的时间了，感谢宝宝们从开播一直陪我到下播，主播会继续为大家带来更多的福利
2	今天的直播接近尾声了，明天晚上同样 ×× 点开播 / 明天会提早到 ×× 点开播，宝宝们可以点一下关注哦
3	感谢 ×× 位在线粉丝陪我下播，更感谢从开播一直陪我到下播的粉丝们，明天同一时间不见不散哦
4	还有 10 分钟就下播了，非常感谢宝宝们的陪伴，最后给宝宝们抽个奖好不好？我每天的直播时间是 ×× 点到 ×× 点，明天还有宝宝们期待已久的运动鞋哦

直播团队可以通过多种途径收集直播话术的模板，但直播话术不能靠死记硬背，因为直播现场存在变数，直播团队无法完全掌控直播的走势，所以运用直播话术的关键是懂得随机应变。直播团队应积累直播经验，形成一套完整的直播话术框架，与用户建立信任关系，站在用户的角度来设计话术，以解决用户的问题，满足用户的需求。

案例

某头部主播的直播话术分析

“所有女生，你们准备好了吗？ 3、2、1，链接来喽！”

在“双 11”之际，某主播“所有女生”这句口头禅一下冲上了微博热搜。很多用户表示一听到这个主播喊“所有女生”，自己就想掏出钱包，完全控制不住购买的冲动，这其实就是话术的魔力。下面再来看看该主播还有哪些有魔力的话术。

（1）话术 1。

直播中，该主播经常使用“这款产品我们已经卖了 10 万套”“我卖这款产品之前旗舰店已经销售 2 万份了”“我只推荐这一个品牌，其他品牌给我再多钱我也不推”这一类描述来衬托产品的优势，简短的几句话就打消了用户对产品的顾虑。

（2）话术 2。

该主播会用自用款来为产品做担保。为了证明产品真的好用，他会使用类似“我一直在用的产品”“我已经用 10 盒了，出差也天天带着”这样的表述。有时，他还会在直播间现场下单购买。例如，在某次“双 11”预售直播中，他便当场下单购入了一个沙发。

（3）话术 3。

该主播擅长引导和控制销售的节奏。一般情况下，他会控制每次上架产品的数量，将一款产品分为 3～4 次上架，每次被抢完后再补货。同时他也会随时更新播报产品库存，“卖完了”“最后 5 000 套，大家赶快抢”“抢完就没了”等表述，甚至还会直播余下库存“500、300、100……没了”，给观看直播的用户带来抢货的紧张感。

任务五 直播间突发事件的应对策略

扫一扫

配套微课

直播即时性非常强，因此在直播过程中，直播团队不可避免地会遇到各种各样的突发事件，如技术故障、商品问题或用户恶评等。这些事件处理不当，很有可能会影响直播带货效果，因此直播团队应当熟练掌握各种直播间突发事件的应对策略。

一、技术故障

常见的技术故障包括直播没声音、没画面，直播闪退、黑屏，直播卡顿、掉线，商品链接失效或错误等情况，其具体的处理方法如下。

（一）直播没声音、没画面

直播时若出现没声音、没画面的情况，需要立即检查声卡或摄像头是否存在问题。

（二）直播闪退、黑屏

直播闪退、黑屏的原因较多，如直播设备硬件有问题、网络不好、直播设备内存不足等，解决的方法有退出直播程序后重启登录、检查网络是否出问题或及时更换直播设备等。

（三）直播卡顿、掉线

直播卡顿、掉线的原因主要是网络信号不稳定或直播设备配置不足等。针对网络的问题，直播团队最好选择网络信号良好的区域，或使用专线网络，防止网络波动；若是直播设备配置不足，则需要升级直播设备。

（四）商品链接失效或错误

商品链接失效或错误的原因可能是商品过期下架或直播电商后台服务器出现了问题。主播应当立即安抚用户情绪，告知用户先停止购买，若无法妥善解决，则直接下架该商品，并完成后续内容的直播。

要想减少直播过程中的技术故障问题，直播团队可以在直播前开展调试工作，如提前检查手机、网络、灯光等是否存在问题，进入直播间检查直播画面是否清晰、流畅等。如果直播电商活动比较重大，还可以使用其他账号按照直播脚本进行预演，以减少直播中的问题，保证直播电商活动的顺利开展。

二、商品问题

对于直播电商而言，商品是直播间的核心。因此，直播时出现商品问题是比较严重的，处理不当可能会失去用户的信任，甚至会受到直播电商平台的处罚。

（一）商品具体问题

直播间的商品具体问题主要包括质量问题、价格问题和售后问题。

1. 质量问题

直播时出现商品质量问题，一方面可能是因为商品本身质量存在问题，包括性能、外观构造、色彩等；另一方面可能是商品展示时的操作方法不当引起的，如某主播在介绍某款烤箱时操作不当造成了模具破裂。

2. 价格问题

直播间的商品价格问题较多，如主播所说的售价与实际售价不一，主播称商品价格为“近 ×× 个月全网最低价”，但商品实际售价高于主播所说的售价等情况。

3. 售后问题

售后问题即商品在售出后的各种问题，包括货不对板、未收到货、退换货等。其中，货不对板包括商品与直播间描述不符、销售假货、赠品未送或不符等状况；未收到货可能是物流问题或仓库漏发等原因；退换货主要是与商品退换货规定相关。

（二）处理方法

对于直播团队来说，要想在直播电商道路上走得更远，需要慎重处理商品问题，这样才能赢得用户的信任与支持，最终获得用户的持久关注。具体在处理商品问题时，可以按以下步骤进行。

1. 快速反应

快速反应并做出判断，对发生的情况及时表明态度是处理商品问题的关键。例如，某主播在推荐某款商品时，告知用户该商品原价为 99 元，优惠价格为 49 元，但用户进入购买界面时发现该商品原价为 59 元，随后主播快速反应过来发现是上错了不同尺寸的同一款商品，然后及时告知了用户，并向用户承诺到手的商品是直播间介绍的更大尺寸的商品。

2. 真诚致歉

直播商品出现问题时，主播应当主动向用户说明原因，真诚地向用户道歉。在道歉的同时，还可以感谢用户对主播的监督与提出的批评，表示将虚心接受。例如，主播可以说："感谢大家对我的监督，我虚心接受大家的批评。在这里我还要特别感谢 ×× 及时发现问题，批评指正，我深刻意识到了问题的严重性，这里还要对其他支持我的用户一并表达歉意。"

3. 提出解决方案

给用户解释道歉后，还要提出解决方案，这样更容易得到用户的信任与谅解。对于不太严重的错误，可以给用户发红包；对于较严重的错误（如商品问题），除了道歉，还应提出如退换货、双倍赔偿等补偿方案。

三、用户恶评

在直播过程中，可能还会遇到一些用户对直播间或其他用户的负面评价或恶意评论，如"主播声音太难听了，影响我看直播""讲解商品太慢了，还是先去提高一下业务水平吧""竟然还有夸商品好看的人，是审美有问题吗"等。对于直播时出现不好的声音，直播团队可以采取以下处理方法。

（一）忽略、无视

直播间的用户众多，难免会有不好听的声音，直播团队应当做好心理准备，并及时调整情绪，直接忽略和无视无关紧要的用户恶评，不与其产生不必要的争执。

（二）投诉处理

在直播过程中，如果发现某用户多次发送恶意评论，还可以采取相应的措施，如将其投诉至平台。在直播前，直播团队可以安排场控管理直播秩序，一旦发现有评论多次提出无理要求甚至进行人身攻击，就可以立即采取措施，避免影响主播的情绪和直播间大部分用户的观看体验。对于无关紧要的用户恶评，直播团队可以选择忽略、无视或投诉处理，但是如果用户恶评是针对商品或直播本身问题的，那么可以让客服主动私聊该用户解决问题。

素养课堂

七部门联合发布网络直播营销管理办法（试行）

2021 年 4 月，国家互联网信息办公室、公安部、商务部、文化和旅游部、国家税务总局、国家市场监督管理总局、国家广播电视总局七部门联合发布了《网络直播营销管理办法（试行）》（以下简称《办法》），自 2021 年 5 月 25 日起施行。国家互联网信息办公室有关负责人表示，《办法》旨在规范网络市场秩序，维护人民群众的合法权益，促进新业态健康有序发展，营造清朗的网络空间。

《办法》要求，直播营销平台应当建立健全账号及直播营销功能注册注销、信息安全管理、营销行为规范、未成年人保护、消费者权益保护、个人信息保护、网络和数据安全管理等机制和措施。《办法》主要包括以下几个方面：

1. 直播人员一律实名制，直播前平台应进行真实身份动态核验。
2. 直播平台、直播人员发布虚假广告，与商家承担连带责任。
3. 严厉打击偷税漏税，直播平台、主播服务机构有报税、代扣代缴义务。
4. 直播带货不得以“删差评”“标题党”等方式欺骗、误导用户。
5. 加大保护消费者合法权益的力度。
6. 严格落实直播平台的主体责任。
7. 虚拟主播带货不得侵犯他人肖像权，直播平台要进行安全评估且显著标识。
8. 对直播带货的违法行为“零容忍”。
9. 直播人员应对宣扬低俗、诱导未成年人不良嗜好等不良信息进行抵制。

任务实训

抖音平台流量变现体验

一、实训场景

小艾是一名音乐学院的大学毕业生，有一定的歌唱功底，平时喜欢使用抖音，也时常在抖音上发布自己生活片段和才艺表演的短视频，积累了一批粉丝。如今，小艾想要将流量变现。

在抖音，参与平台发布的营销活动是一种较为简单的流量变现方式。一些企业会在抖音发起短视频创意定制活动，邀请用户发布相关短视频，小艾可以通过这种方式，迈出流量变现的第一步。除了创作短视频，直播也是抖音流量变现的一种方式。在抖音直播的主播，可通过才艺展示、技巧分享等方式得到用户认可，从而获得用户的“打赏”。小艾抖音账号已经有了一定的粉丝基础，加之她唱歌好听，可以开通抖音直播功能，依靠自己的才艺实现流量变现。

二、实训内容

（1）直播准备与开播。

学习直播前的准备工作，包括直播设备选择、直播环境布置、直播流程规划等；进行直播试播，调整直播设置，确保直播效果达到最佳；正式开播，展示小艾的歌唱才艺，并与观众互动，提高直播间的活跃度和用户黏性。

（2）流量变现策略实施。

了解抖音平台的收益模式，包括短视频广告分成、直播打赏等；学习如何合理设置直播间的打赏功能，引导观众进行打赏；分析流量变现数据，调整内容策略和直播方式，提高变现效率。

三、实训目的

（1）帮助小艾了解并掌握抖音平台流量变现的基本方法和策略。

（2）通过实际操作，提升小艾在抖音平台上的内容创作能力和直播表现能力。

（3）使小艾能够有效地将自己的才艺和影响力转化为经济收益，实现流量变现的目标。

四、成果形式

（1）提交一份详细的实训报告，包括实训过程记录、遇到的问题及解决方案、实训心得体会等。

（2）展示小艾在实训期间创作的直播回放，以体现其实训成果和进步。

（3）提供具体的流量变现数据报告，包括直播间的观众人数、打赏收入等，以量化形式展示实训效果。

五、实训方法

任务驱动。

六、实训准备

联网计算机。

七、实训步骤

在抖音平台，实名认证后即可开通直播功能成为一名“达人”主播，进而通过在直播中展示才艺，获得用户“打赏”，实现流量变现。具体操作如下。

步骤 1：打开抖音 App，点击“我”图标，在打开的账号主页中点击 按钮，再在打开的侧边栏中点击“设置”选项，如图 9-3 所示。

步骤 2：打开“设置”界面，点击“账号与安全”选项，如图 9-4 所示

步骤 3：打开“账号与安全”界面，点击“实名认证”栏中的“未认证”选项，如图 9-5 所示。

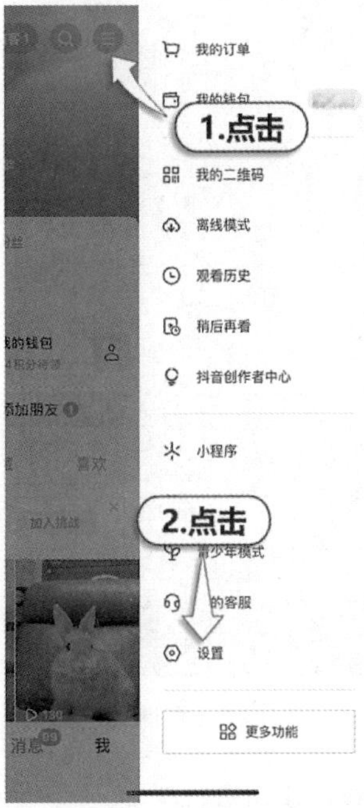

图 9-3　开始拍摄

图 9-4　点击“账号与安全”选项

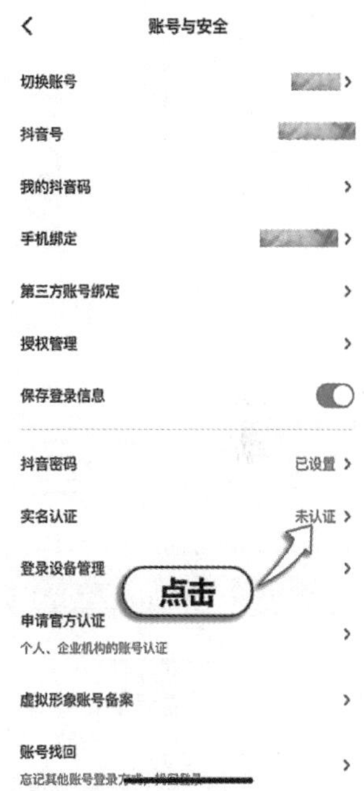

图 9-5　点击“未认证”选项

小提示

主播为单场直播需做以下准备：一是要策划直播内容，如准备表演内容、聊天话题；二是设计与用户互动的方式，以活跃直播间气氛，如连麦 PK、发放福袋等。主播只有做好充足准备，才能有效输出优质的直播内容，不至于使粉丝一无所获，这样自然可以获得粉丝的“打赏”。

步骤 4：打开“实名认证”界面，输入真实姓名和身份证号，勾选“已阅读并同意《用户授权协议》”，点击“确认并授权”按钮，如图 9-6 所示。

步骤 5：完成认证后，在抖音 App 主界面点击“拍摄”按钮 ，如图 9-7 所示。

步骤 6：在打开的界面下方点击“开直播”选项，如图 9-8 所示。

步骤 7：打开“开直播”界面，在上方设置直播封面，输入直播标题“本次才艺定时开放”，将直播类目设置为“唱歌”，然后点击下方的“开始视频直播”按钮，如图 9-9 所示。

步骤 8：在抖音直播间右下角点击 按钮，在打开面板的“互动能力”栏中点

击“评论”选项，如图 9-10 所示。

步骤 9：在打开的界面中开启评论功能，输入评论内容，然后点击“发送”按钮，如图 9-11 所示。此时，直播间中就会滚动出现此条评论，如图 9-12 所示。

图 9-6 授权认证信息

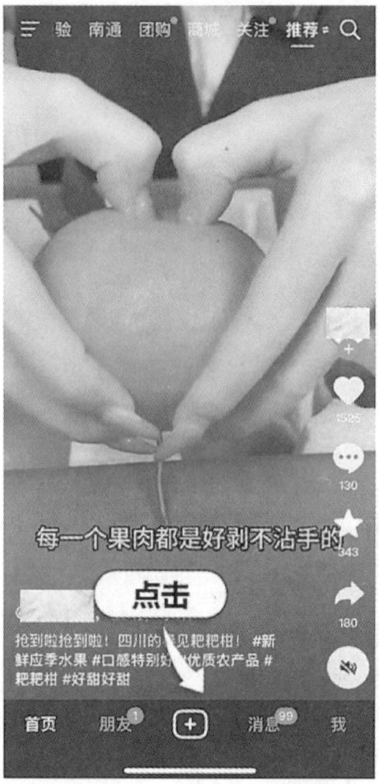

图 9-7 点击“拍摄”按钮

图 9-8 点击“开直播”选项

图 9-9 点击“开始视频直播”按钮

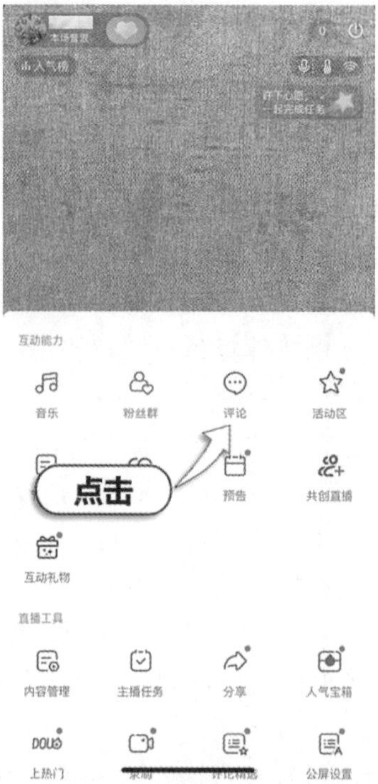

图 9-10 点击“评论”选项

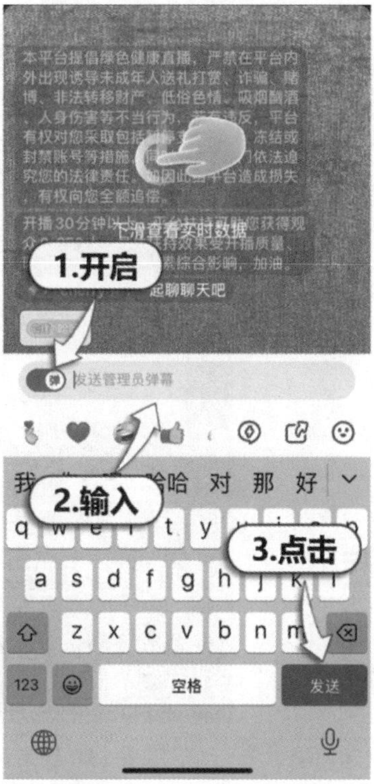

图 9-11　发布评论内容

图 9-12　显示评论

小提示

直播时，可以发起连麦 PK。连麦 PK 就是一个主播在直播时，可以对另一个直播间的主播发起挑战。一旦对方接受挑战，两个直播间的主播就开始进行连麦互动，直播界面一分为二，同时显示两个主播的画面，两方粉丝也会进入同一个直播间。连麦 PK 一定程度上可以看作两位主播的资源置换，相当于各自增加一个曝光的广告位。

步骤 10：在直播间界面下方点击“功能”按钮，在打开的“功能”面板中点击“福袋”按钮，如图 9-13 所示。

步骤 11：打开“抖币福袋”面板，设置人均可得抖币数量（1 抖币等于 0.1 元）、可中奖人数、参与方式等，然后点击“发起福袋(100抖币)”按钮，如图 9-14 所示。此时，直播间的用户可参与抢福袋，倒计时结束后将展示幸运用户名单。

步骤 12：完成直播后，在直播间界面下方点击“电源”按钮，在打开的“提示”面板中点击“结束直播”按钮，如图 9-15 所示。

小艾在直播间积累了一些忠实粉丝，拥有一定直播经验后，还可开通抖音的直播带货权限，通过直播销售产品，获得更多流量变现可能。开通抖音的直播带货权限，要求主播个人主页的视频数量≥ 10 条，账号粉丝数量≥ 1 000 人。

图 9-13　点击“福袋”按钮

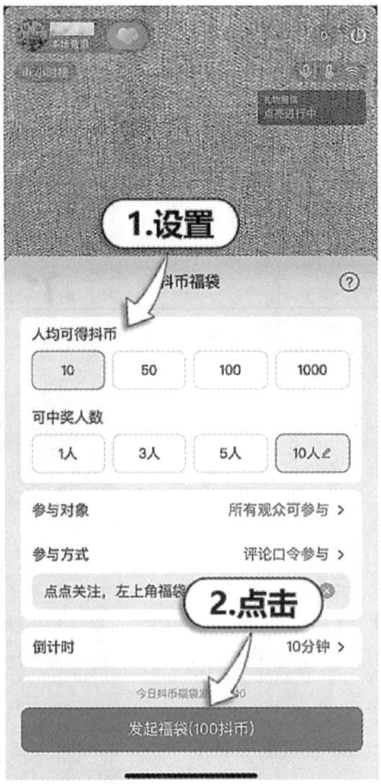

图 9-14　设置并发起福袋

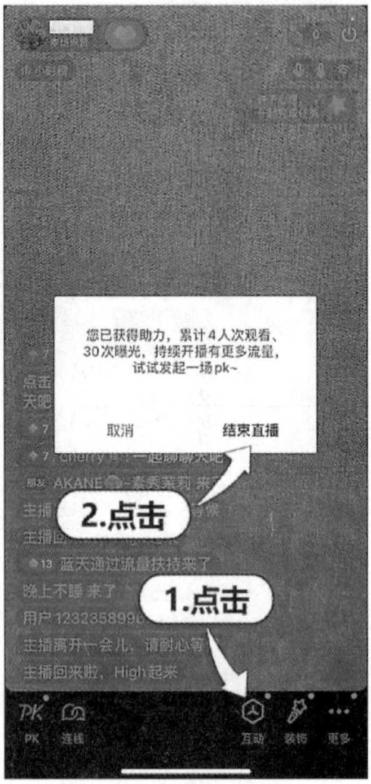

图 9-15　结束直播

八、实训评价

填写直播营销实训评价表，见表 9-12。

表 9-12　直播营销实训评价表

评价项目	直播表现能力（25%）	营销活动参与度（25%）	流量变现效果（25%）	职业素养（25%）
评价标准	A. 直播中才艺出众，互动能力极强，直播间氛围热烈 B. 直播中才艺表现良好，有一定的互动能力，直播间氛围尚可 C. 直播中才艺表现平庸，互动能力差，直播间氛围冷淡或存在负面反馈	A. 积极参与抖音营销活动，高质量完成相关短视频创作 B. 参与抖音营销活动，能够按要求完成短视频创作，但质量一般 C. 对抖音营销活动漠不关心，未能按要求完成或提交的短视频质量很差	A. 短视频和直播流量高效转化为经济收益，效果显著 B. 短视频和直播流量有一定转化，但效果不够显著 C. 短视频和直播流量几乎没有转化，无法有效实现经济收益	A. 大有提升 B. 略有提升 C. 没有提升
分项得分				
总分				

说明：

1. 表格内按百分制打分。

2. 可以邀请合作企业专业人员、电商协会等机构专业人士担当第三方参与评分。

3. 各标准对应的分数范围：A.80～100 分；B.60～79 分；C.60 分以下。

小提示

如果要长期直播，营销人员需要做好两方面的准备。一是要规划直播间，基本要求是直播间干净整洁，光线充足柔和，室内直播一般采用环形灯或柔光灯进行光源补充。二是要准备直播设备，便于歌舞等才艺展示，除了高像素的手机，还需要支架、话筒、监听耳机等设备。其中，支架用于固定手机、话筒等；话筒用于提升直播的音质，使声音更有层次，听起来饱满、圆润；监听耳机用于听自己的声音，以便更好地调整自己的音调、分辨伴奏等。

任务测评

一、单选题

1. 下列选项中，不属于直播筹备环节的工作是（　　）。

A. 选择直播场地　　B. 准备直播物料

C. 做好直播宣传　　D. 分析直播数据

2. 下列选项中，属于主播专业能力的是（　　）。

A. 表达能力　　B. 形象管理能力

C. 内容能力　　D. 应变能力

3. 基于单个商品而写作的脚本属于（　　）。

A. 整场直播脚本　　B. 单项直播脚本

C. 整体直播脚本　　D. 单品直播脚本

4. 单品直播脚本的基本要素不包括（　　）。

A. 商品导入　　B. 商品属性

C. 商品利益点　　D. 商品卖点

5. “宝宝们，半个小时后还有一波红包雨，大家千万不要走开哦”是（　　）。

A. 开场话术　　B. 引关注话术

C. 商品推荐话术　　D. 促留存话术

二、多选题

1. 直播复盘工作主要包括（　　）。

A. 直播数据复盘　　B. 直播过程复盘

C. 直播话术复盘　　D. 直播目标复盘

2. 直播电商行业的主播人设主要包括（　　）。

A. 专业达人　　B. 专家学者

C. 泛娱乐达人　　D. 导购达人

3. 一场完整的直播往往包含的环节有（　　）。

A. 开场　　B. 引关注

C. 商品推荐　　D. 表达感谢

三、简答题

1. 直播脚本有哪些类型？包括哪些基本要素？

2. 带货主播需要具有哪些能力？

3. 常用的直播平台有哪些？

4. 直播营销中如何设计话术？

四、实训练

小陈是一名普通的农家小伙儿，在农村管理自家的果园。他性格开朗热情，熟知水果的保鲜、挑选、食用方法等知识，将果园打理得井井有条。一天，小陈发现快手上很多与他年龄相仿的农村年轻人都在利用直播推销自家的农产品，因此小陈也决定效仿，为自家的水果拓宽销路。请根据小陈的个人情况为其实施短视频和直播营销出谋划策。

1. 小陈想在快手上把自己打造成一位“水果达人”，充分展示自己在水果种植、水果培养、水果保鲜、水果与健康养生等方面的专业知识。那么，他该如何设置个人账号呢？请将账号信息填入表 9–12 中。

表 9–12　账号信息设置

设置项目	内容说明
账号名称	
账号简介	
账号头像	
账号头图	

2. 小陈在直播的过程中可以采取哪些策略增加水果销量？

项目十 短视频营销

学习目标

知识目标：

1. 掌握短视频营销策划方案的制定。
2. 理解短视频营销运营的相关概念及技巧。
3. 理解短视频营销推广的相关概念及技巧。

技能目标：

能够利用短视频对产品进行营销策划和推广。

素养目标：

通过学习，学生掌握短视频营销实践，树立服务意识，向社会提供高质量服务与产品，促进短视频营销成为有情怀、有温度、凝聚正能量的传播方式。

案例导入

张同学和他的短视频

张同学拍摄农村生活的视频火遍全网，让很多人模仿和学习。张同学是一个东北农村的小伙子，初中没毕业就去打工，后来又开过修理厂、养过鸡，但都没有成功。他还遭遇过车祸和失忆，生活十分艰难。但他有一个特别的爱好，就是喜欢周星驰的电影，特别是里面的拍摄手法。他通过反复观看和学习，掌握了很多专业的拍摄技巧。

2019年，他开始拍摄短视频，主要展现20世纪80年代的农村生活。他用自己的手机和三脚架，运用多个分镜头和创意的配乐，拍出了一些很有特色的视频。他的视频很接地气，很有趣，也很真实。他记录了自己作为一个大龄单身汉在农村的日常生活，比如起床、刮胡子、做饭、喂鸡、修房子等。这样的视频很快就吸引了很多人的关注和喜爱，有些人觉得他的视频很搞笑，有些人觉得他的视频很治愈。总之，大家都对他的视频赞不绝口。张同学也因此成为千万级别的网红博主。

任务一 短视频营销概述

扫一扫

配套微课

一、认识短视频营销

（一）短视频的概念和特点

1. 短视频的概念

短视频是一种视频长度以秒计数，主要依托于移动智能终端实现快速拍摄与美化编辑，可在社交媒体平台上实时分享和无缝对接的一种新型视频形式。短视频是相对于长视频来讲的，长视频播放时间长，用户黏度强，像影视剧、综艺节目视频等均属于长视频；短视频播放时间短，但数量繁多、内容丰富，能够产生较高的浏览页面数，加之当下智能手机的普及、碎片化时间的增多，人们更喜欢在移动端看一些短视频。短视频的播放时间短、内容多元化恰好满足了用户的不同偏好，已经被用户接受并深受用户喜爱。

2. 短视频的特点

（1）视频长度短。短视频一般控制在 30 秒以内，可以说，短视频的出现标志着视频进入“读秒时代”。

（2）制作门槛低。制作短视频无须传统的专业拍摄设备，依托智能终端就能实现即拍即传，拥有傻瓜式的操作，人人都会，简单可行。

（3）海量的用户规模。中国短视频用户规模已超过 10 亿，随着移动互联网用户碎片化使用趋势的延续以及对多媒体内容消费习惯的深化，未来中国短视频市场用户规模还将继续扩大。

（二）短视频营销的优势

现在，营销的方式越来越多，包括网络营销、服务营销、体验营销、病毒营销、整合营销及社交营销等。短视频营销属于网络营销，是具有巨大潜力的营销方式之一。与其他营销方式相比，短视频营销具有很大的优势。

1. 成本低

与传统的广告营销少则几百万元，多则几千万元的资金投入相比，短视频营销的成本算是比较低的，这也是短视频营销的优势之一。成本低主要表现在三大方面，即制作的成本低、传播的成本低及维护的成本低。

短视频是否能够迅速地传播，并不耗费太大的成本，关键在于如何打造短视频的内容，内容有没有真正击中受众的痛点和需求点。随着受众群体对短视频内容的要求的不断提高，短视频的打造也慢慢开始向专业化、团队化发展。虽然制作短视频的门槛较低，但如果想要借助短视频的力量获得良好的营销效果，就必须以专业化团队的力量作为支撑，而且短视频营销也逐渐在向专业化的方向不断前进。

2. 互动性强

短视频营销很好地吸取了网络营销的优点——互动性强。几乎所有的短视频都可以进行单向、双向甚至多向的互动交流，对于企业而言，短视频的这种优势能够帮助企业获得用户的反馈信息，从而更有针对性地对自身进行改进；对于用户而言，他们可以通过与企业发布的短视频进行互动，从而对企业的品牌进行传播，或者表达自己的意见和建议。这种互动性使得短视频能够快速地传播，还能有效提升企业的营销效果。

3. 效果好

短视频是一种时长较短的影音结合体，能够带给消费者图文、音频所不能提供的感官冲击，这是一种更为立体、直观的感受。因此，短视频只要符合相关的标准，就可以赢得消费者的青睐，使其产生购买产品的欲望。利用短视频进行营销时，要具有内容丰富、价值性强、观赏性强等特点。

短视频营销的效果比较显著：一是因为画面感更强；二是因为短视频可与电商、直播等平台结合，实现更加直接的盈利。消费者可以边看短视频，边对产品进行购买，这是传统的电视广告所不能拥有的优势。消费者在观看了电视广告之后，不能实现快捷购物，一般都是通过电话购买、实体店购买等方式来满足购物欲望，但在这些方式中，消费者都不可避免地会遇到一些问题，如在电话中无法很好地描述自己想购买的商品的特征等。

4. 持续时间久

利用短视频进行营销的一个好处是它的“存活”时间比较久。这么说可能有点抽象，做个比较，如果利用电视广告持续向大众展示产品，就需要一直投入资金，一旦企业停止支付费用，就会遭到停播，而如果利用短视频进行营销的话，一时半刻不会因为费用的问题而停止传播，因此“存活”的时间久。例如快手、美拍、抖音上的短视频会一直在平台上重复播放。

5. 节约用户时间成本

快节奏的生活方式下，人们的时间成本越来越高，而就短视频而言，因为其时间较短，更能满足用户的需求，节约用户的时间成本。互联网的信息时代促成了一个快速借力的时代，短、平、快已经成为这个时代的标签，所以短小精炼的视频更让人容易接受。

（三）短视频在营销中的运用

短视频的出现是对社交媒体现有主要内容（文字、图片）的一种有益补充。同时，优质的短视频内容亦可借助社交媒体的渠道优势实现病毒式传播。短视频营销，可以理解为企业和品牌主借助于短视频这种媒介形式进行社会化营销的一种方式。在国外，视频营销已经成为一种主流的营销方式，而国内也掀起了利用短视频进行推广企业产品以及分享各种经验的浪潮，并且取得了不错的效果。

1. 推荐产品

每个短视频应用都有自身独特的特性，营销人在制作视频和利用其进行营销活动策划时，需要考虑各自的属性特点，才能最大限度地发挥其作用。根据其拍摄时长、主要用户的群体特征来选择推荐适合的产品，例如，美拍的用户群体主要是爱美、爱自拍的女性，所以可以推荐一些时尚女装、包包、化妆品，以真人秀、“专家”指导的形式来植入产品的效果较好。假如企业是做化妆品的，就可以拍一些化妆小技巧类的短视频，如化妆教程之烟熏妆、化妆教程之动画妆、化妆教程之眼线妆、新手化妆教程等。类似这样针对某一个具体的方面来指导，也可以形成一个短视频系列，每天持续发布，就会聚集精准人群，在指导的过程中推荐所使用的化妆品，则水到渠成。

2. 分享经验

分享经验类型的短视频是最受粉丝们喜欢的。各行各业、方方面面的经验都会拥有一大批拥护者，因为大家对有价值、实用的经验都很青睐，喜欢通过学习、交流让自己进步。例如，线下的一个健身场所，想提高其知名度和吸引一些客户过来，就可以通过注册微博账号或者微信公众号，以健身教练的身份在社交平台上发布一些健身类短视频，非常有专业性、权威性的短视频是深受粉丝们追捧的，如 2 分钟消脂健身操、4 分钟高强度间歇暴汗燃脂运动、8 种最扎实的减肥法、7 天瘦腹计划等。这类短视频的标题也非常重要，一个好的标题点击率会更高。可以在短视频中植入产品，也可以在发布内容时，以“文字 + 图片 + 短视频”相结合的形式来做推荐，这样也容易被大家接受。

3. 产品演示

有些产品适合用短视频的形式进行场景化、生活化的展示，让不了解的朋友们亲眼看到其制作过程、生产过程或者种植过程等。例如，咖啡的制作过程、鞋子的生产过程、水稻的种植过程等，通过观看视频，受众有身临其境之感，对产品有了一定的了解之后再进行购买。

4. 视频抽奖

在组织策划营销活动环节中，都会有一个抽奖环节。为了体现公平、公正、公开性，有一些企业或个人也会以拍摄短视频的形式来展现抽奖的过程，让大家真实地看到抽奖的过程，这样在以后组织类似的营销活动时便会有更多的人参与。

5. 粉丝参与

通过调动粉丝们的积极性，让粉丝们添加统一的活动标签来发布短视频，再从中选择优秀的短视频作品制成视频合辑，这类形式比较适合企业的周年纪念日、老客户的感恩回馈、粉丝福利活动等。

6. 视频造星

借助短视频、直播的形式来销售产品、展示才艺、塑造个人形象，进而获得广告、打赏、产品推荐佣金等收入，这是最快打造“网红”的方式之一。很多人气“网红”都将“视频 + 直播 + 社交”这种形式运用得淋漓尽致，近距离地与粉丝之间进行互动。

二、短视频网络平台

（一）在线视频网站

在线视频网站一般都是提供广告分成，如大鱼号和 UC“抱成团”的优酷网。当然，也有一些平台并不具备广告分成的功能，但允许用户打赏，如哔哩哔哩。

（二）推荐类客户端

推荐类客户端有今日头条、百家号、一点资讯、企鹅媒体平台、网易号等。其中，今日头条在收益政策上更为全面，如广告分成、广告收益、打赏、自营广告都支持，流量也很大。

（三）社交平台

社交平台，如QQ空间、微信公众号、QQ公众、微博等，都能够发小视频。对于一般的视频营销而言，我们在上传视频的时候，可以多考虑包括优酷等在内的第一类大型视频网站，或者现在发展较好的百度视频、QQ播客等第二类视频网站，还有以快手、抖音、火山小视频等为代表的新兴视频平台。当然，如果目标顾客有国外客户的话，还需将Tiktok等全球性的大型视频网站考虑进去。

（四）短视频客户端

短视频类App有快手、美拍、暴风短视频，以及头条旗下的火山小视频等。收益来源分为两种：一种是通过直播；另一种就是上传原创的生活小视频。目前该类平台的视频风格很“接地气”，其实就是为了满足人们的好奇心等。

三、短视频营销技巧

（一）短视频营销操作模式

1. 短视频加广告

在短视频内容加入文字、图片等广告内容，视频的片头片尾均是广告类型。

2. 短视频做内容营销

内容营销有别于传统的视频广告植入，内容营销把广告包装成内容，内容即是广告，这是未来的趋势。

3. 短视频做活动营销

大量的商家企业都做过类似的活动，比如有奖视频大赛，用30秒的视频来说明××产品是最好的，鼓励参加的用户制作原创视频。

4. 拍摄答疑型知识短片

通过答疑型的知识短片，让用户对平台深入了解，产生信任。

5. 拍摄产品介绍视频

通过对产品的拍摄，配上相应的解说音乐，让用户对产品有更深入的了解，从而产生信任和购买的行为。

（二）短视频营销的操作技巧

1. 重视视频质量

这里的质量主要是视频内容、清晰度和相关性的问题，主要体现在用户评分上。获得的分数越高，那么视频内容质量就被认为越高。除此之外，还有用户评论及留言同样也是非常重要的，留言数目也在一定程度上表明了视频的受欢迎程度。

2. 巧妙植入广告

但凡广告明显的内容很难得到大规模转发，除非你的内容价值大到可以抵消用户对广告的反感，这种价值可以是深度或娱乐的，但是每个人的价值点不一样，所以很难做到一个所谓的最高价值视频。那么最好的方式就是植入广告巧妙，润物细无声。

3. 合理设置视频关键词

视频关键词是影响视频优化的关键因素之一，其可以让目标顾客群在搜索与你相关的产品和服务视频的时候，能够使你的视频在搜索中占据优势，同时还可以精准地让受众观看。尤其是视频标题、标签中都包含关键词，对视频优化非常重要。一般来讲，在选取关键词的时候应考虑与你的视频内容有关、确保关键词的热门度。

视频关键词的选择方法与网站优化时的关键词选择方法比较相似，先确定核心关键词，然后再根据核心关键词拓展。具体来说可以分为三步：

第一步，列出核心关键词。核心关键词是指视频极力推广的关键词，这些关键词主要围绕产品 / 服务展开，当然其必须与视频内容相关。

第二步，关键词的拓展。在确定了关键词之后，接下来就是关键词的拓展，其本质上就是对关键词的进一步挖掘。

第三步，经过前两个步骤后，我们可能已经罗列出了上百个甚至上千个关键词，然后需要对这些关键词进行筛选和整理，主要是从视频内容入手考虑。

4. 注意视频发布的时间

视频发布时间对视频优化有着重要的影响，视频发布时间越近，视频权重越高，对视频的优化也越有利。在发布时间上，选择与视频内容相关的热点事件爆发的时间点、与视频内容相关的特殊节日、目标顾客群体注意力可能会关注的时间点等会起到更好的效果。比如：视频内容是有关春节的，可以选择在春节前或春节期间投放；视频内容的目标群体是上班族可以选择在晚上发布，这时他们的注意力更多地集中在网络上。

知识链接

新产品短视频推广策略

新品上市是企业重要的战略。全新产品刚刚进入市场，市场影响力和知名度都相对较低，而改良后的新产品，则需要转变消费者传统的消费观念，使其建立新的消费习惯。面对激烈的市场竞争，如何更快地传递新品上市信息，更好地强化消费者的新品认知，更快地促使消费者产生购买行为，是企业在新品推广时的主要目标。

那么，企业如何搭乘短视频这辆高速快车，抓住流量，提高新品推广宣传的效果呢？本文结合市场营销学家罗杰斯提出的消费者对于新产品的接受规律“认知—兴趣—评价—试用—采用”，通过分析短视频特点和成功案例，提出了新产品短视频营销推广四部曲。

1. T-target 精准用户画像，深挖垂直市场

随着精准营销的普及使用，精准的用户画像能全面地描述用户的信息全貌，从而了解、跟踪和探究用户的需求变化，让企业更精准地开展营销行为。进行新产品的推广宣传，企业需要明确目标消费者的消费特点和需求，通过用户行为、兴趣偏好或者主题等方面进行精准的用户画像，分析用户行为，从而有针对性地推送信息，匹配有效信息资源。

通过平台的粉丝定向、多维标签定向，精准获取高价值粉丝。同时，挖掘垂直细分市场，能在最快时间内找到精准用户，完成品牌与消费者的无缝对接。例如构建具体细分的“生活场景”或“使用场景”，让用户快速了解产品；又或者打造一种“生活方式”，传递企业品牌和产品的调性。

以热门综艺《奔跑吧兄弟》为例，通过对观看该节目的电视用户，平时主要活动区域、偏好何种 App 软件、忠爱哪些品牌、喜欢吃什么玩什么等全网数据的融合，了解其行为习惯，建立用户画像，将有助于精准营销、个性化内容推送，再度提升文化娱乐对消费行为的影响。

2. C-content 优质创意内容，链接用户关系

随着移动互联网的发展，媒体变革以及消费升级日益加剧，消费者对于宣传广告内容不再完全接受。精品优质的短视频内容，不仅能够让消费者对新品产生关注和认识，更能提升品牌好感、品牌价值认同以及消费信心。企业在进行精品内容制作时，需要注意内容的品质和创意。

数据显示 61.1% 的消费者认为短视频是放松身心、调节压力的调味剂，因此，企业在进行新品信息植入时，需要精心的设计，将合理的互动式消费场景融入内容，避免让消费者难以接受。同时，企业不能局限于一次的内容输出，而是需要进行持续的内容创作和传播，让消费者持续不断地接收到新产品的信息，加深新品印象。

而短视频内容的创意性和趣味性能在短时间内吸引用户的注意力。企业在进行新品宣传时，需要多维度地挖掘产品的创意点和宣传点，如东鹏特饮则将“鹏哥”的日常趣事作为短视频内容，如办公室关系、闺蜜关系等，结合时下特点进行产品信息的软植入，趣味性强。

3. T-technology 智能互动升级，技术优化体验

随着短视频平台的不断完善，短视频的玩法越来越多，企业在进行新品营销推广时，不再局限于单纯的内容视频，还可以借助短视频平台的各种玩法以及智能技术，创造深度沉浸环境，鼓励用户参与互动，优化体验。

调查显示，短视频用户具有“互动需求高”和“参与度高”的双高特点，有 90.3% 的用户会点赞，90.6% 的用户会分享，并且分享呈现圈层化的特征。同时，短视频用户的创作意愿强，55.4% 的用户拍摄上传过短视频。短视频通常在全网分发，包括短视频平台、社交媒体等，属于互动传播，因此可借助短视频平台的技术功能，开展互动。企业可以根据新产品的功能和特点，设计创意主题活动，利用短视频平台的“挑战赛”功能，吸引用户参加挑战，让更多的用户乐于参与和分享，实现更大范围的宣传。

同时，随着 AR 等新技术的成熟，企业在推广新产品时，可以通过“智能技术 + 产品功能”，开启更多可能。在短视频互动中，人脸识别和 AI 技术可以为短视频提供美颜、视觉特效、小游戏等趣味性较强的拍摄和互动功能，提高短视频用户的体验丰富性和趣味性，优化用户对于新产品的体验。

如 vivo 为了配合魅夜紫新配色上市，联合抖音开展了“AI+ 彩妆”的酷炫紫色活动。用户通过 AI 技术，实现人脸识别 3D 上妆，妆容智能动态贴合，并且可以实现前后变装体现，活动参与人数高达 14.6 万人，实现互动 2 781 万次。

4. S-star“网红”流量，激发裂变分享

移动互联网时代，网络达人自带粉丝群和流量，符合年轻人的认知模式。通过借助“网红”资源，能提升内容曝光度，容易制造话题发酵，实现病毒式营销。调查显示，超过 70% 的用户会因为达人推荐而购买。企业在确定新品推广目标后，需要有针对性地选择“网红”。垂直领域的“网红”对粉丝的触达力和影响力更大，企业可以选择多个“网红”共同发力。目前在短视频领域受欢迎的主要为搞笑段子类“网红”和美妆类“网红”。搞笑类“网红”符合用户观看小视频的核心诉求——消遣娱乐，这类“网红”受众广泛，适合大部分的企业和产品。

同时，很多演艺人员也加入了短视频行列。他们已经拥有固定而且黏性很好的粉丝群，企业可以很好地利用粉丝经济，通过高流量价值的演艺人员资源，为新品上市创造强大的市场声音，实现强曝光、高互动以及粉丝沉淀。全新国产 BMW X3 上市时，邀请知名演员进行品牌传播，为宝马带来了 1.02 亿的总播放量，抖音主页访问量多达 44.9 万，官方粉丝增长 26.8 万。

短视频已经成为人们日常的社交互动方式，因此企业在进行新产品推广时，可以借助短视频快速裂变传播以及用户深度互动，提高用户对新产品的感知，实现新产品的营销推广目标。

资料来源：徐岚 . 探析新产品的短视频营销推广策略：以抖音为例 . 商场现代化，2020（4）.

任务二 短视频营销策划

扫一扫

配套微课

一、短视频的定位

不同的短视频账号针对的目标用户是不同的，美食、美妆、游戏、旅游和萌宠等各垂直领域都有自己的受众群体。短视频创作者要想获得成功，就不要想着吸引所有用户的目光，而是要确定目标用户，了解目标用户的偏好，挖掘其需求，从而实现精准定位。通俗地说，短视频的账号定位就是确定“为什么”做短视频，从而确定“做什么”和“怎么做”。

（一）为什么

确定“为什么”做短视频，是指明确短视频的传播目的、账号发展目标。在开始短视频创作之前，创作者需要思考的是，通过建立这个短视频账号，最终要达到什么样的目的，是做信息传递、品牌维护，还是实现商业变现。

（二）做什么

确定“做什么”，则要求创作者明确短视频所属的领域类目、目标受众，即做哪些内容、做给谁看，确保所创作的内容能够满足目标受众的需求。

（三）怎么做

确定“怎么做”，指进一步做好内容风格定位、IP 形象定位，即明确具体怎么操作才能保证持续输出优质内容，才能保证与其他短视频账号相比，该账号具有吸引用户的独特性。在短视频创作过程中，明确创作的选题方向、视频画质等各种标准，制定可执行的操作流程；确保“做什么”的定位在每条短视频中都得以精准执行，并促使账号内容形成鲜明的标志性风格，从而在受众群体中获得关注度、提高转化度。

短视频的创作者可以通过分析账号传播目的、选择账号赛道、打造账号核心 IP 这 3 个步骤做好账号定位。

二、短视频的选题策划

在做好用户定位的基础上，策划短视频选题尤为重要，如同写文章一样，“主题”会影响短视频的打开率和阅读率。确定目标用户后，围绕目标用户关注的话题，发散思维，迅速找到更多的内容方向，有针对性地实现精准信息的传达和转化。

（一）选题迎合平台算法

用户在各类短视频平台中观看短视频时，除了看自己关注的账号发布的短视频，更多的是看平台推荐的视频。以抖音、快手、微信视频号为代表的短视频平台，均采用了算法推荐机制，即基于用户行为的后台数据，利用算法推测出用户的喜好。平台基于这些算法，主动地将用户可能会喜爱的短视频推荐给用户。

因此，短视频创作者只有主动迎合平台算法，策划优质选题，才能让自己的视频内容被平台优先推荐，并准确地分发到喜好相同或相似的垂直用户面前。

具体来说，短视频创作者在进行选题策划时，要做到两个“紧扣”。

1. 选题紧扣账号定位

只有选题与账号定位相匹配的短视频，才是有价值的“爆款”。例如，如果短视频账号是一个以影视分享、美食、美妆为主的短视频账号，它的账号名称、账号说明、创作者设定的账号兴趣方向，都建议加上“影视达人”“美食达人”“美妆博主”等文字描述，每条视频也要围绕上述账号定位展开，如图 10-1 所示。这样做有两方面的好处。一方面，它能使平台算法“读”懂账号与其发布的短视频的类型、特征，从而让平台将其更准确地推荐给偏爱此类短视频的用户；另一方面，它也能确保账号持续输出的内容是迎合用户需求的，从而吸引用户从偶然看到一条短视频到成为该账号的忠实粉丝。

图 10–1　紧扣账号定位

如果短视频创作者看到一些热门事件一时间吸引了全网大部分流量，于是自己也围绕这类事件，创作了与原账号定位关联度较低的短视频，这显然是创作者对账号定位和选题策划的把握出现了偏差。这种偏差首先会造成账号在平台算法推荐机制下的失利。平台的算法能够给内容定位、账号定位、用户偏好高度匹配的短视频做精准的用户推荐，但对这类匹配度不高的短视频，则无法做出准确的判别与推送。如果短视频账号中经常出现这样的偏差，会使账号的推荐权重逐渐降低。

2. 选题紧扣热点话题

（1）突发型热点。

突发型热点即突发新闻，例如突发的自然灾害、重大事故、演员官宣、热门八卦等。对于这类热点，如前所述，创作者需要谨慎考虑围绕该热点开展的选题策划是否与自身的账号定位相匹配。例如，发生了重大事故，公安、消防等部门的账号，可以围绕如何避免此类事故展开相关的安全宣传。演员发布了官宣，时尚方面的账号可以就该演员的经典服装穿搭进行讲解。但通常来说，以变现为目的的账号不太适合“蹭”突发型热点，如果选题策划把握不当，容易弄巧成拙。

（2）预知型热点。

预知型热点，可进一步分为事件热点和时令热点。事件热点就是热点事件，例如中国宇航员完成了太空任务、某品牌发布了新款手机等。创作者可以密切关注新近发布的信息，了解刚发生的新闻，围绕这类热点，提前进行选题策划。图 10–2 展示的内容是太空任务完成、庆祝新年等，均是重大热点事件，且提前可以预知。但如何结合自有账号定位进行选题策划，还需要创作者进一步思考。

图 10-2　与热点话题的对接

时令热点，即每年某个时段固定出现的热点，例如每年都有中考、高考、“双 11”、情人节，某著名景区将进入最美观赏时节等。虽然这类热点年年都有，但受众覆盖面广、关联度高，创作者可以早做准备，设计与本账号有关联的内容。

（3）平台自有热点。

平台的热门活动，即平台的“命题作文”，往往是平台为提升自身影响力而做的策划，是不同时期的宣传推广重点，或者是平台层面的大型商业合作推广，一般会通过平台社区通知、发布广告等多种形式向创作者定时发布，创作者需要密切关注，参与活动可获得一定的流量扶持。

不同的短视频平台会有一些自己的热点话题或热门活动。由于各个平台的用户群体有所差异，关注的热点也各不相同，需要创作者分门别类地关注，并有针对性地进行短视频的发布。

（二）选题策划的基本原则

不管短视频的选题内容是什么，都要遵循一定的基本原则，并落实到短视频创作中。下面介绍选题策划的几个基本原则。

1. 以用户为中心

关于选题首先要注意的是，选题内容要以用户的需求为前提，不能脱离用户。想要短视频有较高的播放量，必须要考虑用户的喜好、痛点和需求，越是贴近用户的内容越能够得到他们的认可，从而使短视频获得较高的关注度和播放量。

2. 注重价值输出

选题内容一定要有价值，要向用户输出干货，使用户看了之后有收获。选题内容要有创意，从而激发用户点赞、评论和转发等，让用户主动分享，扩散传播，从而达到裂变传播的效果。

3. 保证内容的垂直度

在确定进入某一领域之后，就不要轻易更换了。短视频创作者需要在所选领域中做到垂直细分，提高其在专业领域的影响力。如果选题内容变来变去，会导致短视频内容垂直度不够、用户不精准。因此，短视频创作者要在所选领域长期输出优质内容，保证内容的垂直度。

4. 选题内容紧跟行业或网络热点

在选题内容上，要紧跟行业或者网络热点，这样才能使短视频在短时间内得到大量的曝光，从而快速增加短视频的播放量，吸引用户关注、增加粉丝。因此，短视频创作者要关注热门事件，善于捕捉热点、解释热点。但也并非所有的热点都可以紧跟，如涉及时政、军事等领域，若跟进不恰当的热点，会有违规甚至被封号的风险。

5. 远离平台敏感词汇

当前，有关部门正在加强对短视频平台的管理、不断出台相关法律法规文件，而且每个短视频平台都对敏感词汇做出了规定。因此，短视频创作者要了解并遵循相关法律法规，不要为了博眼球而使用夸张或者敏感词汇，避免出现违规情况。

三、短视频策划方案的制定

（一）短视频策划方案的用途

在“内容为王”的时代，能够真正打动用户的内容才能得到用户的青睐，才属于优质的内容。短视频内容策划要从用户需求出发，用优质的内容来获得用户的信赖和喜爱。要想制作优质的短视频，就要保证内容的价值性，为用户提供干货，触动用户痛点，并持续输出内容。

短视频的策划方案，是把想要摄制的短视频，从前期的创意、想法，变成书面的、可读懂的策划文案、剧本大纲、分镜头脚本等，它相当于建楼房前画的设计图纸。制定策划方案的目的，是在拍摄制作前，让创作团队成员充分理解该条（该系列）短视频的创意，做到胸有成竹。如果创作团队承接的是某客户委托拍摄的短视频，同样需要拿出具体的策划方案，与提出摄制需求的客户进行充分的交流沟通，并通过对策划方案的不断打磨达成共识，确保短视频的成片能达到客户的预期效果。

（二）短视频策划方案的类型

短视频的策划方案没有统一、固定的格式。不同的应用场景下，策划方案的撰写方式也不同。常见的策划方案的内容包括：策划文案、剧本、分镜头脚本。

1. 策划文案

策划文案多用于向提出摄制需求的客户展示短视频团队的创作思路，以赢得客户的认同，促进合作的达成，也可以用于让短视频团队成员统一创作思路。

策划文案以文字描述为主，可以配合一些图片。一个面向客户的、完整的短视频策划文案的基本样式如下。

案例

面向客户的策划文案

一、传播目的，即摄制该短视频是为了实现怎样的效果，如进行商业推广、提升品牌影响力等。

二、目标受众，即该短视频主要是给谁看的。

三、拍摄主题，即该短视频要表达的主题。

四、拍摄内容，即剧本、分镜头脚本等执行细节。

五、投放渠道，即打算将短视频发布在哪些平台上。

六、经费预算，即涉及的设备费用、人工费、交通住宿费等。

之所以要在策划文案中明确写出传播目的、目标受众这两个部分的内容，是因为传播目的、目标受众直接决定了短视频的拍摄主题、拍摄内容和调性。虽然短视频创意是可以由创作者“脑洞大开”产生的，但绝非是随意为之。内容是为目的服务的，而形式是为内容服务的。短视频创作团队不仅在内部要形成统一的思路，更要在外部通过策划文案，向提出摄制需求的客户阐释清楚，赢得客户的理解和认同。

2. 剧本

剧本，多在拍摄剧情类的短视频时用于帮助短视频团队内部梳理创作思路，也可以面向提出摄制需求的客户，让对方理解该摄制方案的思路。它主要是用叙述性的文字，简洁地说明所要拍摄的景象、人物、动作、对白。下面是一个简单的剧本。

案例

第 1 场 / 日 / 内 / 办公大楼大堂

小张从电梯里出来，一群“墨镜男”正等在电梯外，看到他急忙迎上前。小张环顾左右，一脸诧异地向外走。

“墨镜男”们左右并排站立，齐声鞠躬大喊：“欢迎张 ×× 下班。”小张愣住，不知所措。左侧一名“墨镜男”突然放礼花，小张吓了一跳，一脸尴尬，然后被“墨镜男”们簇拥着向外走。

第 2 场 / 日 / 外 / 办公大楼门口

“墨镜男”们簇拥着小张走出大门，边走边用手推开其他路人，连声呵斥“不许拍照”。大楼门口部分不明真相的围观者拿着手机偷偷拍照，以为自己偶遇了演员。

这样的剧本重点在于梳理出故事的“起、承、转、合”，精心设计埋“梗”的位置，写明每个具体场景中要出现的人物、对白、动作，既便于看剧本的人理解短视频最终的呈现效果，也便于摄制团队做好相关的拍摄安排。

3. 分镜头脚本

对于专业的短视频创作团队来说，更翔实可靠的执行方案是分镜头脚本。分镜头脚本几乎是最接近短视频成片的“设计图纸”，它将创意、思路转化成了镜头语言，标注了成片中每一个镜头的具体设计。它主要用于让创作团队理解策划意图，并确保从前期拍摄到后期制作的每个细节都完全与方案相符，确保不会出现“货不对板”的尴尬局面。

分镜头脚本是有标准格式的，标准的 9 格表头需要体现镜号、景别、拍摄手法、时长、画面内容、台词、音响、字幕和特效、备注。

（1）镜号：将一个个镜头按数字排序，镜号的排列顺序即为成片中内容最终的呈现顺序。

（2）景别：被摄物体在拍摄画面中所呈现出的范围，包括远景、全景、中景、近景、特写、大特写。

（3）拍摄手法：如何拍摄、采用固定镜头还是运动镜头、采用怎样的拍摄角度等。

（4）时长：该镜头的时间长度。

（5）画面内容：所拍摄的画面内容。

（6）台词：包括人物独白、对白、画外解说词等。

（7）音响：包括背景音乐、音效。

（8）字幕和特效：包括字幕的内容或添加的画面特效等。

（9）备注：其他注意事项。

四、短视频内容展现形式

当做好用户定位、确定了短视频领域、明确了选题方向之后，还需要确定短视频内容的展现形式。不同风格的短视频，其展现形式也是不同的。短视频的展现形式决定了用户会通过什么方式记住短视频的账号和内容。比较常见的短视频展现形式有图文形式、模仿形式、解说形式、脱口秀形式、情景剧形式和 Vlog 形式等。

（一）图文形式

图文形式是最简单、成本最低的短视频展现形式。在短视频平台上，用户经常可以看到，有的短视频只有一张底图或者影视剧经典片段的截图，图中配有励志类或情感类文字，并配有适合的音乐，这种形式的短视频在抖音等短视频平台上很流行，但由于图文形式的短视频没有人设，没有办法植入产品，因此变现能力比较差。

（二）模仿形式

模仿形式是很常见的短视频展现形式。模仿形式的短视频，其制作方法很简单，只需要搜索短视频平台上比较火的短视频，然后用其他形式表现出来。这种展现形式相对于制作原创视频要简单很多，只需要在被模仿视频的基础上修改或创新。但要注意模仿不是抄袭，要想提高短视频的播放量就要做出特色，形成个性标签。如果用户连续看几个视频都是相同内容，很容易产生审美疲劳；如果看到一个很有看点、表现形式或拍摄风格很有特色的短视频，便会觉得耳目一新，进而产生点赞、评论和转发等行为，也利于后期变现。

（三）解说形式

解说形式的短视频是由短视频创作者搜集视频素材，进行剪辑加工，然后加上片头、片尾、字幕和背景音乐等，自己配音解说制成的。其中最常见的是影视剧类短视频的解说，如图 10-3 所示。制作影视剧类解说短视频首先要选好题材，因为影视剧有很多类型，是制作爱情片、恐怖片还是喜剧片的解说短视频需要提前定好；然后准备文案，影视剧类解说短视频的文案很重要，因为故事情节都要通过文案表现出来；接着录音，讲解者有自己的节奏感才能受到更多用户的青睐；完成录音之后就开始剪辑了，将录制好的解说音频剪辑到视频中，一个影视剧类解说短视频就制作完成了。

图 10-3　解说形式短视频

（四）脱口秀形式

脱口秀形式也是目前常见的短视频展现形式，想要做好这类短视频，关键是内容要有干货，让用户看后有所收获。

（五）情景剧形式

情景剧形式就是通过表演把想要表达的核心主题展现出来。这种短视频需要演员表演，创作难度最大，成本也高。前期需要准备脚本，还需要设计拍摄场景（要求摄像师掌握拍摄技巧），后期要进行视频剪辑。

情景剧形式的短视频有情节、人物，能够清晰地表达主题，调动用户情绪，引发情感共鸣，可以在短时间内吸引用户关注。如“奇妙博物馆”等账号，其剧情能够带给用户跌宕起伏的感觉，充分调动用户的情绪，吸引用户关注。

（六）Vlog 形式

随着短视频的兴起，越来越多的人，尤其是年轻人，开始拍摄 Vlog。这种形式的短视频就像写日记，用影像代替了文字和照片。但这不代表 Vlog 可以拍成流水账，而是一定要有明确的主题，如旅游 Vlog、留学 Vlog、健身 Vlog 等。此外，短视频创作者还要注重脚本，提前构思好重要的镜头，适当设计情节；拍摄时，注重拍摄效果，可以多运用一些专业的视频拍摄技巧；后期制作时，做好转场特效，保证叙事流畅。这样拍出的短视频很容易抓住用户眼球，受到大众的喜爱。

任务三 短视频营销运营

扫一扫

配套微课

一、运营准备

（一）完善账号

1. 账号名称设置

账号名称要简单、明确，做到好记忆、好理解、好传播，最好可以让用户一看就知道短视频账号的定位，这样才更容易获得关注，如“××街拍”“美食体验官 ××”等。如果是打造个人知识产权（Intellectual Property，IP）的账号，可以直接用自己的名字做账号名称，更具辨识度。

2. 账号头像设置

（1）头像不仅会使用户产生第一印象，还是个人品牌的标识与符号，让用户想到账号就想到符号，而这个符号就是个人 IP 定位。

（2）头像应根据账号所运营的内容、风格来确定。如果是真人出镜类的账号，建议使用个人的形象照，粉丝会对你有更直观的认知，产生更强的信任感；如果账号定位于某一个垂直领域，那么头像就要与该领域相关；如果账号是图文类型的，建议使用文字标题作为头像，让别人看到头像就知道账号所运营的内容。

（3）需要注意的是：头像一定要简洁、清晰，尽量避免局部或者远景人像，不用杂乱场景、动物；头像要和名字有关联，保持统一；文字类头像的文字不要超过 6 个字。

3. 账号背景图

（1）背景图颜色应该与头像颜色相呼应，风格统一；同时背景图要美观、有辨识度，官号要体现专业度。背景图会被自动压缩，只有下拉时才能看到下面部分的内容，所以要把表达的信息留在背景图中央的位置。

（2）如果要打造个人形象 IP，加深 IP 在用户心中的印象，需要以真人照片作为背景图。抖音某些知名“达人”的背景图，如图 10-4 所示。

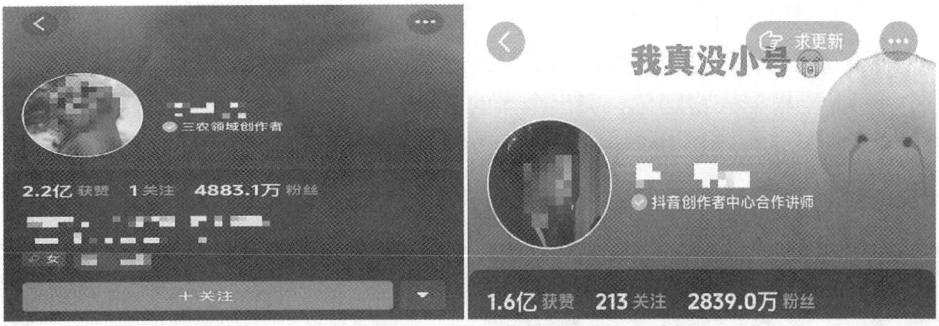

图 10-4　账号背景图

（3）主页背景图可以对账号进行二次介绍，深化粉丝对 IP 的认知印象，如抖音某美食“达人”背景图上的“是被食物治愈的一天”、抖音上另一位“达人”背景图上的“看过等于吃过”等，如图 10-5 所示。

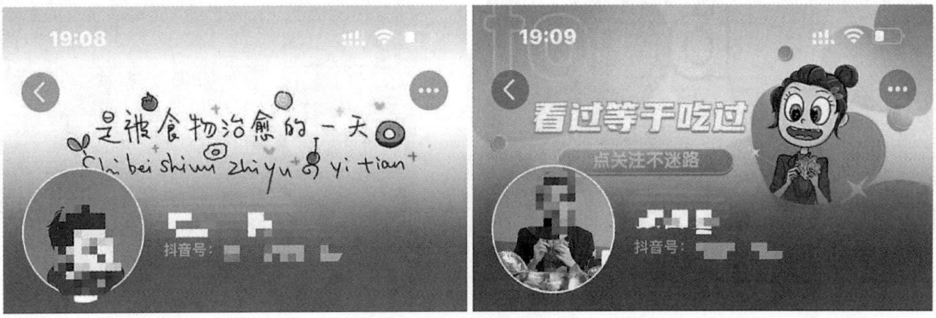

图 10-5　主页背景图

（4）背景图还可以起到引导用户关注的作用，利用有趣的图案、话术为用户提供心理暗示，如抖音某搞笑剧情类“达人”背景图上的“更多直播间同款好物”和抖音某动漫“达人”的“动漫达人，分享有趣动漫”等，如图 10-6 所示。

图 10-6　背景图

4. 账号认证和个人简介

（1）经过认证的账号能获得更高的推荐权重，前期可以完成个人认证，如图 10-7 所示。申请个人认证需满足：发布视频数 ≥ 1 个，粉丝量 ≥ 1 万名以及绑定手机号三个条件。后期可以进行官方认证，在官方认证账号中政府机构号级别最高，其次是企业号、MCN 机构旗下账号和个人认证账号。

（2）简介要根据人物定位，突出个人的 2～3 个特点即可，并且不要太长，要方便用户记忆。在简介中可以加上视频更新时间、直播时间、合作联系方式和粉丝群等信息，如图 10-8 所示。

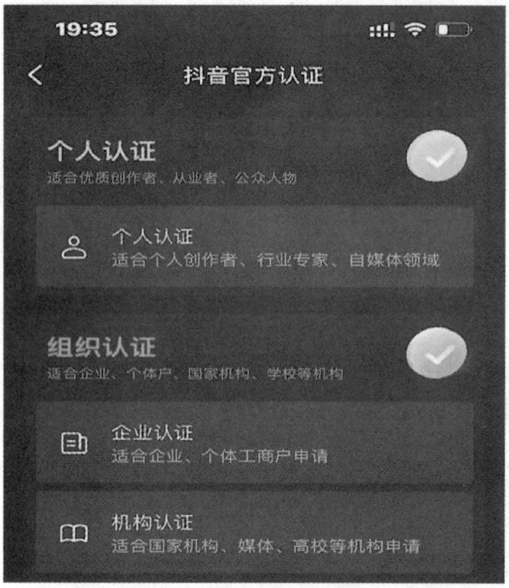

图 10-7 个人认证

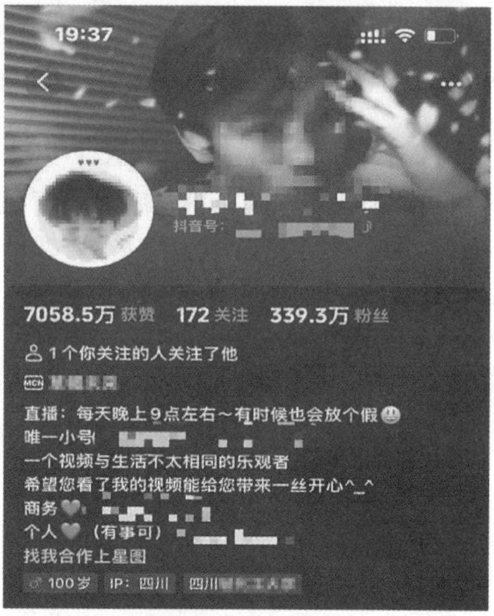

图 10-8 人物定位

（二）设计封面

1. 短视频封面的形式

在短视频创作领域内，创作者需要有自己独特的风格，才能吸引用户关注，而短视频的封面是最显而易见的个性风格的体现。

（1）视频内容截图。

直接以从短视频中截取的画面作为封面，是很多短视频创作者使用的方法，这样不仅封面和内容相关，而且操作方便快速。若账号为个人 IP，可以直接从短视频中截取人物形象作为封面。为了让用户直观地区分每个短视频，也可以在封面中添加文字，展现短视频的关键点。

（2）使用固定、统一的模板。

可以结合自己短视频的内容定位，设计一套固定、统一的模板封面，加上 Logo 或标志性的元素。这样设计封面会使短视频的风格统一，而且固定的 IP 形象会使用户养成习惯，时间一长就会给用户留下深刻的印象。需要注意的是，如果同一账号内有不同系列的内容可以不用让所有短视频的风格统一，做到系列短视频风格统一即可。

2. 短视频封面的要求

一个好的封面能够吸引更多的用户，但设计时需要注意以下几点。

（1）封面要与短视频内容相关。如果用户点击观看短视频，发现封面与短视频内容不相关，结果会适得其反，可能会让用户产生厌恶心理，不但不会关注账号，甚至可能会举报。

（2）封面要清晰、完整、比例合理，切忌模糊不清、拉伸变形。如果封面有文字，把文字放在最佳展示区域，不要被标题、播放按钮、播放时间条挡住。字数要尽量少一些，因为字数太多容易影响封面美感，也会增加用户的阅读时间，影响体验感。字号在不影响美观的情况下，可以尽量大些，这样文字简单直白，更有冲击力。还要注意的是，要选择不会侵权的常规字体。

（3）各大短视频平台都在支持原创内容，因此在做短视频封面的时候，也要保持原创，形成自己独特的风格。这样更容易得到用户的喜爱，吸引用户的关注。

（4）封面构图要主次分明、重点突出，将封面的主体放置于焦点位置。严谨的构图有助于提升封面的美感。

（5）封面不能出现暴力、惊悚、色情、低俗等内容，不能含有二维码、微信号等推广信息，如有违规就不会获得短视频平台的推荐，甚至会被处罚。

（6）注意不同的平台对封面尺寸的要求是不一样的。

（三）设置标题

1. 提取关键词

目前大多数短视频平台都采用了算法机制，可以更精准地定位用户痛点。例如，抖音的推荐机制是“机器审核 + 人工审核”，所以标题首先是机器审核，其次才是人工审核。因此在写标题文案的时候，根据定位的领域，多添加一些行业常见、高流量的关键词。例如，定位办公软件培训领域的账号，可以多在标题中添加办公、知识、软件培训等领域的专属词汇；定位美食制作领域的账号，多使用美食、料理等领域的专属词汇。平时，短视频创作者需要有意识地搜集一些相关领域的关键词，并将其添加到标题中，让机器审核，然后将短视频更加精准地推荐给对该领域感兴趣的用户，进而增加短视频的播放量。

2. 使用数字

使用数字主要有两种方式。一种是提供对用户有价值的信息，让用户观看之后获得收获，在很短的时间内学到实用技能。短视频创作者在标题文案中使用数字会让短视频内容更加直观，如“住酒店不想被偷窥，这 3 招一定要收藏好！”“可乐鸡翅怎么做才好吃？ 3 个小技巧让你做出美味鸡翅”。在标题中对出现的问题提出 3 种解决方法，使内容更加突出、明确，所以建议使用阿拉伯数字。另一种是通过具体的数字对短视频内容进行数据化描述，如“2023 年，这批奶粉的质检合格率竟高达 100%！”，有购买奶粉需求的用户看到这个标题，可能会被“100%”吸引，进而点击观看该短视频。

3. 添加热点词汇

热点事件、新闻是大众比较关注的，一旦发生热点事件，大家都会想要先了解，进行搜索观看。如果选题内容与热点事件相关，就可以尽量在视频的标题文案中增加相关词汇。需要注意的是，热点词汇并不是随便使用的，要与自身账号的定位一致。例如，技能类账号一般不要出现娱乐热点词汇，否则标题文案不仅与账号定位不符，甚至会产生反作用，使原有粉丝产生不良情绪。

4. 产生代入感，引起共鸣

若想在标题文案上让观众产生代入感，引起共鸣，可以多使用第二人称“你”。可以是技能学习类的标题文案，如“看完这个视频，你就会成为剪辑专业人士”；可以是励志、正能量的标题文案，如“别担心，你值得这世间所有的美好！”；也可以是包含亲情、友情、爱情等情感类的标题文案，如“你这么好，值得有人视你如珍宝，该放弃的就果断一点吧”。尽管短视频是呈现给所有用户看的，但使用第二人称可以给用户一种量身定制的感觉，让用户产生强烈的代入感。还可以在标题中指明某一用户群体，让该类用户群体看到之后产生代入感。例如，“愿每个在异乡工作的人，都能被温柔以待。”这段文案说出了大多数奋斗中年轻人的心酸，戳中他们的软肋。

5. 引发好奇心

好奇是人类的天性，如果标题文案能够成功地引发用户的好奇心，那么用户点击观看短视频的欲望也会被激发。

首先，短视频标题文案可以采用疑问句以激起用户的好奇心，引导用户点击观看。例如，“在吗？价值 20 万元的眼部护理手法需要吗？”，其中“在吗？”拉近了与用户的距离，后面的疑问句则引起了用户的好奇心——价值 20 万元的眼部护理手法是什么样的？类似的疑问词还有“如何”“怎么样”“什么”“为什么”“难道”“岂”“究竟”“何尝”“何必”等。

其次，可以设置悬念引起用户的好奇。例如，“看到最后一个动作笑得嘴都酸了”“一定要看到最后”“我选择最后一个”等。看到这样的标题时，用户通常都会好奇最后一个到底是什么，从而看完整个短视频。这样可以使短视频的页面停留时间更长，完播率更高。

最后，可以通过前后冲突，形成对比，让用户产生好奇心理。例如，“谈恋爱前 vs 谈恋爱后，男人的变化可以有多大”“没回家时妈妈的态度 vs 回家后妈妈的态度”“甜豆腐脑 vs 咸豆腐脑，到底哪个更好吃？这才是正确的吃法”等。还可以使用制造悬念手法设计标题，引起用户好奇，引导用户看到最后。例如，“假扮总裁帮朋友撑场面，没想到这个总裁竟是……”“想成为短视频剪辑专业人士，第一步是……”等。

6. 引发互动

想要引起用户互动，让用户转发、评论，最好的办法之一就是采用疑问句，让用户自然而然地留下自己的答案。例如，“有了钱之后你最想做什么？”“你的男朋友也会这样对你吗？”“你还想知道什么，评论区告诉我”等开放性问题，用户看到就想回答、进行互动，从而使短视频作品的评论量增加，扩大短视频的传播范围。

7. 干货输出

在标题里直接点明本视频能给用户带来什么价值、用户可以有哪些收获，也有利于短视频的传播。这种收获可以是精神上的愉悦，也可以是某一方面技能的提升，以此吸引具有需求的用户观看视频，如“Photoshop 急用证件照不会修？教你快速搞定换色模板”“做销售如何留住客户，记住这几条就够了！”等。

（四）添加标签

在制作完短视频后，将短视频上传至平台的一个必要步骤就是给短视频添加标签。短视频标签即短视频内容的关键字，标签越精准，短视频越容易得到平台的推荐，直达粉丝用户群体，加大曝光量。对于用户而言，标签是用户搜索短视频的通道，用户可以通过搜索标签找到自己想看的短视频。如果短视频内容制作精良，却没有好的标签，那么很容易被淹没在众多短视频中，无法提高点击率。

在给短视频添加标签时，需要遵循一定的要求。

1. 标签个数和字数

一般来讲，短视频标签的个数为 3～5 个，每个标签的字数为 2～4 个。标签太少不利于平台的推送和分发，而太多则容易让人抓不住重点，错过核心粉丝群体。例如，一条美食类短视频，根据内容可以添加“美食”“菜谱”“川菜”“火锅”等标签，以同时涵盖短视频的类型和细分领域。

2. 标签要精准

添加标签就是为了找到短视频的核心受众，将短视频直接投放到核心受众群体当中，从而使短视频获取大量的点击。例如，健身类短视频可以加上“瘦身”“健身”“运动”等标签，如果加上“美妆”“影视”等标签，不仅不会吸引到更多用户，可能还会引起用户的反感，影响账号的垂直度。

3. 标签范围要合理

标签要准确反映短视频的内容，但标签要精准不代表要格外精细。例如，美食类短视频，可以添加“美食”“菜谱”“火锅”等标签，如果加上“毛肚”“蛋饺”等标签，则太过于精细，容易使短视频错失大量潜在的用户群体；也不要用一些比较泛化的或者过分边缘化的词语作为标签，这样会让短视频淹没在大量的竞品之中。

4. 紧追热点

短视频创作者要保持“嗅觉灵敏”，注意对热点信息的跟踪、把握。某一事件既然能成为热点，说明有千千万万的网民在关注这一话题，这意味着若能合理利用该话题可以带来巨大流量。因此，在短视频标签中加入热点、热词，会提高短视频的曝光率，从而使短视频获得更多推荐。例如，恰逢国庆节、中秋节、春节等节日时，可以在标签中添加“春节”“拜年”“月饼”“中秋”“国庆”等关键词。紧追热点确实会带来流量，但是需要注意的是，紧追热点的时候要遵循标签规范，选择适合自己账号领域和短视频内容的热点。

二、用户运营

用户运营是指以用户为中心，遵循用户的需求设置运营活动与规则，制定运营战略与运营目标，严格控制实施过程与结果，以达到预期所设置的运营目标与任务。从广义上来说，围绕用户展开的人工干预都可以被称为用户运营。短视频的用户运营可以被简单地理解为依据用户的行为数据，对用户进行回馈与激励，不断提升用户体验和活跃度，促进用户转化。做好短视频的用户运营要注意 3 个方面：流量原理、获取种子用户、激活用户。

用户运营的核心目标主要包括拉新、留存、促活、转化。在短视频行业，用户运营的手段几乎都围绕这四个核心目标展开。用户规模是实现商业变现的基础，拉新和留存是为了保持用户规模最大化：促活是为了提高用户活跃度，提高用户的黏性和忠实度，而用户和创作者之间的信任关系又是促成最终转化的关键动力。随着产品的不断发展更迭，不同阶段用户运营的侧重点不同。例如，在萌芽期阶段，拉新工作是重中之重，而当用户达到一定规模时，则需要考虑促活和转化问题。短视频用户运营应该重视提高用户的活跃度，活跃度高、黏性强的用户更容易进行变现。而提高用户活跃度、粉丝黏性最好的方法就是与用户进行良好互动。

（一）选择互动性强、讨论度高的话题内容

美食类短视频账号，可以选择做满足上班族需求的快手菜；健身类短视频账号，可以教大家无器械健身，或者办公室健身；时尚类短视频账号，可以介绍一些服装穿搭、实用性强的日常穿搭技巧等。这些选题比较能够引起用户共鸣，可以大大地提高用户参与互动的积极性。

创作者还可以结合热点话题和普遍存在的社会现象，选择讨论性强的话题。例如，抖音某广播电视台官方账号发布了一条山东威海的视频，点赞量达 257.1 万，评论数达 21.0 万，分享次数达 19.6 万，众多用户在评论区发表自己的看法，如图 10-9 所示。

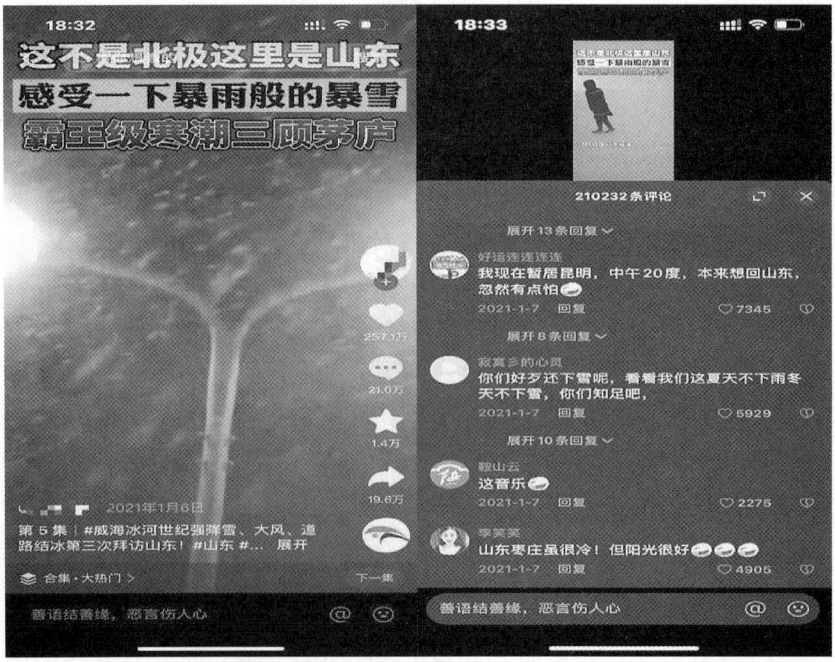

图 10-9　用户在评论区发表自己的看法

（二）标题文案引导

创作者可以利用短视频标题文案引导用户评论，增强互动。例如，制作一个在家

吃火锅的短视频，可以在标题文案中加入一句互动的话："大家吃过最好吃的火锅蘸料是什么？欢迎大家在评论区留言互动！"或者，在制作有关甜咸粽子的短视频时，可以在标题中加入"大家喜欢吃甜粽子还是咸粽子"的表述，这样可以引导用户留言，促进互动、评论。

（三）评论区互动

评论区是一个双向互动的空间，用户可以留言，短视频创作者也可以回复留言。短视频创作者可以通过回复、点赞评论区的留言，拉近与用户之间的距离，增强亲切感，减少陌生感。

需要注意的是，短视频创作者要及时回复留言，因为随着时间的流逝，用户的期待值会慢慢降低。马斯洛需求层次模型将人们的需求划分为五类：生理需求、安全需求、社会需求、尊重需求和自我实现需求。用户在评论喜欢的短视频时是抱有期待的，实际上这是一种渴望被关注、被尊重的心理。如果短视频创作者能及时回复，用户就会产生一种被尊重的感觉，从而转化为活跃用户。

如果评论太多，难以逐一回复，那么可以选取具有代表性的问题专门制作一期短视频来回答。短视频创作者还可以置顶高质量的评论，引发用户讨论。

（四）私信互动

有时候用户会选择通过私信的方式向短视频创作者提一些问题或是分享一些事情，尤其是教程类、技巧类、分享类或者是旅游类的短视频中比较常见，短视频创作者看到之后要及时回复这些用户的留言。短视频创作者还可以在征得用户同意之后将私信的内容发布到平台上，这样其他用户看到之后也可能会做出同样的行为，从而与用户形成一个良性的互动循环。

任务四　短视频营销推广

扫一扫

配套微课

一、了解短视频推广的渠道

短视频日益火爆，大量的短视频 App 纷纷上线。对于短视频推广者来说，选择平台时不要局限于某个平台，也不要仅仅因为某个平台发展更加突出而选择它。建议短视频推广者在了解各平台的短视频运营与推广的现状后，兼顾自身创作特点，综合选择适合自己的平台，最大化地实现流量和粉丝人数的双增长。

（一）了解各个平台的推广情况

每个平台的资源结构都有差异，用户的组成也存在很大差异，从性别比例、地域、教育背景到兴趣爱好不尽相同，并且不同平台的推送与扶持机制也有差异。短视频推广者尽量选择适合自己内容方向的平台来发布视频，这样能够更加精准地匹配目标用户。

1. 主流短视频平台的基本情况

抖音：机器算法，以年轻用户群体为主，女性用户数量稍多于男性用户数量。

快手：机器算法加推荐系统，男性用户数量较多。

小红书：更多地依赖算法推荐，以女性用户群体为主，盛行“网红”文化。

好看视频：用户选择与信息分发并重，以“70后”“80后”用户为主。

西瓜视频：更多地依赖算法推荐，以男性用户群体为主。

微信视频号：以推荐算法为主，用户与微信体系用户重合，大学生、青年工作者、中老年人占比均较高。

微博视频号：更多地依赖资源推荐，其用户以年轻人为主，涉及影视演员、企业高管、文化名人等社会各类群体。

哔哩哔哩：更多地依赖算法推荐，“Z世代”为主要用户群体，大学生占比较高。

不同的短视频运营平台，其运营技巧也存在差异。想要在短视频领域的竞争中获胜，唯有在内容上下功夫，并掌握推广技巧。

2. 不同平台的运营技巧

抖音：无论是做受众广的泛娱乐类型还是深耕某个垂直领域，都需要进行专业的内容运营和用户运营，同时保证内容产出的创意和质量。

小红书：贴合目标用户的真实生活与内容需求，进行专而精的细分垂直领域的深耕。

西瓜视频：根据目标用户的需求，制作高质量的短视频作品，匹配平台的优质内容识别模型，从而获得大幅的流量倾斜及内容扶持。

（二）怎么选择合适的推广渠道

选择合适的短视频平台是推广成功的关键。面对不同的短视频推广渠道，应该怎么选择合适的渠道进行推广呢？可以参照以下三条标准。

1. 平台特性

不同的平台有不同的特性，特性与用户群体挂钩。例如，抖音的用户中，一、二线城市的年轻用户偏多，所以潮流、时尚类的短视频更加适合投放在抖音上；快手用户的属性更接近下沉市场；游戏类、动漫类的短视频更适合在哔哩哔哩投放等。

在选择渠道之前，要先确定账号的定位、账号的标签，以及面向的用户群体等。了解了这些以后，才能找到最适合的投放平台。

2. 平台规则

每一个平台都有自己的规则，所以一定要按照平台的规则制作内容，这样不仅不容易违反平台规则，也会得到更多的流量。例如，抖音的算法机制是去流量中心化算法，即智能分发、叠加推荐、热度加权；与抖音的“以内容为中心”不同，快手的算法机制注重社交，以人为核心，以人带内容。

3. 拓展渠道

推广一段时间且有一定的粉丝基础之后，则需要考虑拓宽渠道，把内容发布到更多的渠道，扩大影响力，这样做是为了尽量不依赖某一个平台。如果创作者只在某一个平台推广，积累了一定量的粉丝以后，当这个账号出现意外或者被封号时，那么之前取得的成果都变成了零。所以多平台投放可以有效规避这种风险，并且还能获得更高的曝光量。

二、短视频推广流量的原理和获取方式

对于短视频运营者来说，获取流量是运营的核心目标，也是实现变现的重点。

（一）短视频流量的原理

1. 流量的价值

短视频流量的价值核心在于变现，短视频运营者在通过内容吸引流量的同时，把流量转换到其他需要流量的商业活动中，最终促成交易，达到盈利的目的。流量越精准，用户垂直度越高，流量的商业价值就越大。

目前流量提升主要有 3 种方式：精品内容打造、品牌推广、用户推广。其中，精品内容打造非常考验短视频运营者的内容生产能力和专业性，需要短视频推广者静下心来精雕细琢，不断改进；品牌推广对公关能力、资源和资金的要求较高；对短视频推广者来说，除了内容的打磨外，用户推广是用最低成本获取流量的重要方式。

2. 平台推荐机制

短视频推广者要做好短视频的用户推广，获取更多流量，离不开对各平台推荐机制的深入研究。短视频平台的推荐机制已经从以前的编辑模式跨入了机器算法时代。算法获取有效信息的直接途径包括短视频的标题、描述、标签、分类等。以抖音为例，该平台的推荐机制被称为“流量赛马机制”，这种推荐机制主要包括以下 3 个阶段：冷启动曝光；叠加推荐；精品推荐。

（1）冷启动曝光：对于上传到平台的短视频，机器算法在初步分配流量的时候，会进行平台审核，审核通过后将其放入冷启动流量池，给予每个短视频均等的初始曝光机会；这个阶段，短视频主要分发给关注的用户和附近的用户，然后会依据标签、标题等进行智能分发。

（2）叠加推荐：对于经过分发的短视频，机器算法会从曝光的短视频中进行数据筛选，对比点赞量、评论量、转发量、完播率等多个数据，选出数据表现出众的短视频，将其放入流量池，给予叠加推荐，依次循环往复。

（3）精品推荐：经过多轮筛选后，多个数据（点击率、完播率、评论的互动率）表现优秀的短视频会被放入精品推荐池，最先推荐给用户。

（二）短视频流量的获取方式

在短视频推广的工作中，如何获取短视频的流量是短视频推广者需要从多方面着手解决的重要内容。特别是在账号创建初期，通过冷启动曝光获得足够多的种子用户，是短视频推广者在初期推广时的重心。下面为大家介绍几种增加短视频流量的方法。

1. 多渠道转发

短视频推广者利用个人的社交关系和影响力，在朋友圈、微信群、知乎、贴吧和微博等渠道进行传播，可以获得更多用户的关注。

2. 参加挑战和比赛

很多短视频平台都有挑战项目，这些项目自带巨大流量。例如，抖音推出的“话题挑战赛”，每天都有各种主题的热门话题和挑战活动，鼓励用户积极参加。参与话题挑战赛，就是跟拍网友们的同款视频，最后看谁拍的效果好。这样一种带有娱乐竞赛性质流量的活动，不仅可以很好地起到引导推广作用，还让用户有机会通过这种方式来“引爆”流量。

3. 付费推广

一些平台提供了付费推广渠道，有助于短视频推广者获取更大的曝光量，如微信视频号推出的视频号推广小程序。视频号推广作为微信广告官方付费推广工具，直接连接微信生态，支持将推广视频展示在小程序和朋友圈中，快速提高视频播放量，通过系统预估提供推广可能带来的播放量数据供用户参考，实现以合适的价格达成推广目的。

4. 追热点

追热点是一种高效可行的增加曝光量的方法。短视频推广者可以在一些流量较大的“大 V”或热门微博下进行评论、回复，积极分享自己的观点，帮助别人解决问题，从而吸引别人的关注，这也是一种获取流量的方法。

此外，一些自带流量和关注度的热点新闻、热点话题也是短视频推广者需要随时关注的。将这些话题融入自己的短视频内容，既可以吸引感兴趣的用户点击，还可以让用户产生强烈的共鸣，引发热烈的讨论。

5. 活动推广

活动推广大致可以分为以下两种。

（1）转发抽奖：转发抽奖是经常被使用的形式。其奖品的设置比较关键，可以是用户感兴趣的礼品，也可以是其他形式的奖品，关键是从用户的角度出发；同时，短视频运营者需要考虑什么样的抽奖机制能提高用户的参与度。

（2）线下推广：成功的线下推广能以比较低的成本吸引精准的用户群体，应尽量选择商场、地铁站、高校食堂这类人比较多的场所进行，同时一定要注意和场地工作人员提前协商好。

6. 导流

在与其他的自媒体人进行合作时，相互导流也是沉淀用户的好方式。例如，哔哩哔哩 UP 主之间就会通过哔哩哔哩的联合投稿功能进行视频的合作创作。参与创作的 UP 主若具有一定的粉丝基础，通过合作可以实现各自粉丝的互相导流，获得不错的播放量。但对于一些跨平台导流操作，则需要提前了解两个平台之间是否允许相互导流，只有在被允许的情况下进行操作才是正规的。

（三）提高粉丝黏度

对于短视频推广者来说，粉丝是维系账号发展的重要支撑。粉丝能够为短视频账户带来庞大的利益，只有维护好粉丝，才能使账号逐步发展。维护粉丝的主要手段就是不断地与粉丝进行互动，提高粉丝活跃度，引导粉丝持续关注。

1. 评论互动

互动数据是短视频平台算法中重要的指标。在成功发布短视频后，短视频运营者可以从以下两个方面来进一步回应和沟通。

（1）在视频中引导评论：在视频中设置提问环节，短视频运营者抛出能够引发用户共鸣和思考的问题，可以有效地提升用户的参与感，引导他们进行评论和讨论。

（2）回复评论：短视频运营者及时回复用户评论，可以激发用户的参与热情；一旦发现高质量、幽默且具有代表性的评论，短视频运营者可以将其设置为精选置顶评论，借此引导更大范围的互动。

2. 私信

一个具有一定粉丝量的短视频账号通常会收到很多的私信，其中大部分都是粉丝的主动沟通与留言。短视频运营者面对大量的私信消息，每日查看回复并不现实，但是可以间隔两周或每月一次查看相关信息，回复部分粉丝的留言。这样不仅可以增加与粉丝的友好互动，提高粉丝黏度，还可以了解粉丝的心理与需求，这对后续短视频创作大有助益。很多短视频运营者还会从私信中筛选部分内容，制作以"读私信"为主题的短视频作品，通过视频回复、评论回复等方式与粉丝进行优质互动。

3. 话题活动

开展富有创意和传播性的活动是短视频运营的一种重要方式，也是提高粉丝黏度的有效方式。鉴于短视频平台的局限性，短视频运营者可以通过社群的方式将粉丝沉淀下来，通过后续的各种活动来获取用户反馈，提高用户黏度，也可以鼓励用户积极表达，鼓励他们成为内容的生产者。需要注意的是，开展单纯的抽奖活动并不是长久之计，能够激发用户参与热情的话题活动也很重要。

三、短视频推广优势

短视频推广的最大优势在于它能够实现更快的互动，激发更多的客户关注，从而提高品牌的知名度和营销效果。

（一）短视频效果冲击力强

首先，短视频相对于文本而言，具备视觉冲击，更容易造成用户关心。其次，在看短视频时，用户情绪会更容易释放。再次，短视频还可以更为灵活多变地传递品牌形象和商品的实际效果。

（二）短视频的交互性强

短视频推广的话题性一旦吸引用户的注意力，引发兴趣和想象，就能吸引更多的用户参与，乃至去效仿、制造新视频，而这无形之中提升了短视频的宣传力度，有效增加社交媒体行为，进而达到更强的营销目的。

（三）短视频传播渠道广

一方面，短视频自身的服务平台产生了一个开放式系统，每一个用户都能够对自己喜欢的视频分享、评价、点赞；另一方面，视频还能够发送到微信、贴吧、QQ 群等社交网络平台。据调查，现阶段市面上有 60 多个服务平台，而诸多的服务平台也就代表着诸多的流量，完成大量的展现；其次，由于短视频内容相比文字更为生动有趣，观众可以在更短的时间内获得更多的信息，因此它具有更好的传播性。

（四）营销方案策划更为专业

短视频的制作是一个较为专业的工作，需要专业的编导、方案策划、脚本制作等，另外最好有剪辑师、音响师、舞蹈灯光师等，因此这不是一个人就能进行的，而是一个团队通力合作才可以将这件事情做好。因此，短视频营销和一般的网页页面营销不一样，短视频营销有助于企业更好地看到平台上的消费者，了解他们的行为习惯、市场动态以及对公司产品的反映，从而有助于企业进行市场分析，制定更为有效的营销策略，提升业务能力。

素养课堂

我国农产品短视频营销涉及的法律问题

一、著作权问题

在农产品短视频营销过程中，以营利为目的对他人短视频进行抄袭、模仿、剪辑、加工、解说等不法行为不断出现，这些行为已经违反了著作权法，是对他人著作权的侵犯。在 2021 年 6 月施行的新修订的《著作权法》中对作品的定义增加了独创性、一定形式表现、视听作品等字样，这意味着独创性的短视频属于《著作权法》规定的作品，作者拥有著作权，而以营利为目的的拼凑、模仿、剪辑等短视频营销行为则属于违法行为。同时该法在著作权人拥有的权利中增加了数字化形式的复制权和扩展了的广播权，这也限制了短视频制作者在网络上以营利为目的对他人文字作品和录音作品进行改编和传播；在侵权行为的处罚中，侵权人承担的民事责任进一步加重。《著作权法》对短视频营销涉及著作权方面的规范程度进行了加强，处罚力度也加重了。

二、产品质量问题

短视频营销中的农产品包括初级农产品和加工后的食用农产品，从目前农产品短视频营销中可以发现，初级农产品和食用农产品都涉及产品质量问题。初级农产品主要涉及产地、地理标志、品种规格等问题，而食用农产品则涉及生产许可证、卫生标准、产品质量及售后等问题。初级农产品短视频营销中经常会以地理标志来吸引网民关注，由于地理标志具有集团性，只要生产的产品达到地理标志所代表的品质，所在区域的企业和个人均可以使用。但在实际中由于人为因素和自然因素的影响，同一地域范围内的同类初级农产品质量差异比较大且没有统一的专业检测机构，这就造成产品质量良莠不齐，而消费者却很难判断产品是否真正属于质量优良的品种，因此，产品质量问题层出不穷。短视频营销中的食用农产品的质量问题主要出现在个人或家庭作坊生产的食用农产品中，根据《食品安全法》《食用农产品市场销售质量安全监督管理办法》等法律法规的规定，食用农产品的销售方须提供产地证明、产品质量证明等，食用农产品的生产者应该按照标准使用农药、化肥、种子等，初级加工和深层加工者需要提供不同层次的资质，如食品生产许可证、从业人员健康证明、营业执照等，但在实际短视频营销中，许多食用农产品出现包装标识不清、产品质量成分不明、生产加工条件不符合规定等违法违规情况，严重影响了消费者的身体健康并扰乱了市场秩序，违反了《产品质量法》和《消费者权益保护法》的相关规定，应受到相应的处罚。

三、虚假宣传问题

在短视频营销过程中，为了在网民碎片化时间中吸引其注意力，许多农产品短视频的宣传中出现虚假宣传，通过夸大产品质量、提供不实报道或不符的标识等手段来获得网民的订单。根据《互联网广告管理办法》和《广告法》的规定，广告不得含有虚假或者引人误解的内容以欺骗或误导消费者，不得利用虚假的统计数据、传播效果以吸引消费者，广告中要对商品的产地、质量、成分、有效期等进行准确、清楚、明白的表示。从网络营销的角度来分析，短视频营销属于广告的一种，应该遵守相关法律法规，为了吸引网民注意和增加销量而进行的虚假宣传，不仅违反了相关法律法规的规定，同时也误导消费者做出不当选择，理应受到惩处。

任务实训

参与平台发布的营销活动

一、实训背景

小艾是一名音乐学院的大学毕业生，有一定的歌唱功底，平时喜欢使用抖音，也时常在抖音上发布自己生活片段和才艺表演的短视频，积累了一批粉丝。如今，小艾想要将流量变现。

在抖音，参与平台发布的营销活动是一种较为简单的流量变现方式。一些企业会在抖音发起短视频创意定制活动，邀请用户发布相关短视频，小艾可以通过这种方式，迈出流量变现的第一步。

二、实训内容

（1）查找营销活动：登录抖音平台，浏览并搜索当前正在进行的拍摄视频类营销活动，仔细阅读活动规则和要求，确保理解活动的主题、拍摄内容限制、发布时间等关键信息。

（2）创意策划与准备：根据活动主题，结合小艾的才艺和特色，进行短视频内容的创意策划；准备拍摄所需的道具、服装、场地等，确保拍摄顺利进行。

（3）短视频拍摄与制作：使用手机或其他拍摄设备进行短视频的拍摄；运用视频编辑软件，对拍摄好的素材进行后期制作，提升视频质量。

（4）发布与推广：在抖音平台上发布制作好的短视频，并添加相应的活动标签或话题；通过分享到其他社交平台、邀请粉丝互动等方式，提高视频的曝光率和参与度。

（5）数据分析与反馈：关注视频发布后的数据表现，如观看量、点赞数、评论等。

三、实训目的

（1）了解并掌握如何通过参与抖音平台的营销活动来实现流量变现。

（2）提升短视频创作能力和创新思维，以更好地适应和参与抖音平台上的营销活动。

（3）通过实际操作，积累流量变现的经验，为后续更深入的变现策略打下基础。

四、成果形式

（1）短视频作品：提交参与营销活动的创意定制短视频作品，体现小艾的创意和才艺。

（2）数据报告：提供视频发布后的数据分析报告，包括观看量、点赞数、评论数等关键指标。

（3）实训总结：撰写实训总结报告，记录实训过程中的经验教训、心得体会以及未来改进的方向。

五、实训方法

任务驱动。

六、实训准备

联网计算机。

七、实训步骤

参与抖音发布的营销活动，首先要查找到感兴趣的短视频拍摄任务，然后根据要求拍摄并发布短视频，具体操作如下。

步骤 1：打开抖音 App，点击“我”图标，在打开的账号主页中点击 按钮，再在侧边栏中点击“抖音创作者中心”选项，如图 10-10 所示。

步骤 2：进入抖音创作者中心后，点击“全民任务”按钮，如图 10-11 所示。

步骤 3：打开“全民任务”界面，点击“拍摄任务”选项，点击想要拍摄的视频任务选项，如图 10-12 所示。

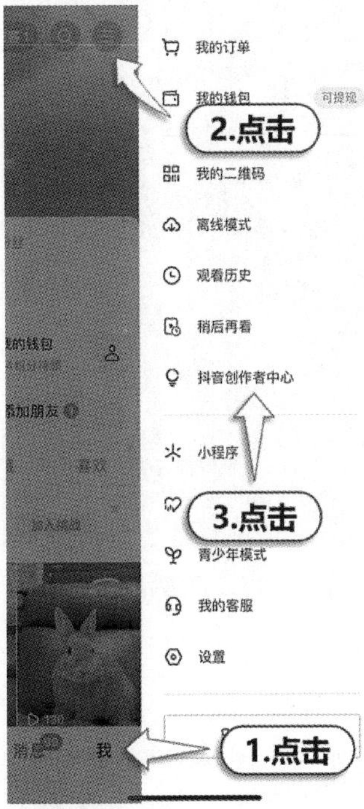

图 10-10　进入抖音创作者中心

图 10-11　点击“全民任务”按钮

图 10-12　点击“拍摄任务”选项

步骤 4：打开“任务详情”界面，点击“任务玩法”选项卡，查看任务要求和规则说明，如图 10-13 所示。

步骤 5：在“任务详情”界面中点击“精选视频”选项卡，如图 10-14 所示，查看其他创作者拍摄的短视频，借鉴视频拍摄方法和内容选取技巧等。

步骤 6：在“任务详情”界面中点击“立即参与”按钮，打开拍摄界面，点击 按钮，开始拍摄短视频，如图 10-15 所示。

步骤 7：结束短视频拍摄后，点击“下一步”按钮，如图 10-16 所示。

步骤 8：打开“发布”界面，标题文本框中已默认添加指定话题和 @ 账号，输入标题内容后，点击“发布”按钮，如图 10-17 所示。

图 10-13　查看任务要求和规则说明

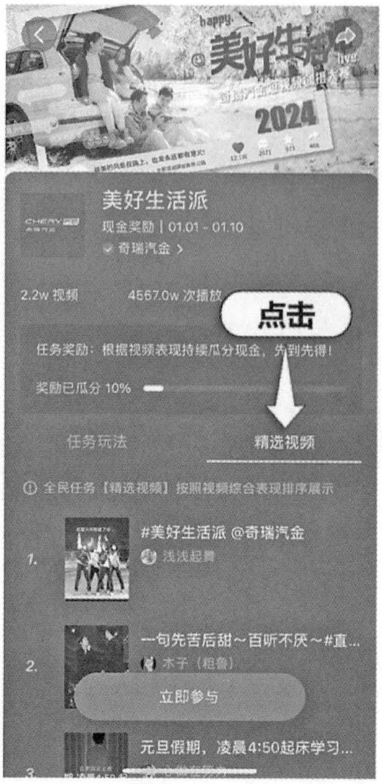

图 10-14　查看精选视频

图 10-15　开始拍摄

图 10-16　点击“下一步”按钮

图 10-17　发布短视频

八、实训优化

在抖音短视频“发布”界面，点击“你在哪里”选项可添加地点定位，以丰富短视频信息，并得到抖音的精准推荐，即短视频会被推荐给此地点附近对其感兴趣的用户；点击“申请关联热点”选项，可申请关联抖音热搜榜上的话题，以增加短视频的曝光度。关联热点对短视频质量要求较高，发布的内容应与热点紧密相关。

九、实训评价

填写短视频营销实训评价表，见表 10-1。

表 10-1　短视频营销实训评价表

评价项目	创意策划与准备（20%）	视频拍摄与制作（20%）	内容表现与才艺展示（20%）	发布与推广效果（20%）	职业素养（20%）
评价标准	A. 创意新颖独特，与活动主题高度契合，准备充分 B. 创意有一定新意，与活动主题基本符合，准备较充分 C. 创意普通或偏离主题，准备不足	A. 拍摄技巧高超，画面精美，后期制作专业 B. 拍摄技巧良好，画面清晰，后期制作合理 C. 拍摄技巧一般，画面质量不高，后期制作简单	A. 内容引人入胜，才艺展示突出，观众互动度高 B. 内容有趣，才艺展示良好，观众有一定互动 C. 内容平淡，才艺展示一般，观众互动少	A. 视频曝光率高，引发广泛关注，转发和评论多 B. 视频有一定曝光率，获得一定关注和互动 C. 视频曝光率低，关注和互动较少	A. 大有提升 B. 略有提升 C. 没有提升
分项得分					
总分					

说明：

1. 表格内按百分制打分。
2. 可以邀请合作企业专业人员、电商协会等机构专业人士担当第三方参与评分。
3. 各标准对应的分数范围：A.80～100 分；B.60～79 分；C.60 分以下。

任务测评

一、单选题

1.（　　）是创作短视频的第一步，它直接关系到短视频内容最终的关注度和播放效果。

A. 编写脚本　　B. 选题

C. 录制视频　　D. 选择出境人物

2. 策划短视频选题的基本原则不包括（　　）。

A. 以用户为中心　　B. 注重价值输出

C. 保证内容的垂直度　　D. 随心所欲，想做什么就做什么

二、多选题

1. 在新媒体运行内容生产过程中，无论是图文还是短视频，一般第一步是主题确定，以下有关主题确定的表述正确的是（　　）。

A. 主题一定要根据规划好的选题进行，不可更改

B. 主题确实需要根据账号的内容、风格定位进行

C. 内容主题确实可以根据平台热点来定

D. 内容主题一般分为常规主题和突发主题

2. 短视频入局的门槛很低，不过想要做好短视频账号运行却没有那么容易，短视频运行需要掌握的技能有（　　）。

A. 文案筹划　　B. 摄影摄像　　C. 视频剪辑　　D. 营销推广

3. 一个短视频能否上热门，（　　）是必备条件。

A. 作品不能违规　　B. 一定要是原创作品

C. 封面清晰，有吸引力　　D. 加入平台热点话题和热门音乐

4. 以下关于短视频内容策划说法正确的是（　　）。

A. 在运营一个短视频账号或计划做个人短视频品牌时，应根据需要提前规划好视频分类。常见的视频分类包括美食、旅行、宠物、摄影、日常等

B. 视频定位问题解决后，在实际的拍摄策划中，用户还需要解决视频脚本、拍摄技巧、配乐、成员、资金等问题。因此，所有的短视频拍摄都是一个系统工程

C. 视频脚本的作用在于提升拍摄效率，防止毫无目的的拍摄，导致浪费时间，为剪辑增加难度

D. 视频的封面及视频开始的引导设计非常重要。设计者要想让用户看第一眼就愿意停留，就要对视频内容有清晰的说明

三、简答题

1. 列举三种常见的短视频内容的展现形式。

2. 列举出不少于三种的短视频推广渠道。

3. 什么样的短视频内容更容易成为爆款？

4. 简述企业品牌运用短视频平台进行营销的优势。

四、实训题

西安作为唐朝名都，与唐文化高度关联。大唐不夜城景区以唐文化为背景，以唐朝元素为主线，将文旅节目、游玩项目与唐文化紧密结合，使游客沉浸于唐文化之中，营造出“梦回大唐”的景区氛围。基于大唐不夜城的优势特色，在2019年春节期间，景区仅一周的游客接待量就超过了400万，同比增长两倍以上。大唐不夜城借助短视频营销逐渐成为各短视频平台上高流量、高讨论度的新晋“网红打卡地”。2019年，大唐不夜城不倒翁项目的表演人凭借一身唐朝服饰、曼妙的舞姿、迷人的微笑而迅速在抖音上走红。抖音上，“不倒翁小姐姐”发布的相关视频的点赞量最高为200多万，更有几十个相似话题。“不倒翁小姐姐”的高热度也直接带动了“大唐不夜城”的话题热度，抖音上关于“大唐不夜城”的相关话题热度也持续了较长时间。而伴随网友“打卡”大唐不夜城后，其发布的关于“不倒翁小姐姐”的视频在网上持续发酵，形成一次又一次的热点效应，使“不倒翁小姐姐”的热度持续了两年之久，也对大唐不夜城形成了高热度曝光和侧面宣传。随着大唐不夜城的项目演出人物逐步在抖音上“出圈”，大唐不夜城打造了多个景区IP，并凭借景区IP使自己被更多网友熟知，吸引全国各地的网友到大唐不夜城“打卡”。

分析大唐不夜城短视频营销成功的原因。

参考文献

［1］刘新燕，陈志浩．网络营销．武汉：华中科技大学出版社，2020.
［2］王伟明．网络营销．北京：清华大学出版社，2023.
［3］陈水芬，孔伟成，谭春辉．网络营销．重庆：重庆大学出版社，2017.
［4］陈道志．网络营销实务．北京：北京大学出版社，2017.
［5］黄耿生，杨莉，王圆，等．网络营销实务．北京：清华大学出版社，2022.
［6］刘春青，梁海波．网络营销．2 版．北京：清华大学出版社，2021.
［7］夏明学，王丽萍．网络营销：管理与实践．北京：北京大学出版社，2019.
［8］杜延庆．网络营销．西安：西北大学出版社，2017.
［9］张盈．直播电商基础与实务．北京：人民邮电出版社，2023.
［10］魏振锋．新媒体运营实．北京：人民邮电出版社，2023.

图书在版编目（CIP）数据

网络营销 / 庄小将，吴波虹主编 . --2 版. -- 北京：中国人民大学出版社，2024.10

新编 21 世纪高等职业教育精品教材. 电子商务类

ISBN 978-7-300-32743-3

Ⅰ. ①网… Ⅱ. ①庄… ②吴… Ⅲ. ①网络营销－高等职业教育－教材 Ⅳ. ① F713.365.2

中国国家版本馆 CIP 数据核字（2024）第 082610 号

“十三五”江苏省高等学校重点教材

新编 21 世纪高等职业教育精品教材 · 电子商务类

网络营销（第二版）

主　编　庄小将　吴波虹

Wangluo Yingxiao

出版发行	中国人民大学出版社		
社　　址	北京中关村大街 31 号	**邮政编码**	100080
电　　话	010-62511242（总编室）		010-62511770（质管部）
	010-82501766（邮购部）		010-62514148（门市部）
	010-62515195（发行公司）		010-62515275（盗版举报）
网　　址	http://www.crup.com.cn		
经　　销	新华书店		
印　　刷	中煤（北京）印务有限公司	**版　　次**	2021 年 4 月第 1 版
开　　本	787 mm × 1092 mm　1/16		2024 年 10 月第 2 版
印　　张	18	**印　　次**	2024 年 10 月第 1 次印刷
字　　数	392 000	**定　　价**	49.00 元